DE LA VIOLENCE À LA POLITIQUE

KANT ET HOBBES

BIBLIOTHÈQUE D'HISTOIRE DE LA PHILOSOPHIE

NOUVELLE SÉRIE

Fondateur : Henri GOUHIER — Directeur : Jean-François COURTINE

DE LA VIOLENCE À LA POLITIQUE

KANT ET HOBBES

édité par

Luc FOISNEAU et Denis THOUARD

PARIS

LIBRAIRIE PHILOSOPHIQUE J. VRIN

6, Place de la Sorbonne, V[e]

2005

ISSN 0249-7980
ISBN 2-7116-1736-X
Imprimé en France

www.vrin.fr

TABLE DES SIGLES UTILISÉS

Pour les textes de HOBBES, sauf indications contraires, les éditions et les traductions les plus couramment citées sont respectivement :

The English Works of Thomas Hobbes of Malmesbury, W. Molesworth (éd.), 11 vol., London, 1839-45, reprint Aalen, Scientia Verlag, 1966 (*EW*).

Thomae Hobbes malmesburiensis opera philosophica quae latine scripsit omnia, W. Molesworth (éd.), 5 vol., London, 1839-45, reprint Aalen, Scientia Verlag, 1966 (*OL*).

A Dialogue Between a Philosopher and a Student of the Common Laws of England (Dialogue), J. Cropsey (éd.), Chicago, University of Chicago Press, 1971 ; *Dialogue entre un philosophe et un légiste des Common-Laws d'Angleterre*, trad. fr. par L. et P. Carrive, Paris, Vrin, 1990.

Behemoth, or the Long Parliament, F. Tönnies (éd.), London, 1889, revu et corrigé par M. M. Goldsmith, London, Frank Cass, 1969 ; *Béhémoth ou le long parlement*, trad. fr. par L. Borot, Paris, Vrin, 1990.

De Cive. The latin version (DCi), H. Warrender (éd.), Oxford, Clarendon Press, 1983.

De Corpore (DCo), W. Molesworth (éd.), *Opera Latina*, t. I ; K. Schuhmann (éd.), Paris, Vrin, 1999.

De Homine (DHo), W. Molesworth (éd.), *Opera Latina*, t. II ; trad. fr. par P.-M. Maurin, Paris, Blanchard, 1976.

Leviathan, Macpherson (éd.), Harmondsworth-New York, Penguin Books, 1968 ; *Léviathan*, trad. fr. par F. Tricaud, Paris, Sirey, 1971.

Leviathan, W. Molesworth (éd.), *Opera latina*, t. III.

The Elements of Law Natural and Politic (EL), Tönnies (éd.), London, 1889 ; réimpression avec une introduction de M. M. Goldsmith, London, Frank Cass, 1969.

The Questions concerning Liberty, Necessity and Chance, W. Molesworth (éd.), *English Works*, t. V ; *Les questions concernant la liberté, la nécessité et le hasard*, trad. fr. par L. Foisneau et F. Perronin, Paris, Vrin, 1999.

KANT

Les citations de la *Critique de la raison pure* sont données d'après la pagination originale de l'édition de 1781 (A) et 1787 (B). Tous les autres textes de Kant sont cités d'après la pagination de l'édition de l'Académie de Berlin, *Gesammelte Schriften*, Berlin, Leipzig, 1902 (AK suivi du volume et de la page).

Œuvres philosophiques I-III, sous la direction de Ferdinand Alquié, « Bibliothèque de la Pléiade », Paris, Gallimard, 1980-1986 (OPh, le volume et la page).

Les traductions les plus souvent citées sont :

Anthropologie du point de vue pragmatique, trad. fr. par M. Foucault, Paris, Vrin, 1964; trad. fr. par P. Jalabert, Paris, 1986 (OPh III); trad. fr. par A. Renaut, Paris, Flammarion, 1993.

Critique de la faculté de juger, trad. fr. par A. Philonenko, Paris, Vrin, 1965; trad. fr. par J.-R. Ladmiral, M. de Launay et J.-M. Vaysse, Paris, 1985 (OPh II); trad. fr. par A. Renaut, Paris, Aubier, 1995.

Critique de la raison pratique, trad. fr. par L. Ferry et H. Wismann, Paris, 1985 (OPh II).

Critique de la raison pure, trad. fr. par A. Tremesaygues et B. Pacaud, Paris, P.U.F., 1944; trad. fr. par J.-L. Delamarre et F. Marty d'après J. Barni, Paris, 1980 (OPh I); trad. fr. par A. Renaut, Paris, Aubier, 1997.

Métaphysique des mœurs, trad. fr. par J. et O. Masson, Paris, 1986 (OPh III); *Métaphysique des mœurs*, précédé de la *Fondation de la métaphysique des mœurs*, trad. fr. par A. Renaut, Paris, GF-Flammarion, 1994.

Fondements de la métaphysique des mœurs, trad. fr. par V. Delbos revue par F. Alquié, Paris, 1985 (OPh II).

Opuscules sur l'histoire, trad. fr. par S. Piobetta, Paris, Denoël, 1964.

Projet de paix perpétuelle, trad. anonyme revue par H. Wismann, Paris, 1986 (OPh III); trad. fr. par J.-F. Poirier et F. Proust, Paris, GF-Flammarion, 1991.

Logique, trad. fr. par L. Guillermit, Paris, Vrin, 1970.

Sur l'expression courante : il se peut que ce soit juste en théorie, mais en pratique, cela ne vaut rien, trad. fr. par L. Guillermit, Paris, Vrin, 1972; *Sur le lieu commun : il se peut que ce soir juste en théorie, mais, en pratique, cela ne vaut point,* trad. fr. par L. Ferry, Paris, 1986 (OPh III); *Sur le lieu commun : il se peut que cela soit juste en théorie, mais en pratique, cela ne vaut rien,* trad. fr. par F. Proust, *Théorie et pratique*, Paris, GF- Flammarion, 1994 (le titre est dans tous les cas abrégé en *Théorie et pratique*).

INTRODUCTION

Discipliner

Si la tâche des politiques est de garantir la compatibilité des éléments du corps social, sinon leur cohésion, elle implique que l'on prenne au sérieux le risque d'une anarchie des corps dans un état de nature qui n'est par hypothèse soumis à aucune règle. La pensée fait-elle autre chose, quand elle entreprend de connaître la nature, que de la soumettre à des lois ? La raison est confrontée à un monde fait d'incohérences, de querelles incessantes, que ce soit dans la société elle-même, avec les guerres civiles, ou entre les nations, qui n'ont de cesse de se faire la guerre, ou dans le domaine de la science, où l'on s'attendrait pourtant à voir triompher la concorde. Comment, dans de telles conditions, la raison n'aspirerait-elle pas à se donner à elle-même des lois pour faire régner la paix ? Chez Hobbes comme chez Kant, le projet politique de mettre fin à la violence arbitraire n'est pas sans rapport avec le projet théorique d'un ordre du savoir : fonder la science, c'est en effet aspirer à garantir la connaissance face à l'arbitraire et à la contingence

Comme Hobbes, Kant philosophe à partir du spectacle désolant de la guerre, non seulement celui des incessantes guerres lancées avec plus ou moins de succès par Frédéric II, qui entraînent des déplacements incessants de frontière entre les empires autrichiens et russes, la Prusse et cette problématique « Pologne » dont l'existence paraît pour longtemps compromise, mais aussi celui du « champ de bataille » (*Kampfplatz*) de la métaphysique dont les conflits semblent appelés à s'éterniser. À moins, peut-être, d'instaurer prochainement un « traité de paix perpétuelle en philosophie », comme Kant en a formé le vœu ? Ce traité est-il toutefois séparable d'une « paix perpétuelle » entre les nations ? Il y aurait de l'arbitraire à vouloir séparer les dimensions métaphysique et juridico-politique de philosophies qui font de la paix leur idéal régulateur, de l'établissement de limites leur condition de possibilité, et de la constitution de disciplines leur mode opératoire. La discipline permet, en effet, de diviser les difficultés, de séparer les pouvoirs et de civiliser les corps. Un même désir d'apaisement rationnel des forces violentes de la nature, – désir sans doute aveugle sur sa propre violence –, s'exerce chez ces philosophes dits classiques.

La violence fait peur : sous la forme du désir incessant de puissance, visible dès l'enfance, devenant cette méchanceté adulte du *puer robustus*. Il y a là un excès que Hobbes a rigoureusement décrit, et dont Kant a méthodiquement pris la mesure, l'un et l'autre avec un égal effroi. Comment dès lors éviter le déchaînement aveugle de la logique de puissance ? Comment tirer parti de l'énergie ainsi déployée ? Comment, à partir de cette « insociable sociabilité », tisser un lien social qui soit capable de ménager tout à la fois la sécurité et la liberté ?

Les passions accompagnent l'homme depuis l'enfance et restent prêtes à se déchaîner à toute occasion. Il faut les limiter, non seulement par une police extérieure, qui rende la loi sensible au moyen de la répression, mais aussi par une éducation civique et morale. Il s'agit de devancer la nature, d'inculquer des comportements « civiques » et « vertueux » aux futurs citoyens. La discipline est en ce sens le premier art social. Il n'est même pas nécessaire de la constituer expressément en un ensemble de règles contraignantes, car la socialisation, d'elle-même, s'en charge. Il suffit de penser à la façon dont le savoir-vivre s'apprend. Quand est-il décent, toléré, apprécié de rire avec d'autres, et quand cela devient-il au contraire vulgaire, blessant, violent ? La discipline sociale n'est pas moins violente, on s'en doute, que la violence supposée de « l'état de nature » : c'est qu'elle s'exerce à rebours de celle-ci, s'emparant des esprits et des corps quand ils sont les plus malléables, et ne relâchant jamais son contrôle par la suite. L'apprentissage de la vertu peut passer par la contrainte ou l'habitude, ces formes sociales valant mieux que l'abandon au libre jeu des forces de la nature. La discipline, au sens large, est le premier moment d'une politique rationnelle. La police contraint les êtres à respecter les règles par la force, l'éducation les incite de façon plus insidieuse à se conformer à la civilité, dont Norbert Elias a si bien décrit toute la violence dans l'imposition collective de normes de vie partagées. L'acquisition de l'urbanité fait de l'homme un citoyen possible, car qui sait vivre dans la cité saura vivre dans l'État, mais c'est au prix d'une impitoyable discipline des corps.

Arbitrer

Les effets de cette discipline sont décrits par Hobbes à travers la catégorie des mœurs, qui ne désignent pas pour lui les bonnes manières ou le savoir-vivre en général, mais les qualités des hommes qui les disposent à la cohabitation pacifique et à la vie commune. Toutefois, les mœurs ne sauraient suffire à elles seules à assembler des individus en un corps politique, car la communauté politique ne repose pas sur l'identité des pratiques. Le fait que tous s'accordent sur un même objectif – lutter, par exemple, contre un ennemi commun – ne saurait davantage assurer l'unité d'un peuple, c'est-à-dire former une communauté de citoyens. Pour cela, il faut qu'existe une instance d'arbitrage dotée de moyens de contrainte. Qu'est-ce, toutefois, qu'un arbitre? C'est, nous dit Hobbes, un tiers à la sentence duquel les parties en conflit acceptent de se soumettre. En tant qu'il s'entremet pour aider à la paix, l'arbitre est donc un médiateur. Et cette médiation relève à proprement parler de la théorie des lois de nature, car elle est l'une des conditions essentielles de l'établissement d'un état de paix entre les hommes. Sans arbitre désireux d'exercer sa médiation pacificatrice, point de salut. Les mœurs les plus pacifiques ne sauraient, en effet, prémunir une quelconque réunion d'hommes contre l'éclosion de conflits d'intérêt ou de préséance. Travaillés par une logique conflictuelle, qu'entretient le désir de puissance que Hobbes voit à l'œuvre dans les passions, les hommes ne peuvent rester longtemps à l'abri de la guerre. Seule la puissance de l'arbitre peut parvenir à leur assurer la paix. Mais que distribue l'arbitre aux parties en conflit? La justice, qui est indispensable à la régulation des relations contractuelles. Quand surgit entre deux contractants un débat sur l'interprétation du contrat qui les lie, c'est à l'arbitre de trancher leur différend. Ce qu'il fait en disant le droit. Arbitrer, c'est donc juger, et juger c'est établir des limites entre des prétentions contradictoires. Cette logique arbitrale du jugement a été parfaitement comprise par Kant, qui en fait le principe d'une délimitation critique des différents domaines dans lesquels l'esprit humain est susceptible de légiférer. L'arbitre selon Hobbes était certes déjà appelé à intervenir dans le champ du savoir, mais cette intervention ne prenait pas la forme d'un tribunal de la raison. La droite raison instituée par lui en juge-arbitre demeurait la raison d'un tiers; elle est intégrée par Kant au dispositif même de la connaissance. C'est dorénavant la raison qui est juge, et seul juge, de la légitimité de nos connaissances.

De fait, l'arbitre n'acquiert chez Hobbes toute son efficace que lorsque ses jugements sont garantis par un souverain capable de les faire respecter, par la force s'il le faut. En leur garantissant la sécurité pour leur personne, la puissance de l'État permet aux juges de rendre la justice. Si l'une des lois naturelles précise que ceux qui s'entremettent pour la paix doivent pouvoir voyager en sécurité, c'est bien que cette garantie minimale n'existe pas dans l'état de nature, ou, ce qui revient au même, dans les États qui sont en proie à des guerres civiles. L'instauration d'une puissance souveraine ne suffit pas pour autant à rendre l'ordre des peines juste, et la soumission du condamné légitime. Bien au contraire, car il n'est pas possible selon

Hobbes de fonder le droit de punir sur le contrat social. Une punition peut-elle être dès lors considérée comme juste ? Une punition peut-elle se fonder sur le principe d'autonomie de la volonté ? La réponse négative à ces deux questions montre assurément que la politique de Léviathan est parfois plus critique que celle de Kant, puisque, en aucun cas, l'autonomie de la volonté ne saurait priver un condamné du droit de résister au châtiment. S'il n'existe pas d'État sans droit de punir et sans ordre des peines, le droit de la souveraineté ne peut suffire pour autant à priver un individu du droit de se conserver en vie. Il y a là un principe critique, fort éloigné du criticisme, que l'on ne trouve que chez Hobbes.

Critiquer

L'ensemble des textes rassemblés ici permet non seulement de nourrir une *Auseinandersetzung* de deux pensées proches et lointaines, qui délimitent ensemble l'horizon de ce que l'on peut appeler la « politique classique », mais aussi et peut-être surtout d'éclairer autrement la cohérence du projet de chacune des deux philosophies. Le souci fondamental de Hobbes n'est sans doute pas moins épistémologique que celui de Kant, lequel à son tour ne serait pas moins politique que celui de l'Anglais. En fait, comment séparer ces registres ? Comment peut-on vouloir – contre l'avis même de Kant – penser séparément « théorie et pratique » ?

Chez les deux auteurs, en effet, théorie et pratique se répondent, mais sur des modes différents et selon des temporalités distinctes. Si, pour penser le politique, Hobbes emprunte largement ses modèles théoriques aux concepts scientifiques de son temps, le paradigme juridique si manifestement à l'œuvre dans la *Critique de la raison pure* doit en revanche beaucoup à la politique de Hobbes. À ce dernier, Kant est redevable de son souci de règlement des multitudes antagonistes, parce qu'il lui fournit par avance des solutions, ou du moins l'esprit d'une solution. Ce parallèle n'est-il que formel ? Nullement. Il suffit de suivre Kant, qui convoque peu de références dans la *Critique de la raison pure*, mais fait appel significativement à Hobbes pour rendre compte de sa méthode. Le tribunal de la raison pure n'est pas, à ses yeux, un vain mot. Relisons-le :

> Sans [la critique et son tribunal] la raison demeure en quelque sorte à l'état de nature et elle ne peut faire valoir ou garantir ses assertions et ses prétentions qu'au moyen de la guerre. La critique, au contraire, qui tire toutes ses décisions des règles fondamentales de sa propre institution, dont personne ne peut mettre en doute l'autorité, nous procure la tranquillité d'un état légal où nous avons le devoir de ne pas traiter notre différend autrement que par voie de procédure. Ce qui met fin aux querelles dans le premier état, c'est une victoire dont se vantent les deux partis et qui n'est

> ordinairement suivie que d'une paix mal assurée établie par l'intervention de l'autorité publique, mais dans le second, c'est une sentence qui, atteignant à la source même des disputes, doit amener une paix éternelle. Ainsi, les disputes interminables d'une raison purement dogmatique nous obligent à chercher enfin le repos dans quelque critique de cette raison même et dans une législation qui s'y fonde. Ainsi que Hobbes l'affirme, l'état de nature est un état d'injustice et de violence, et l'on doit nécessairement l'abandonner pour se soumettre à la contrainte de la loi qui ne limite notre liberté que pour qu'elle puisse coexister avec celle de tout autre et par là même avec le bien général (A 751-752 / B 779-780).

So wie Hobbes behauptet ... La comparaison n'est pas faite à la légère, elle correspond à la logique du règlement des conflits mise en œuvre par la démarche critique. Elle ne rend pas compte bien sûr du contenu des analyses kantiennes, mais leur fournit un cadre politique. On peut dès lors comprendre que le dépassement des violences de l'état de nature oriente la visée d'un arbitrage des conflits en philosophie. À ce titre, c'est bien le criticisme kantien qui rend possible l'instauration d'une « République des Lettres » en un sens qui n'est pas seulement métaphorique. Mais surtout, le sens politique de l'entreprise de la *Critique de la raison pure* apparaît nettement, une fois cette dernière replacée dans son mouvement philosophique d'ensemble. La raison n'est telle que dans la mesure où elle s'oppose à la violence. Mais elle ne peut s'exercer, dans les domaines scientifiques et esthétiques, qu'une fois la pacification de la société accomplie, c'est-à-dire dans les conditions d'une République. L'exercice de la critique, l'accès de chaque citoyen à la majorité grâce à un jugement éclairé, ce projet des Lumières est-il réalisable ailleurs que dans un État apaisé, qui sait « régler ses conflits » internes, aussi bien en matière d'intérêts que d'idées ? Et les « régler », qu'est-ce à dire ? Tout à la fois, les soumettre à une règle commune et les résoudre, l'un n'allant pas sans l'autre. C'est aussi la raison pour laquelle la philosophie ne saurait se désintéresser des conditions politiques de son exercice *.

Luc FOISNEAU, Denis THOUARD

* L'occasion de ces travaux fut un colloque organisé au Goethe Institut de Paris les 13 et 14 novembre 1998. Nos remerciements vont à M. Klaus-Peter Roos, alors Directeur de l'Institut, pour avoir, par son accueil chaleureux, rendu possible ces échanges.

PREMIÈRE PARTIE

DISCIPLINER

AUTORITÉ ET VÉRITÉ
HOBBES DANS L'ESPACE PUBLIC KANTIEN

Parmi les oppositions tranchées dont se satisfait parfois l'histoire de la philosophie, il faut accorder une place de choix au lieu commun selon lequel la pensée éclairée de Kant s'opposerait terme à terme à la pensée despotique de Hobbes. Cette symétrie forcée trouve son origine dans la seconde section de l'opuscule kantien intitulé *Sur le lieu commun : il se peut que cela soit juste en théorie, mais en pratique, cela ne vaut rien*, dont on ne retient généralement que le sous-titre vigoureusement intitulé « Contre Hobbes » [1]. L'opposition, on le sait, repose sur l'idée que Hobbes aurait trop accordé à la puissance du souverain, et pas assez aux droits de l'homme, alors que Kant accorderait « au citoyen (...) l'autorisation de faire connaître publiquement son opinion sur ce qui, dans les dispositions prises par le maître, lui semble causer du tort à la communauté » [2]. L'invocation de la liberté d'expression, en tant que garantie ultime des droits de l'homme, suffit généralement à disqualifier la théorie hobbesienne, qui apparaît par contraste comme une défense sans nuance des seuls droits de la puissance publique.

Pour pertinent qu'il puisse être, le texte de *Théorie et pratique* ne rend pas toutefois entièrement justice à Hobbes, car il ne retient de sa théorie de l'opinion publique que son jugement en faveur de l'uniformité de culte. Kant a beau jeu de dire qu'une loi qui fixe « éternellement (...) certains articles de foi et certaines formes de religion extérieure (...) entre en conflit avec la destination et les fins de l'humanité » [3]. Tout le monde lui accordera volontiers que le souverain d'un État ne devrait pas avoir le droit d'adopter pareille loi, ou, s'il en a le droit, que les citoyens devraient avoir en retour la possibilité de critiquer cette loi par des « jugements universels et

1. Kant, *Théorie et pratique,* AK VIII, 289 ; trad. fr. par F. Proust, p. 63.
2. *Théorie et pratique*, AK VIII, 304 ; trad. cit., p. 81.
3. *Théorie et pratique*, AK VIII, 305 ; trad. cit., p. 82.

publics »[1]. Les lois d'uniformité ou de conformité religieuse qu'adoptèrent les souverains d'Angleterre, et que Hobbes défendit dans ses écrits politiques, apparaissent très clairement aujourd'hui comme les symboles d'un absolutisme des plus rétrogrades. Elles apparaissent notamment comme une incitation au conformisme, et comme un obstacle sur la voie de la recherche de la vérité. La critique de Kant est donc parfaitement justifiée, mais elle a également pour effet, ce qui est plus contestable, de masquer ce qui, dans la pensée de Hobbes, a contribué à l'émergence d'un nouveau rapport politique à la vérité. La critique kantienne sous-estime en particulier l'importance de la théorie hobbesienne du droit dans la constitution du champ de la science moderne. Il importe, par conséquent, de montrer que si la théorie kantienne de l'espace public s'oppose indéniablement à la théorie de l'opinion publique selon Hobbes, elle s'inscrit aussi, en un sens plus fondamental, dans son prolongement. Avant d'opposer l'absolutisme du Léviathan aux Lumières du criticisme, il faut commencer par souligner ce que le projet critique doit à la révolution accomplie par Hobbes dans le champ de la rationalité politique, et en particulier dans la définition des rapports entre autorité et vérité.

Pour cela, il faut montrer en quoi le projet hobbesien d'une théorie radicalement nouvelle de la politique repose sur une redéfinition du statut de la vérité, et plus exactement, du statut de la vérité en tant que celle-ci est destinée à des hommes vivant dans un état civil réglé par les principes du droit politique. Cette analyse doit nous aider à comprendre que le projet d'une critique de la raison pure peut se lire, dans les termes de la théorie juridico-politique de Hobbes, comme la volonté de penser une souveraineté de la raison sur elle-même. L'utilisation de concepts juridiques et politiques au cœur même de la redéfinition kantienne de la question de la vérité permet de reprendre à nouveaux frais la question de la constitution d'un espace public dans lequel les citoyens sont laissés libres de formuler des jugements sur les lois auxquelles il leur faut obéir. En somme, il s'agit d'établir que le projet kantien d'une refondation critique de notre rapport à la vérité s'inscrit dans le prolongement de la refondation par Hobbes de la théorie politique moderne.

La critique de la raison politique moderne

Le point de départ de la pensée politique de Hobbes est indissociable de son projet de réforme du savoir. Fonder une science du politique suppose,

1. *Théorie et pratique*, AK VIII, 305 ; trad. cit., p. 83.

dès les premières œuvres [1], que les hommes aient en eux la capacité de connaître selon la vérité et l'évidence. Si l'on ne peut parvenir qu'à une connaissance d'opinion, il n'existe pas de science du politique, mais seulement une rhétorique, dont la finalité est de mouvoir les passions des citoyens au gré des conjonctures. Hobbes considérant que les actions des hommes procèdent de leurs opinions et que leurs opinions découlent elles-mêmes de leurs passions [2], la question centrale est pour lui de savoir si la raison est susceptible, ou non, de proposer un règlement de conflits auxquels les opinions, mues par les passions, ont leur part [3]. La difficulté est d'autant plus grande que, dès lors que la passion prend part à l'opération de la connaissance, elle en pervertit les finalités, car elle subordonne le désir de vérité à la poursuite de l'honneur et de l'intérêt. La connaissance ainsi pervertie est ce que Hobbes nomme la connaissance dogmatique, qu'il oppose à la connaissance mathématique comme une prétention de connaissance à une connaissance véritable [4]. Dans le premier type de connaissance, « il n'est rien qui ne soit sujet de dispute, parce qu'elle compare les hommes, et se mêle à leur intérêt et à leur profit » [5]. Il en résulte que, lorsque « la raison va contre l'intérêt d'un homme », « cet homme va contre la raison » [6]. Rien de plus difficile, par conséquent, que de faire valoir les droits de la raison à un homme dont l'esprit est subjugué par la comparaison des intérêts et des puissances. À l'inverse, si les mathématiques, qui servent de modèle au savoir du savant authentique, ne se prêtent guère aux disputes et aux controverses, c'est qu'elles se contentent de comparer des figures et des mouvements et que, dans ces opérations, la vérité ne s'oppose pas aux

1. Ce projet est formulé dès les *Elements of Law* (Hobbes, *The Elements of Law*, I, XIII, 3, F. Tönnies (éd.), Londres, 1889, rééd. F. Cass, 1969, p. XV-XVI; *Les éléments du droit naturel et politique*, trad. fr. par L. Roux, L'Hermès, 2e édition, 1991, p. 125-126); il est repris dans le *De Cive* (Hobbes, *De Cive. The latin version*, H. Warrender (éd.), Oxford, At the Clarendon Press, 1993, p. 74-75), dans la version anglaise du *Léviathan* (Hobbes, *Leviathan*, V, C. B. Macpherson (éd.), Harmondsworth-New York, Penguin Books, p. 110-118), et dans la version latine (Hobbes, *Leviathan*, V, Molesworth (éd.), *Opera latina*, t. III, p. 31-39).

2. « En effet, les actions des hommes procèdent de leurs opinions (...) » (*Léviathan*, XVIII, 9, trad., p. 184).

3. Sur les rapports entre rhétorique et *scientia civilis* dans la culture humaniste anglaise, voir Q. Skinner, *Philosophy and Rhetoric in the Philosophy of Hobbes*, Cambridge, CUP, 1996, Part 1, « Classical eloquence in Renaissance England », p. 19-211.

4. « Des deux principales parties de notre nature, la Raison et la Passion, ont procédé deux sortes de connaissances, la mathématique et la dogmatique. » (*EL*, Épître dédicatoire, trad., p. 125). Les *mathematici*, ou savant véritables, « procèdent, de façon évidente, de principes humbles » ; les *dogmatici* sont ceux qui « ont un savoir imparfait et que leur passion presse de faire passer leurs opinions pour la vérité, sans aucune démonstration évidente, soit à partir de l'expérience, soit à partir de passages de l'Ecriture dont l'interprétation ne fait l'objet d'aucune controverse » (*EL*, I, XIII, 4, trad., p. 197).

5. *EL*, Épître dédicatoire, trad., p. 125.

6. *Ibid.*

« intérêts des hommes »[1]. Cependant, précise Hobbes dans le *Léviathan*, « s'il eût été contraire au droit de dominer de quelqu'un, ou aux intérêts de ceux qui dominent, que *les trois angles d'un triangle soient égaux à deux angles d'un carré*, cette doctrine eût été sinon controversée, du moins étouffée, par la mise au bûcher de tous les livres de géométrie, pour autant que cela eût dépendu de celui à qui cela importait »[2]. Autrement dit, la vérité scientifique n'est susceptible d'une reconnaissance publique que dans la mesure où elle ne s'oppose pas aux intérêts des puissants. Or, comme la politique est au premier chef confrontée aux passions des hommes, et notamment à leur passion de la puissance[3], le projet d'une science du politique suppose paradoxalement qu'il soit possible de tenir un discours de vérité sur des réalités – les passions et les intérêts – qui sont indifférents, voire hostiles, à la vérité. La condition de cette science paradoxale sera donc une critique de la raison politique, puisqu'il faut, avant toute autre chose, critiquer le lien que la raison entretient en politique avec les passions de la puissance. Pas de critique, par conséquent, de l'erreur selon laquelle la politique relèverait seulement du genre rhétorique sans une analyse fine des effets théoriques de la passion. Plus généralement, il n'est pas de critique de la raison selon Hobbes qui ne soit une critique des impuretés de la raison, à savoir qui ne mette en évidence l'incidence des passions sur les facultés de connaître. Seule une telle analyse peut en effet permettre de réduire la propension à la dispute qui résulte de l'intervention des passions dans le processus de la connaissance.

La difficulté d'une telle critique tient toutefois à ce que la passion est intimement liée à l'opération même de la connaissance qui suppose la traduction d'un discours mental en un discours verbal. En tant qu'elle est définie comme le commencement intérieur d'un mouvement volontaire[4], la passion en général est au principe de tout mouvement quel qu'il soit. On ne saurait marcher, courir, ou se mouvoir sans passion. On ne saurait non plus connaître une vérité sans passion, puisque la curiosité qui incite l'esprit à la connaissance est elle-même définie comme la passion « de

1. *EL*, Épître dédicatoire, trad., p. 125.

2. *Léviathan*, XI, 21, trad. p. 101.

3. Sur le fait que Hobbes reconduise toutes les passions humaines à la passion de la puissance, voir L. Foisneau, « L'esprit individualiste et la passion de la puissance selon Hobbes », in *L'individuo nel pensiero moderno. Secoli XVI-XVIII*, t. II, G. M. Cazzaniga et Y. C. Zarka (éd.), Pise, Edizioni ETS, 1995, p. 541-557.

4. Le titre du chapitre VI du *Léviathan* met en avant cette nouvelle définition de la passion : « Of the Interiour Beginnings of Voluntary Motions; commonly called the Passions. And the Speeches by which they are expressed. » ; « Des commencements intérieurs (communément appelés passions) des mouvements volontaires ; et des façons de parler par lesquelles on les désigne. ».

connaître les causes »[1]. Aussi, le point qui appelle critique est-il moins l'intervention de la curiosité en tant que telle que l'intervention d'une autre passion dans le processus de traduction des termes mentaux en termes verbaux. Cette traduction dépend en effet de la capacité de parler, qui repose elle-même, comme tous les mouvements volontaires, sur une passion spécifique qui est la passion de faire connaître à autrui ce que l'on pense ou ressent par devers soi[2]. Si l'on ne saurait parler sans suivre les règles de la logique, on ne saurait non plus parler sans désirer s'exprimer, ou, comme le dit Hobbes, sans « désirer montrer à autrui la connaissance, les opinions, et les passions »[3] que l'on a en soi. Or, c'est ce désir de rendre publiques nos pensées qui doit, en son principe, faire l'objet d'une critique, car la passion qui meut notre langue a pour effet de transformer en profondeur le fonctionnement même de notre raison. Dès que la passion de s'exprimer se manifeste, elle transforme la raison *(ratio)* en discours *(oratio)*[4], et cette transformation favorise l'emprise de la rhétorique sur l'esprit humain. Conduits par l'habitude à répéter certains enchaînements de mots, les hommes sont de ce fait souvent semblables à « ces mendiants qui récitent leur Notre Père (...) sans avoir en l'esprit d'images ou de conceptions qui correspondent aux mots qu'ils disent »[5]. Cet automatisme verbal encourage la répétition des mêmes erreurs, la reconduction des préjugés logiques et métaphysiques, et l'équivocité généralisée dans l'usage des mots, puisque cet usage n'est pas réglé par la critique de la raison, mais suit la pente de nos passions. Il s'ensuit naturellement que le philosophe moral se trouve confronté à la pluralité des significations des mots « bien », « mal », « libéralité », « prodigalité » ou « courage »[6]. Cette équivocité est la première source des erreurs associées au discours verbal, et de la difficulté d'établir un bon rapport à la vérité dans le domaine de la théorie politique. Il n'entre pas dans mon propos de décrire la logique qui doit présider, selon Hobbes, à la constitution d'un discours vrai. Il me suffira de remarquer que cette logique suppose une critique préalable des équivoques produites dans l'usage des mots par la passion, et notamment par la passion de s'exprimer. Comme la raison est indissociable d'un calcul

1. *Léviathan*, VI, 35, trad. p. 52.

2. « De même que les passions de l'homme sont à l'origine de tous ses mouvements volontaires, de même elles sont à l'origine de la parole qui est le mouvement de sa langue. » (*EL*, I, V, 14, trad., p. 151).

3. « And men desiring to shew others the knowledge, opinions, conceptions and passions which are within themselves, and to that end having invented language, have by that means transferred all that discursion of their mind mentionned in the former chapter, by the motion of their tongues, into discourse of words » (*EL*, I, V, 14, p. 23).

4. « (...) and *ratio*, now, is but *oratio*, for the most part (...) » (*EL*, I, V, 14, p. 23).

5. *EL*, I, V, 14, trad., p. 151.

6. *Ibid.*

sur des signes, et que ces signes impliquent la possibilité de leur communication à autrui, cette publicité minimale appelle en retour une critique de la raison en tant que cette dernière est susceptible d'être communiquée. Si la droite raison naturelle suffit en principe à l'élaboration d'un discours vrai et évident, Hobbes considère toutefois qu'il n'est pas possible de fonder la science sur la croyance en la droiture naturelle de l'entendement humain, car les passions, qui sont en leur fond des passions de la puissance, sont susceptibles de troubler le jugement des savants. Aussi, la critique des effets théoriques de la passion requiert-elle une critique, morale et juridique, de la rationalité.

Cette dimension critique de la rationalité hobbesienne est particulièrement bien mise en évidence dans le chapitre V du *Léviathan*, où, loin de déduire de la détermination de la raison en termes de calcul une plus grande confiance dans les opérations de l'esprit, Hobbes souligne au contraire que l'évidence d'un calcul ne saurait suffire à elle seule à lui conférer le caractère d'une vérité universelle. L'arithmétique ne fait pas exception à la règle, puisqu'il peut toujours arriver qu'un mathématicien, fût-il expérimenté, se trompe [1]. Cette possibilité d'une erreur individuelle est présente dans tous les champs de la rationalité. Faut-il pour autant se convertir au scepticisme ? Nullement, car Hobbes précise que « la raison est toujours la droite raison » et que l'arithmétique est « un art certain et infaillible » [2]. La droite raison, comprise comme la norme de la vérité des raisonnements [3], n'est pas remise en cause par la remarque sur la possibilité de l'erreur, cette remarque visant moins à disqualifier sur un mode sceptique la capacité humaine à connaître la vérité qu'à montrer que le bon fonctionnement de la connaissance est soumis au tribunal d'une critique que l'on peut qualifier de juridique. Dans cette perspective juridique, le bon usage de la raison suppose l'existence d'une instance de jugement capable de trancher les conflits entre les savants. Puisque l'erreur individuelle est toujours possible et qu'elle peut susciter des conflits, y compris entre des savants respectueux des procédures logiques, il faut que les parties en présence s'entendent « pour poser comme étant la droite raison la raison de quelque arbitre ou juge, à la sentence duquel ils se tiendront tous deux, ou sinon leur dispute ou bien en

1. « De même qu'en arithmétique il est inévitable que les hommes inexpérimentés se trompent, à maintes reprises, et parviennent à un résultat faux, et que cela peut arriver à ceux-là mêmes qui font profession de cet art, de même dans tout autre matière à raisonnement les hommes les plus capables, les plus attentifs et les plus expérimentés peuvent s'égarer et inférer de fausses conclusions » (*Léviathan*, V, 3, trad., p. 38).

2. *Ibid.*

3. « Or quand on raisonne à partir de principes dont l'expérience a montré qu'ils sont indubitables, et une fois évitées toutes les tromperies de la sensation et l'équivoque des mots, on dit que la conclusion qu'on tire est conforme à la droite raison » (*EL*, I, V, 12, trad., p. 150).

viendra aux coups, ou bien restera non tranchée, faute d'une droite raison établie par la nature »[1]. Le conseil est assurément judicieux, puisqu'il fait droit, après Bacon, à la dimension institutionnelle de la science, qui ne saurait se développer seulement dans le ciel pur des idées. L'institution d'une instance arbitrale dans le champ de la recherche scientifique n'a pas toutefois, dans le *Léviathan*, une fonction seulement juridique. Elle sert également, et peut-être avant tout, à résoudre un problème théorique que les *Elements of Law* avaient, en leur temps, laissé en suspens. Confronté à la distorsion que les passions font subir à la droite raison, lorsque ces dernières veulent s'ériger en norme du vrai, le philosophe se doit de penser un dispositif qui permette de corriger cette distorsion au profit d'un meilleur fonctionnement de la rationalité. L'instance invoquée est une instance d'arbitrage, qui peut prendre la forme d'un jury, d'un comité de lecture ou d'une académie, peu importe. L'essentiel est que celle-ci procède sur le mode du jugement, d'un jugement que l'on doit supposer informé des résultats obtenus par les parties en conflit. On a trop souvent voulu interpréter cette institution de la droite raison comme une instance transcendante, étrangère en tout point au fonctionnement de la raison, en bref comme une instance de censure. Mû seulement par le souci de préserver la paix publique, le juge aurait pour seule fonction de mettre fin au conflit des savants, sans nulle considération pour la chose jugée, à savoir, la vérité en question. Cette lecture qui a ses défenseurs est néanmoins insuffisante, car elle ne fait pas droit aux possibles contenus dans la théorie hobbesienne de la droite raison instituée. Au lieu d'interpréter cette dernière comme une instance étrangère à la sphère de la rationalité, il convient plutôt de la comprendre comme une condition de possibilité de la raison. De fait, sans cette instance de jugement, la rationalité est condamnée à se perdre dans les vains conflits de préséance engendrés par les passions, et, au lieu de se développer selon des principes méthodiques, la connaissance donnera lieu à un nouvel état de nature. Rien n'empêche, en outre, de considérer la droite raison instituée, non pas seulement comme une institution politique, mais aussi comme une institution de la raison elle-même. L'arbitre qui tranche les controverses scientifiques est lui-même un savant qui exerce son jugement en fonction d'aptitudes formées en pratiquant la science. Il ne s'agit certes pas de prétendre que cette figure hobbesienne du juge en matière de vérité serait la réplique parfaite du philosophe critique kantien. On sait en effet que ce n'est pas la passion qui conduit la raison, dans son usage pur, à excéder les limites de l'expérience, mais l'intérêt de la raison pratique, qui est autre chose que la vaine gloire ou l'intérêt matériel. Il n'en demeure pas moins vrai que l'idée hobbesienne d'une nécessaire critique

1. *Léviathan*, V, 3, trad., p. 38.

de la droite raison naturelle trouve un écho certain dans le projet kantien d'une critique de la raison pure.

LA NAISSANCE DE LA CONCEPTION PROCÉDURALE DE LA VÉRITÉ

Pour éviter toute confusion, il convient toutefois de préciser que le rapprochement que j'effectue ne concerne pas la finalité même du projet critique, à savoir la mise en cause des prétentions de la raison spéculative à constituer une science métaphysique capable de dépasser les limites de l'expérience. De façon plus limitée, je voudrais chercher à montrer que la pensée critique s'appuie, dans sa mise en œuvre et dans son développement, sur des concepts juridiques et politiques dont la pertinence pour la question de la connaissance avait déjà été soulignée par Hobbes. C'est moins en l'occurrence l'existence de ces concepts qu'il importe de rappeler, car c'est là une chose bien connue, que l'importance de ces concepts dans la mise en œuvre d'une critique de la raison, à savoir dans l'établissement d'un rapport critique à la vérité. Autrement dit, il s'agit de montrer que l'idée hobbesienne de la nécessité d'une institution judiciaire dans le champ de la rationalité scientifique est mise par Kant au fondement même de son projet d'une critique de la raison pure. L'instance qui, selon l'auteur du *Léviathan*, doit servir à trancher les conflits entre les scientifiques, mathématiciens et physiciens principalement, est conçue par l'auteur de la *Critique de la raison pure* comme une instance régulatrice des conflits inexpugnables qui procèdent depuis toujours de la disposition métaphysique de l'homme. Si dans un cas la prétention du savant à la vérité demeure inentamée, dans l'autre il n'en va bien évidemment plus ainsi, puisque le conflit entre les thèses métaphysiques opposées ne peut par principe trouver de solution définitive. Dans un cas, le juge doit trancher entre des propositions vérifiables, dans l'autre, il ne peut donner entièrement raison, ni d'ailleurs entièrement tort, à aucun des deux plaignants. Pour importante qu'elle soit, cette différence ne doit cependant pas nous faire oublier la similitude des deux projets, qui tient à l'instauration d'une instance de jugement comme condition de régulation de la connaissance rationnelle.

À l'ambiguïté que Hobbes laisse planer sur le statut exact de la droite raison instituée, Kant substitue pour sa part une détermination fort claire : l'instance chargée d'établir les « droits de la raison » [1] n'est pas une instance extérieure à la raison, mais la raison elle-même. Autrement dit, nulle incertitude chez Kant sur le statut du « tribunal de la raison » : il ne

1. *Critique de la raison pure*, préface de la seconde édition, B XXXIV, trad. fr. par A. Renaut, Paris, Aubier, 1997, p. 87.

s'agit pas d'un tribunal administratif chargé de représenter la souveraineté politique auprès des savants, encore moins s'agit-il d'une instance destinée à faire valoir les droits d'un souverain historiquement incarné au détriment des droits de la raison. Le projet critique surgit en effet à un moment où l'esprit du siècle, devenu indifférent aux débats métaphysiques du siècle précédent, ressent le besoin de faire usage de la « mûre *faculté de juger* » [1], afin de répondre « à l'appel adressé à la raison pour qu'elle prenne à nouveau en charge la plus difficile de toutes les tâches, celle de la connaissance de soi » [2]. Or, la raison ne peut répondre à cet appel que si « elle institue un tribunal qui la garantisse en ses légitimes prétentions, (...) tout en sachant en revanche éconduire ses prétentions sans fondements, non par des décisions autoritaires, mais en vertu de ses lois éternelles et immuables » [3]. On ne saurait dire plus clairement que le tribunal de la critique ne rend pas ses jugements en fonction d'un pouvoir discrétionnaire, mais en fonction de principes universels et nécessaires.

Dans quelle mesure toutefois la critique peut-elle jouer son rôle d'arbitre dans le champ clos de l'affrontement métaphysique, si tant est que ce différend ne saurait être tranché en faveur d'une thèse ou de son contraire, l'une et l'autre thèse étant également condamnée à accomplir le parcours fixé par la dialectique transcendantale ? La fonction de la critique n'est pas seulement négative, elle n'est pas seulement de montrer que les thèses métaphysiques souffrent toutes, quelles qu'elles soient, d'un vice de forme initial. De fait, en nous détournant « de nous risquer jamais avec la raison spéculative au-delà des limites de l'expérience » [4], elle rend caduques les thèses spéculatives qui font théoriquement obstacle à la moralité. En montrant que la thèse qui récuse la liberté au nom du mécanisme de la nature n'est pas assurée de ses fondements, elle fait disparaître un obstacle sur le chemin de la compréhension de la possibilité de la loi morale. L'utilité de la critique n'est donc pas seulement négative, mais aussi bien positive, sauf à considérer que « la police ne procure aucune utilité positive parce que son activité principale est en fait seulement de barrer la porte à la violence que les citoyens ont à redouter venant d'autres citoyens, afin que chacun puisse mener ses affaires dans la tranquillité et la sécurité » [5]. Dans son usage polémique, la fonction de la critique est de réduire à néant les prétentions des métaphysiciens dogmatiques, lorsqu'ils prétendent établir sur des fondements indubitables que tout est nécessaire, que Dieu n'existe

1. *Critique de la raison pure*, préface de la première édition, A IX ; trad. cit., p. 65.
2. *Ibid.*
3. *Ibid.*
4. *Critique de la raison pure*, préface de la deuxième édition, B XXIV, trad. cit., p. 82.
5. *Ibid.*

pas et que l'immortalité est une chimère. De ce point de vue, le nécessitarisme et le mortalisme de Hobbes tombent assurément sous le coup de la critique.

Pour autant, l'originalité de Kant n'est pas tellement de vouloir mettre la critique au service des intérêts de la raison pratique que de vouloir le faire en accordant à la raison une liberté maximale. Refusant les secours inutiles de la censure, il affirme l'entière souveraineté de la raison dans le domaine de la controverse spéculative. Si la raison pure dans son usage dogmatique est intimidée par la critique, ce n'est pas par peur de la puissance publique, mais parce qu'elle n'a pas observé « avec la plus grande rigueur » [1] les lois qui s'imposent à la raison. Autrement dit, Kant n'entend nullement censurer la raison, puisqu'il souhaite au contraire lui donner la plus grande liberté, afin qu'elle puisse être elle-même le juge de ses propres opérations. Filant la métaphore politique, il affirme ainsi que « c'est sur cette liberté que repose même l'existence de la raison, laquelle n'a pas d'autorité dictatoriale, mais ne fait jamais reposer sa décision que sur l'accord de libres citoyens, dont chacun doit pouvoir exprimer ses objections, voire son *veto*, sans retenue aucune » [2]. Si la raison dogmatique est bien appelée à comparaître, c'est devant le tribunal de la raison critique, et non pas devant le tribunal de la république. De fait, Kant repousse comme sans pertinence les craintes de ceux qui jugent dangereux de laisser libre cours aux spéculations de la raison. Cette crainte, qui voudrait justifier la mise sous tutelle de la raison de la jeunesse et promouvoir une métaphysique scolaire édifiante, est sans fondement, car les thèses dangereuses pour la morale sont, comme leurs antithèses d'ailleurs, des thèses dialectiques. Au lieu d'assurer la paix philosophique, le fait de vouloir trancher une querelle métaphysique en recourant à la puissance publique, « qui n'entend absolument rien à de si subtils travaux », conduit seulement à se couvrir de ridicule. La solution qui s'impose, lorsque l'on conçoit la nécessité de répondre à une thèse soutenue dogmatiquement, est par conséquent de laisser son adversaire « faire assaut de raison » et de le combattre avec « les seules armes de la raison » [3]. Loin de mettre en péril la cause de la morale, le conflit rationnel « cultive la raison, en lui faisant considérer son objet de deux points de vue » et il rectifie le jugement « dans la mesure où il le restreint » [4]. Kant peut ainsi affirmer que la critique humienne des preuves de l'existence de Dieu n'était mue que par le seul souci de « faire progresser la raison dans la

1. *Critique de la raison pure*, « La discipline de la raison pure relativement à son usage polémique », A 739/B 767, trad. cit., p. 619.

2. *Ibid.*

3. *Ibid.*

4. *Ibid.*

connaissance qu'elle a d'elle-même »[1]. On affaiblit plus la raison en voulant dissimuler ses éventuelles faiblesses qu'en les dévoilant aux yeux de tous, selon une procédure rationnelle.

La prétention dogmatique de la raison, c'est-à-dire la prétention de résoudre les problèmes métaphysique « sans examen préalable du pouvoir de la raison, ou de son manque de pouvoir, vis-à-vis d'une si grande entreprise »[2], maintient la rationalité dans une sorte d'état de nature : puisque l'affirmation d'une thèse suppose la négation radicale de la thèse contraire, il s'ensuit une guerre sans merci entre les métaphysiques opposées. Reprenant à son compte le modèle hobbesien de sortie hors de l'état de nature, Kant souligne que l'instauration de la critique permet tout à la fois de discréditer le recours à un ton dogmatique en philosophie et de promouvoir un état civil de la raison comme condition de la paix perpétuelle en philosophie[3]. Une application analogue du modèle politique à la question de la vérité est de fait développée par Hobbes dans le chapitre XLVI du *Léviathan*[4]. Toutefois, il importe moins d'insister sur ce point que de remarquer la transformation du concept de la vérité qui résulte de la subordination de la pensée critique à un modèle juridico-politique de la connaissance d'origine hobbesienne. De même que, chez Hobbes, la droite raison instituée a pour fonction de soumettre la raison naturelle aux règles fixées par les instances juridico-politiques de la recherche, de même la critique a pour effet de promouvoir une conception procédurale de la vérité : « La critique, en revanche, qui tire toutes ses décisions des règles fondamentales de sa propre instauration, dont personne ne peut mettre en doute l'autorité, nous procure le calme d'un état légal où nous ne devons régler notre différend d'aucune autre manière qu'en recourant à une *procédure* (*Prozess*) »[5]. Au lieu de caractériser la vérité par un contenu déterminé, la conception kantienne la caractérise donc, de façon formelle, par le respect de procédures argumentatives. Or c'est précisément sur ce point, qui se

1. *Ibid.*, p. 623.

2. *Critique de la raison pure*, Introduction, A 3/B 7 ; trad. cit., p. 97-98.

3. Cette idée d'une paix perpétuelle en philosophie est développée dans un article publié en décembre 1796 sous le titre « Annonce de la prochaine conclusion d'un traité de paix perpétuelle en philosophie », AK 413-421.

4. « (...) il a existé dès l'origine diverses spéculations vraies, générales et profitables, qui étaient comme les plans naturels de la raison humaine. Mais au début, elles étaient en petit nombre ; les hommes vivaient sur une expérience grossière ; il n'existait pas de méthode, autrement dit on ne semait ni ne plantait la connaissance séparément, à part des mauvaises herbes et des plans vulgaires de l'erreur et de la conjecture. La cause de cela étant le peu de loisir que laissait aux hommes la tâche de se procurer ce qui était nécessaire à leur vie et de se défendre contre leurs voisins, il était impossible qu'il en allât autrement avant l'érection de grandes Républiques. » (*Léviathan*, XLVI, 6, trad., p. 679).

5. *Critique de la raison pure*, A 751/B 779, trad. cit., p. 627.

trouve aujourd'hui au centre des débats contemporains sur le statut de la philosophie, que l'apport de la pensée de Hobbes à la pensée kantienne est le plus significatif : la vérité réside moins selon Kant dans le contenu de thèses particulières que dans le respect des procédures qui garantissent leur légitimité. Pour dire les choses autrement, c'est moins le contenu de la connaissance qui importe à la philosophie critique que les conditions formelles de sa légitimation. Comme on l'a vu, la critique peut s'exercer en effet aussi bien à l'encontre de la thèse de la liberté de l'arbitre que de la thèse inverse de la nécessité : son objet est donc moins la thèse elle-même que les modalités argumentatives qui conduisent à la poser.

Cette décision a une signification théorique majeure dont on n'a pas encore aujourd'hui fini de mesurer les conséquences : en mettant l'accent sur les différends qui surgissent au sein de la raison, sur le jugement et sur la procédure, Kant promeut de fait, au sein même de la sphère rationnelle, la constitution d'un espace public. De même que la science hobbesienne exige d'être validée à travers sa communication à la communauté des savants [1], c'est-à-dire par des protocoles de communication de la vérité scientifique, de même les thèses spéculatives de la dialectique kantienne supposent un espace public virtuel au sein duquel des procédures contradictoires peuvent être conduites. Les métaphores politiques qui abondent dans le texte de la discipline de la raison pure dans son usage polémique trouvent ainsi leur justification véritable. Parmi ces métaphores, il convient de relever tout particulièrement la comparaison suivante : la liberté de chacun comprend également la liberté « d'exposer publiquement au jugement ses pensées et les doutes que l'on ne peut réduire soi-même, sans être pour autant décrié comme un citoyen agité et dangereux » [2]. Pourquoi cette évocation de l'espace public dans le champ clos de la raison pure spéculative ? N'y a-t-il pas là, pour parler comme Pascal, une confusion des ordres ? Si tel n'est pas le cas, c'est que le droit de rendre public ses raisonnements est « déjà compris », nous dit Kant, « dans le droit originaire de la raison humaine, laquelle ne connaît pas d'autre juge qu[e] l'universelle raison humaine, où chacun a sa voix » [3]. Ce droit d'expression public est, souligne le philosophe, un droit sacré et inaliénable [4]. Réalisée à l'occasion d'un examen du pouvoir spéculatif de la raison, cette découverte possède une portée politique majeure, tant il est vrai que, si l'État n'a pas le droit de s'opposer au libre exercice de la raison spéculative, il ne devrait pas

1. Voir la théorie des signes de science en *Léviathan*, V, dernier §, trad., p. 44-45.
2. *Ibid.*
3. *Ibid.*
4. « (…) il ne peut y être attenté » *(ibid.)*.

davantage avoir le droit de s'opposer à l'exercice public de la raison dans le champ de la politique ou de la religion.

LE PRINCIPE DE PUBLICITÉ

On ne saurait toutefois aller plus avant dans l'exposition du principe de publicité sans mentionner que ce principe est intimement lié chez Hobbes comme chez Kant à la définition même de la loi. Dans le chapitre XXVI du *Léviathan*, Hobbes souligne ainsi qu'il est de l'essence même de la loi d'être rendue publique : « La loi étant un commandement, et un commandement consistant dans le fait que celui qui commande exprime ou manifeste sa volonté par oral, par écrit, ou par quelque autre indice adéquat, on comprendra aisément que le commandement de la République n'est loi que pour ceux qui ont le moyen d'en prendre connaissance » [1]. Kant, pour sa part, radicalise cette affirmation en faisant apparaître le lien indissoluble qui unit droit public, principe de publicité et justice : « Si je fais abstraction de toute *matière* du droit public (...), comme les professeurs de droit l'entendent habituellement, il me reste encore *la forme de la publicité* dont toute prétention de droit renferme la possibilité, parce que, sans elle, il n'y aurait aucune justice (on ne peut penser celle-ci que comme susceptible d'être *rendue publiquement*), par conséquent pas de droit non plus, puisque seule la justice le confère » [2]. Pas de droit sans justice par conséquent, mais pas de justice sans publicité, c'est-à-dire sans la présence du public qui témoigne que la justice a bien été rendue. Le fait de rendre public les jugements ne constitue pas toutefois une condition empirique de la justice : c'est la condition *transcendantale* du droit public, qui s'énonce ainsi : « Toute action qui a trait au droit des autres hommes, ou dont la maxime n'est pas compatible avec la publicité, n'est pas de droit » [3].

D'un tel principe, Hobbes aurait sans doute proposé une interprétation restrictive. À la prise en compte des droits de l'homme, il aurait probablement substitué l'affirmation des seuls droits du souverain, le souci principal qui anime sa philosophie politique étant moins de prendre la défense du droit des individus que de promouvoir le droit de la souveraineté et le respect de la loi qui en procède. Aux philosophes qui prétendent qu'il leur revient d'interpréter les lois de nature sur lesquelles reposent la République, Hobbes répond de fait que « l'autorité des écrivains, sans l'autorité de la République, ne fait pas de leurs opinions (aussi vraies

1. *Léviathan*, XXVI, 12, trad., p. 289.
2. Kant, *Vers la paix perpétuelle*, appendice II, AK VIII, 381 ; trad. fr. par J.-F. Poirier et F. Proust, Paris, GF-Flammarion, 1991, p. 124.
3. *Ibid.*, p. 124-125.

qu'elles puissent être), des lois »[1]. S'appliquant à lui-même cette règle, il précise que ce qu'il a écrit sur les vertus morales et sur leur fonction politique ne possède en tant que tel aucune autorité. Autrement dit, et contrairement à toute la tradition platonicienne, Hobbes considère que la vérité ne constitue pas le fondement de l'autorité. Non seulement il ne suffit pas de connaître le vrai pour pouvoir prétendre exercer le commandement dans la cité, mais encore la vérité elle-même n'est pas destinée à fournir les règles qui doivent régir la vie publique. Cette rupture avec le platonisme politique est exprimée avec une très grande force dans la célèbre formule de la version latine du *Léviathan* (1668) : « c'est l'autorité, non la vérité, qui fait la loi »[2].

À quelle condition, par conséquent, Hobbes estime-t-il légitime de prendre la défense des droits de la raison? La réponse a le mérite de la simplicité : quand la raison est critiquée par des hommes « qui, ni par autorité légitime, ni par des études suffisantes, ne sont des juges compétents de la vérité »[3]. Ayant pu réfléchir tout à loisir au procès intenté à Galilée par l'Église catholique, Hobbes affirme que la condamnation d'une doctrine scientifique au nom de la vraie religion est une absurdité, car des doctrines scientifiques, « si elles sont vraies »[4], ne peuvent être contraires à la religion véritable. Mais il ajoute, ce qui tend à limiter la portée de cette première assertion, qu'il faut réduire au silence les doctrines contraires à la religion établie, car « la désobéissance peut légitimement être punie chez ceux qui enseignent contrairement à la loi, même s'ils enseignent la vraie philosophie »[5]. Autrement dit, lorsqu'il convient de trancher entre les droits de Galilée et les droits de l'Église établie, ce sont ces derniers qui doivent l'emporter, car un savant comme n'importe quel citoyen est tenu au devoir d'obéissance aux lois, y compris en matière ecclésiastique. Si une doctrine tend à la rébellion et à la sédition, il faut donc que ceux qui l'enseignent « soient punis en vertu du pouvoir de celui à qui a été commis le soin du repos public »[6]. Qu'en est-il toutefois dans le cas de Galilée? Hobbes précise sa pensée sur ce point à propos de l'examen qu'il fait du droit du souverain en matière doctrinale. Après avoir accordé au prince un pouvoir

1. « The Authority of writers, without the Authority of the Common-wealth, makes not their opinion law, be they never so true. » (*Leviathan*, XXVI, 22, p. 295).

2. « In civitate constituta, legem naturae interpretatio non a doctoribus et scriptoribus moralis philosophiae dependent, sed ab authoritate civitatis. Doctrinae quidem verae esse possunt; sed authoritas, non veritas, facit legem. » (*Leviathan*, XXVI, 21, *De legibus civilibus*, p. 202).

3. *Léviathan*, XLVI, dernier §, trad., p. 693.

4. *Ibid.*, trad., p. 694.

5. *Ibid.* Voir sur ce point le commentaire que fait H. Arendt de cette affirmation, in *La crise de la culture*, trad. fr. dir. par P. Lévy, Paris, Gallimard, 1972, note 3, p. 376.

6. *Ibid.*

de censure [1], il admet qu'« en matière de doctrines » on ne doit « avoir égard qu'à la vérité » [2], ajoutant qu'il existe une compatibilité fondamentale entre le souci de la paix et le souci du vrai. De même qu'une doctrine contraire à la paix ne peut être vraie, de même la paix et la concorde civiles trouvent en la loi de nature un fondement en vérité. Comment se fait-il, par conséquent, que la publication de certaines doctrines vraies puisse susciter une « antipathie générale », et donc mettre en péril l'ordre public ? Des gens qui osent prendre les armes pour « protéger ou introduire une opinion sont encore en guerre », plus exactement, « leur état n'est pas la paix, mais seulement une cessation d'armes causée par la crainte qu'ils ont les uns des autres » [3]. La solution adoptée par Hobbes est donc une solution moyenne : s'il refuse de considérer que la vérité comme telle puisse être susceptible de ruiner la paix civile [4], ou que le désir de connaître la vérité puisse être source de désordre, il maintient néanmoins la nécessité d'une censure préalable, afin d'éviter que certaines opinions ne soient connues du plus grand nombre. Les remarques répétées que l'on trouve dans sa polémique avec Bramhall faisant état de son souci de maintenir secrète sa théorie de la nécessité sont un indice de son peu de confiance dans l'opinion publique [5].

De toute évidence, cette méfiance est absente de la pensée de Kant, qui affirme haut et fort les droits de l'homme face aux droits des souverains et les droits de la raison contre la censure. Kant rejette notamment l'idée, défendue par Hobbes, selon laquelle la religion et la législation devraient échapper à la critique. Après le siècle de l'absolutisme, le dix-huitième siècle doit être le siècle de la critique, « à laquelle tout doit se soumettre » [6]. Vouloir soustraire à la pensée critique la religion, en raison de sa sacralité, et la législation, en raison de sa majesté, constitue le pire service que l'on puisse leur rendre, car ce privilège qu'on leur accorde les expose au soupçon du peuple et au mépris des savants. Si elles recherchent la protection de la censure, la religion officielle et la législation ne pourront plus prétendre au « respect sans hypocrisie que la raison témoigne unique-

1. « (…) c'est un droit attaché à la souveraineté, que d'être juge des opinions et doctrines qui sont nuisibles ou favorables à la paix, et en conséquence de décider ce qu'on peut permettre (en quels cas et dans quelles limites) lorsqu'il s'agit de prendre la parole devant les foules, et *qui devra examiner la doctrine de tous les livres avant qu'ils ne soient publiés* » (*Léviathan*, XVIII, 9, trad., p. 184, je mets en italique).

2. *Ibid.*

3. *Ibid.*, p. 185.

4. « (…) l'irruption d'une vérité nouvelle, aussi soudaine et brutale soit-elle, ne rompt jamais la paix ; tout au plus peut-elle réveiller la guerre » (*ibid.*, p. 184-185).

5. *Les questions concernant la liberté, la nécessité et le hasard*, intro., notes, glossaires et index Luc Foisneau, trad. fr. par Luc Foisneau et Florence Perronin, Paris, Vrin, 1999, p. 211.

6. *Critique de la raison pure*, préface de la première édition, A IX, trad. cit., p. 65, note.

ment à ce qui a pu soutenir son libre et public examen *(ihre freie und öffentliche Prüfung)* »[1]. S'il est légitime de respecter les droits de la souveraineté en obéissant sans discuter aux lois civiles, il est non moins légitime de faire usage de sa raison pour critiquer, en tant que savant, les défaut de la législation et les insuffisances de la religion. Le principe de publicité ne doit donc pas valoir seulement dans le cadre de la loi civile, mais également dans la perspective d'un usage éclairé de la raison. On connaît la distinction fameuse, énoncée dans *Qu'est-ce que les Lumières ?,* entre l'usage privé que l'on fait de sa raison dans une charge civile et l'usage public que l'on peut en faire, « en tant que *savant*, devant l'ensemble du public qui *lit* »[2]. Cette distinction rend compatible, on le sait, chez un même citoyen, une obéissance sans faille dans l'exercice de ses fonctions publiques avec une liberté sans limite dans l'exercice de sa raison.

Quel est toutefois le statut de la vérité qui s'exprime dans cet espace public ? Déterminée par les conditions juridico-politiques qui l'ont rendu possible, cette vérité est fondamentalement une vérité du jugement. Si Kant dépasse indéniablement la problématique hobbesienne de la droite raison instituée en juge de la vérité, ce n'est donc pas parce qu'il aurait découvert une vérité supérieure, un absolu de la vérité, mais au contraire parce qu'il est parvenu à faire du jugement le principe même du fonctionnement de la raison. Le dispositif hobbesien de la souveraineté est ainsi maintenu intégralement, puisque l'instance rationnelle de jugement existe toujours, intégrée qu'elle est à l'usage public de la raison de chacun. Faire usage publiquement de sa raison, c'est manifester sa capacité de juger de la chose publique, c'est s'instituer soi-même en juge de la politique. En ce sens, on peut dire que le motif kantien de la critique s'inscrit parfaitement, bien que paradoxalement, dans la postérité de la philosophie politique de Hobbes.

Luc FOISNEAU
CNRS, Maison française, Oxford

1. *Critique de la raison pure*, préface de la première édition, A IX, trad. cit., p. 65, note.
2. *Qu'est-ce que les Lumières ?,* AK VIII, 37 ; trad. fr. par J.-F. Poirier et F. Proust, Paris, GF-Flammarion, 1991, p. 45.

LE PROBLÈME DU PRINCIPE DES JUGEMENTS PRATIQUES : KANT CRITIQUE D'UNE ILLUSION DE HOBBES

L'ÉTENDUE DU « *CONTRE HOBBES* »

À tous ceux qui voudraient disqualifier la philosophie morale de Kant en la donnant pour une éthique en « une seule phrase » (*Ein-Satz-Ethik*), une éthique toute ramassée dans le seul impératif catégorique, autrement dit une éthique qui se bornerait à poser la règle de l'universalisation du principe subjectif de l'action (la maxime d'une action) en une loi absolument nécessaire, le philosophe Otfried Höffe rétorque, dans son ouvrage traduit en 1993 sous le simple titre *Principes du droit* (*Kategorische Rechtsprinzipien, Ein Kontrapunkt der Moderne*, 1990) [1], que l'impératif catégorique, outre le fait qu'il constitue un concept suscitant « une remarquable richesse de questions et de propositions de solutions » [2] (*e.g.* la question des divers modes de la rationalité pratique – technique, pragmatique et morale –, qui fait différencier règles de l'habileté et conseils de la prudence des commandements ou lois de la moralité ; ou encore la question de l'autonomie de la volonté, qui est inséparable d'une véritable désarticulation de l'éthique eudémoniste), ne peut être isolé comme l'unique impératif pouvant prétendre au statut de principe de la moralité, sans être en même temps désigné comme le principe d'une dérivation possible de tous les « impératifs du devoir » [3]. Aussi Höffe distingue-t-il dans la philosophie morale de Kant, conformément aux différents écrits de ce dernier, une philosophie première ou « éthique fondamentale » (qui regroupe les

1. Otfried Höffe, *Principes du droit*, adapté par Jean-Christophe Merle, préface par Paul Ricœur, Paris, Cerf, 1993.

2. Otfried Höffe, *Principes du droit*, *op. cit.*, p. 11.

3. Cette assertion est prise des *Fondements de la métaphysique des mœurs*. AK IV, 421 ; OPh II, 285. Dans sa traduction pour la collection GF-Flammarion (Kant, *Métaphysique des mœurs I*, 1994), Alain Renaut préfère rendre *Grundlegung zur Metaphysik der Sitten* par le terme de *Fondation*.

Fondements de la Métaphysique des Mœurs et la *Critique de la Raison Pratique* et ne concerne que « l'impératif catégorique général »)[1] et une philosophie seconde (contenue dans la *Métaphysique des mœurs*)[2]. Ces dénominations de philosophie « première » et de philosophie « seconde » sont utilisées ici pour désigner non pas une division entre principes *a priori* de la moralité et conditions empiriques de leur application, mais une distinction interne à la sphère des principes *a priori* eux-mêmes. En effet, selon Kant, le concept de devoir ne peut recevoir tout son « sens », comme le demandent les *Fondements*[3], que si la philosophie morale parvient à établir, au moyen d'une hiérarchisation entre principes fondamentaux et principes dérivés, la relation de dépendance de toutes les maximes de nos actions (quels qu'en soient les objets) à l'égard d'un principe unique, l'impératif catégorique.

Contentons-nous pour le moment de mentionner cette articulation, dans la philosophie morale de Kant, entre les principes *a priori* d'une philosophie « première » et les principes *a priori* d'une philosophie « seconde ». Cette mention paraît suffisante pour envisager l'envergure véritable de la critique de Hobbes par Kant, lorsque celui-ci écrit « *Contre Hobbes* » dans son article publié en 1793 *Sur le lieu commun : il se peut que ce soit juste en théorie, mais, en pratique, cela ne vaut point*[4]. La limitation déclarée du propos de Kant à l'une des « rubriques » du rapport entre théorie et pratique – à savoir, celle de « la *politique* » ou du « *droit politique* » –, donnée comme un moment distinct de celui de « la *morale* en général »[5], ne doit pas égarer le lecteur : car non seulement tous les devoirs compris dans le droit humain externe « en général » sont subordonnés, comme à leur condition *sine qua non* ou « condition formelle suprême », à une fin qui constitue « un devoir inconditionné et premier », un devoir « en soi » (chacun « *doit avoir* » pour fin l'union civile)[6], mais en outre, pareille subordination des obligations extérieures, ou obligations dans les rapports extérieurs des hommes, à un contrat ou pacte instituant l'union civile, revient à exclure, comme principe de la législation extérieure des actions par lesquelles les hommes exercent les uns sur les autres une influence réciproque, la fin naturelle de tous les hommes, qui est le bonheur. Par cette exclusion, le droit externe « en général » est soustrait à toute dépendance à l'égard d'une fin empirique quelconque, le bonheur n'étant ici selon Kant qu'un nom

1. Otfried Höffe, *Principes du droit*, *op. cit.*, p. 11.
2. *Ibid.*, p. 15-16.
3. AK IV, 425 ; OPh II, 289.
4. AK VIII, 273 *sq.* Je reprends la traduction de Luc Ferry, OPh III, 249 *sq.* Pour le « *Contre Hobbes* », voir respectivement AK VIII, 289-306 ; OPh III, 269-291.
5. AK VIII, 277-278 ; OPh III, 254-255.
6. AK VIII, 289 ; OPh III, 269.

général pour toutes les fins empiriques. Voilà, aurait dit Pascal, « tout renfermé en un mot », « comme en un coffre » [1]. Tous les préceptes empiriques sont renfermés en une seule prescription, concernant « les moyens » de parvenir au bonheur [2]. À ce mot général de « bonheur » ne correspond aucun concept déterminé et constant, et tenter son explication ne reviendrait qu'à susciter d'innombrables représentations contradictoires, indéfiniment assujetties à la diversité des circonstances, ce qui rend impossible leur réduction à un « principe commun » [3]. Le principe suprême dont doivent provenir toutes les lois extérieures réglant l'influence que les hommes, en agissant, peuvent avoir les uns sur les autres, ne saurait être fourni par le bonheur, « qui n'est proprement susceptible d'aucun principe déterminé » [4] : le principe du bonheur n'étant même pas un principe, comment serait-il au fondement de l'appréciation du caractère droit ou juste des actions dans les relations externes entre les hommes ? Seule la liberté peut être le principe du droit en général, chacun des devoirs externes reposant sur l'exigence radicale d'un « accord général » entre les libertés « dans les rapports extérieurs des hommes les uns aux autres » [5]. C'est à ce critère, et non à celui (en fait inexistant) du bonheur que chaque homme attendrait de l'institution de l'État, qu'il convient de mesurer tant les lois établies par le pouvoir suprême, que les droits inaliénables des sujets face au souverain.

Les règles juridiques ne déterminent donc les devoirs extérieurs des hommes les uns à l'égard des autres, que sur le fondement purement rationnel d'un contrat originel en référence auquel toutes les actions plaçant les hommes dans des relations d'influence réciproque peuvent faire l'objet du jugement de chacun dans l'État : la fin strictement non empirique voulue par « la volonté unie » [6] de tous, c'est une loi universelle, la loi universelle de liberté, qui est une loi « de liberté générale » [7] (la liberté de chacun doit « coexister avec la liberté de tous » [8]), et nul ne peut jamais donner son assentiment à une maxime d'action, qu'en fonction de la capacité de l'action commandée par cette maxime à demeurer dans les limites de l'accord entre les différentes libertés. Kant marque de la sorte que l'instance qui légifère *a priori*, sans prendre en considération aucune fin empirique, dans la « rubrique » du droit politique, n'est autre que « la

1. Voir la *Pensée* 683 (Lafuma) – 20 (Brunschvicg).
2. AK VIII, 289 ; OPh III, 270.
3. AK VIII, 290 ; OPh III, 270.
4. AK VIII, 302 ; OPh III, 285.
5. AK VIII, 289-290 ; OPh III, 270.
6. AK VIII, 297 ; OPh III, 279.
7. AK VIII, 292 ; OPh III, 273.
8. AK VIII, 290 ; OPh III, 271.

raison elle-même »[1]. La raison ne légifère pas autrement dans le droit politique que dans le premier principe de la morale, elle ne légifère jamais qu'en faisant abstraction de tout ce qui introduirait la représentation d'une fin à réaliser dans le monde, de tout ce qui alimenterait la conception du bonheur comme d'une fin antécédente. Si bien que la critique de Hobbes (coupable de n'avoir pas su assigner au contrat d'institution de l'État sa véritable fin) est nécessairement une critique qui excède le domaine de la politique, et qui porte plus radicalement sur ce pseudo-principe qu'est le bonheur : le « *Contre Hobbes* » aurait pu figurer déjà en sous-titre de la Première Section de l'opuscule *Sur le lieu commun…*, *i.e.* en sous-titre de la « rubrique » initiale concernant « la morale en général » (« *En réponse à quelques objections de M. le professeur Garve* »).

La reconstruction de l'architectonique du devoir, dans la philosophie morale de Kant, a donc ici son importance. Une importance qui va au demeurant à l'encontre de l'interprétation conciliante et apaisante, à la façon de Höffe, de la divergence entre Kant et Hobbes : tout en rappelant que dans la Seconde Section de son article *Sur le lieu commun…*, Kant montre « contre Hobbes » que le concept de droit exclut toute « visée du bonheur », Höffe souligne que, dans la sphère même du droit politique, et s'agissant du principe des rapports juridiques entre les hommes, « Hobbes ne tombe pas de manière si dépourvue d'ambiguïté dans le groupe des positions à critiquer, que Kant n'en donne l'impression »[2]. Selon Höffe, on pourrait en alléguer pour preuve la formulation par Hobbes de la deuxième loi de nature dans le chapitre XIV du *Léviathan* (à savoir[3] : « Tout homme doit vouloir, quand les autres le veulent aussi, se dessaisir, dans la mesure où il pensera que cela est nécessaire à la paix et à sa propre défense, du droit qu'il a sur toutes choses ; et il doit se contenter d'autant de liberté à l'égard des autres, qu'il en accorderait aux autres à l'égard de lui-même »). S'il est vrai que cette loi trouve son principe dans « l'exigence naturelle de l'auto-conservation et du bonheur », il demeure pour Höffe que, dans sa deuxième partie, « avec l'idée de réciprocité et d'égalité », la deuxième loi de nature dans le *Léviathan* constitue un devoir tiré d'un principe comparable à la loi demandant que la liberté de chacun coexiste avec la liberté de chaque autre[4]. Aussi, plutôt que d'étendre le « *Contre Hobbes* » de Kant et de le faire remonter en deçà du droit politique (autrement dit « dans le concept de

1. AK VIII, 290 ; OPh III, 270.

2. Otfried Höffe, *Principes du droit*, *op. cit.*, p. 95. Pour la source de la citation de Kant, voir AK VIII, 289 ; OPh III, 270.

3. Höffe ne rappelle pas la formulation exacte par Hobbes de cette loi naturelle. Je propose une traduction à partir de l'édition du *Leviathan* par C.B. Macpherson, Penguin Classics, p. 190.

4. Otfried Höffe, *Principes du droit*, *op. cit.*, p. 95.

la morale»), Höffe préférerait (ce qui, souligne-t-il, constitue une démarche moins fréquente que la précédente) en restreindre la portée s'agissant de la politique elle-même : à ses yeux, dans la dernière partie, qui doit être tenue pour « décisive », de la seconde loi naturelle énoncée dans le *Léviathan*, Hobbes « défend un principe moral fort proche du critère kantien de la législation universelle » [1]. N'est-on pas d'ailleurs conforté dans le sentiment de cette proximité lorsque, du côté de Kant cette fois, l'on découvre que l'exclusion du bonheur comme principe de l'institution de l'État – le refus de tenir la fin naturelle de tous les hommes pour la fin du droit politique –, ne saurait conduire à son entière éviction de la formule proposée dans l'opuscule *Sur un lieu commun...* pour le premier des principes *a priori* au fondement de l'état civil entendu comme état juridique (le principe de la liberté)? Interdiction ayant été faite au bonheur de « s'immiscer (...) en tant que principe déterminant », c'est à la formule même du principe de la liberté de chacun « en tant qu'homme » qu'il revient en effet d'assigner la place véritable du bonheur : « (...) chacun a le droit de chercher son bonheur suivant le chemin qui lui paraît personnellement être le bon, si seulement il ne nuit pas à la liberté d'un autre à poursuivre une fin semblable (...) » [2]. Que la conciliation amorcée par Höffe s'appuie sur le *Léviathan* n'est cependant pas sans importance, car dans le *De Cive*, qui est le seul livre à être explicitement évoqué par Kant dans son « *Contre Hobbes* » [3], la formulation de cette même loi de nature (introduite alors comme une « première loi naturelle particulière » dérivée de la « loi naturelle fondamentale » commandant de rechercher la paix) porte seulement « que le droit de tous sur toutes choses ne doit pas être conservé, mais qu'il faut transmettre ou abandonner certains droits » [4]. Mais ce qui empêche surtout de réduire la divergence entre Kant et Hobbes, c'est le fait que la différence de formulation de cette loi de nature, sa variation entre le

1. Pour cet argument, voir Otfried Höffe, *Principes du droit, op. cit.*, *ibid.*

2. AK VIII, 289-290; OPh III, 270-271. Voir, dans l'édition par Louis Guillermit de l'opuscule *Sur l'expression courante : il se peut que ce soit juste en théorie, mais en pratique, cela ne vaut rien*, Paris, Vrin, 1972, la note 38, p. 81, qui comporte sur ce sujet la traduction d'un passage de la lettre de Kant à Jung-Stilling de mars 1789 (AK XI, 10).

3. AK VIII, 303; OPh III, 287 (le passage précisément évoqué est *De Cive*, VII, XIV, où Hobbes récuse – comme il l'a déjà fait aux articles VII, IX et XII – la doctrine d'une obligation, par un pacte, de ceux qui détiennent le pouvoir souverain, à l'égard des citoyens).

4. *De Cive*, II, II (*Legem naturae fundamentalem esse...*) et III (*Lex naturae specialis prima...*), Howard Warrender (éd.), Oxford, At The Clarendon Press, 1983, p. 100. Le précepte plus bref de *De Cive*, II, III est comparable à celui de *The Elements of Law Natural and Politic*, I, 15, 2 (« *that every man divest himself of the right he hath to all things by nature* », « que tout homme se dessaisisse du droit qu'il a par nature sur toutes choses » – Ferdinand Tönnies (ed.), sec. ed. with an introduction by M. M. Goldsmith, London, Frank Cass & Co. Ltd, 1969, p. 75).

De Cive et le *Léviathan*, est, si l'on peut dire, rendue indifférente au regard de la substitution possible (affirmée dans les deux œuvres) d'une unique « règle » à tous les préceptes dérivés à partir de la « maxime » (comme le traduit Sorbière pour *dictamen* [1]) de se conserver soi-même. Cette règle qui dispense l'esprit de refaire indéfiniment le travail de remémoration et d'énumération des différentes lois de nature, déduites du commandement – en quelque sorte matriciel – de la préservation de soi, cette règle qui est à ce point « facile » qu'elle permet de savoir « d'emblée » (*statim*) si une action dont on délibère contredit ou non quelqu'une des lois de nature (et en elle la loi de nature fondamentale), c'est la règle « ce que tu ne veux pas que l'on te fasse, ne le fais pas à autrui » [2]. Loin que l'équivalence postulée par Hobbes entre cette seule règle et la somme de toutes les lois de nature permette de renforcer la thèse d'une proximité inattendue entre Hobbes et Kant (qui seraient unis par l'exigence d'une reconnaissance réciproque et d'une égalité des libertés au fondement de l'état civil), le rapprochement entre le précepte tiré du *Léviathan* (on doit se contenter d'autant de liberté à l'égard des autres, qu'on en accorderait aux autres à l'égard de soi-même) et la loi de liberté générale propre à Kant se trouve en fait rendu impossible. Bien pire, l'assimilation tentée par Höffe se trouve ruinée jusque dans la formule même de la seconde loi de nature selon le *Léviathan*, autrement dit,

1. Pour la traduction du *De Cive* par Samuel de Sorbière (traduction publiée en 1649 à Amsterdam), voir Hobbes, *Le citoyen ou les fondements de la politique*, S. Goyard-Fabre (éd.), Paris, GF-Flammarion, 1982.

2. *Quod tibi fieri non vis, alteri ne feceris*. Voir *De Cive*, III, XXVI, *op. cit.*, p. 117-118. Voir de même *Leviathan*, XV, *op. cit.*, p. 214, qui ramasse toutes les lois de nature dans la formule unique : « *Do not that to another, which thou wouldest not have done to thy selfe* » (« ne fais pas à autrui ce que tu ne voudrais pas que l'on te fît à toi-même » ; je reprends la traduction de François Tricaud, p. 157). Un second passage du *De Cive*, IV, XXIII, *op. cit.*, p. 129, propose un équivalent christique du *quod tibi fieri non vis, alteri ne feceris*, en citant l'*Evangile selon saint Matthieu*, VII, 12 – donné par erreur pour « 6. 12 » –: *Omnia ergo, quaecunque vultis ut faciant vobis homines, & vos facite illis*, « Et donc tout ce que vous voulez que les hommes vous fassent, faites-le leur »). Tant *De Cive*, III, XXVI, que *Leviathan*, XV, s'accordent, quant à la thèse d'une règle aisée à connaître valant à elle seule l'enseignement de toutes les lois de nature, avec *The Elements of Law Natural and Politic*, I, 17, 9 (*op. cit.*, p. 92), où Hobbes présente la règle prescrivant de se mettre à la place d'autrui (« *That a man imagine himself in the place of the party with whom he hath to do, and reciprocally him in his* », « qu'un homme s'imagine à la place de celui à qui il a affaire, et réciproquement celui-ci à la sienne propre ») pour une autre manière de dire « *quod tibi fieri non vis, alteri ne feceris* ». Une double confirmation biblique de cette règle (cf. *De Cive*, IV, XXIII) est donnée dans *The Elements of Law*, I, 18, 9 (*op. cit.*, p. 97-98) par la référence d'une part à « Matth. 7, 12 : *Whatsoever therefore you would have men do unto you, that do you unto them : for this is the law and the prophets* », d'autre part à l'*Epître de saint Paul aux Romains*, II, 1 : « *In that thou judgest another, thou condamnest thyself, & c.* », « en ce que tu juges autrui, tu te condamnes toi-même ». Dans aucune de ces œuvres, Hobbes n'évoque le passage vétéro-testamentaire de *Tobie* IV, 16, plus proche littéralement du *quod tibi fieri non vis, alteri ne feceris*.

jusque dans la formule qui semblait favoriser la thèse d'un Hobbes proche de la doctrine kantienne du droit politique. En effet, l'énoncé de la seconde loi de nature dans le chapitre XIV du *Léviathan* ne se distingue pas seulement de la formulation plus brève adoptée dans le *De Cive* (ou de même dans les *Elements of Law*) pour la première spécification de la loi de nature fondamentale, en ce qu'elle est la seule à développer l'obligation pour tout homme de renoncer à son droit naturel sur toutes choses en l'obligation de contenir sa propre liberté dans une stricte égalité avec celle qu'il veut accorder aux autres. Elle est aussi la seule à identifier la loi découverte par la première inférence effectuée à partir de la loi naturelle fondamentale obligeant tout homme à rechercher la paix et sa propre défense, à la loi admise par tous les hommes, *Quod tibi fieri non vis, alteri ne feceris*, et même à la loi évangélique « Whatsoever you require that others should do to you, that do ye to them » (« Tout ce que tu demandes que les autres te fassent, fais-le leur », Matthieu, VII, 12). La sentence *Quod tibi fieri non vis, alteri ne feceris* n'est pas seulement dans le *Léviathan* une règle dont l'universelle connaissance et la facilité permettent qu'elle tienne lieu de toute la longue et difficile déduction des lois de nature (le chapitre XV, de la même façon que le *De Cive*, III, XXVII – ou les *Elements of Law* I, XVII, 9 –, va affirmer cette équivalence). Elle n'opère pas simplement cette sommation de toutes les lois de nature qui permet de juger aisément si mes actions et les actions d'autrui pèsent du même poids, et de reconnaître aussitôt tout déséquilibre en contradiction avec l'obligation de rechercher la paix. C'est déjà à l'interdiction qu'elle renferme – en même temps qu'au commandement contenu dans la loi christique correspondante (que par contre le chapitre XV, à la différence du *De Cive* IV, XXIII ou des *Elements of Law* I, XVIII, 9, ne va pas mentionner) – que se trouve immédiatement identifiée dans le chapitre XIV la loi prescrivant à chaque homme de mesurer sa propre liberté à celle qu'il veut accorder à autrui. Comment dès lors souscrire à la thèse de Höffe ? La loi kantienne à laquelle il compare le précepte du chapitre XIV du *Léviathan* se rattache en effet à un concept du devoir qui, d'après une note en forme d'avertissement des *Fondements de la métaphysique des mœurs*, exclut nettement qu'on lui substitue « la formule triviale : *quod tibi non vis fieri,* etc. » : loin de pouvoir tenir lieu de principe de nos décisions et de règle de nos actions, cette proposition « est uniquement déduite, (...) et encore avec diverses restrictions », d'un principe qui a été posé par Kant comme l'une des formulations du devoir (le principe : quand tu agis, regarde-toi toi-même, et regarde toute autre personne que toi, comme une fin et jamais comme un moyen) [1]. Que l'on n'aille donc pas croire que la formule commune *quod tibi fieri non vis,*

1. AK IV, 430 ; OPh II, 296.

alteri ne feceris revienne elle-même à l'une des formules du devoir selon Kant : elle ne saurait usurper la place d'une telle formule, elle qui « ne peut être une loi universelle, car elle ne contient pas le principe des devoirs envers soi-même, ni celui des devoirs de charité envers autrui (...), ni enfin celui des devoirs stricts des hommes les uns envers les autres » [1].

Ainsi, dans le domaine propre du droit politique, l'opposition de Kant à Hobbes repose bien sur une critique du principe de l'institution de l'État, lequel est loin d'être assimilable, dans la doctrine du contrat défendue par le philosophe anglais (peu importe ici que l'on se réfère au *Léviathan* plutôt qu'au *De Cive*), au « critère kantien de la législation universelle » – comme le voudrait Höffe, pour qui la différence entre Hobbes et Kant se situerait seulement « du côté descriptif, dans les conditions d'application du droit » [2]. Au risque d'adopter une position trop commune aux yeux de l'auteur des *Principes du droit*, ne faut-il pas souligner que l'antagonisme entre ces deux conceptions du contrat n'est pas pour Kant auto-fondée dans la doctrine du droit, et ne relève pas fondamentalement du droit politique, mais de ce que Höffe a appelé la « philosophie première » de Kant en matière de morale, plus précisément encore de la partie de la philosophie morale qui concerne l'impératif catégorique sous sa forme fondamentale ?

LE DÉPLOIEMENT DE L'IMPÉRATIF CATÉGORIQUE

En dépit de sa radicalité, en effet, et comme le marque bien Höffe dans son analyse et sa mise en tableau des « plans d'obligation » ou « niveaux de l'impératif catégorique » chez Kant, la philosophie morale « première » de Kant ne constitue pas le refuge d'une éthique enfermée dans « une seule phrase » [3]. Tout au contraire, la formule de l'impératif catégorique détermine selon les *Fondements de la métaphysique des mœurs* son contenu « pour toute application » [4] : il n'est que de considérer ces *Fondements*, pour être assuré que l'« éthique fondamentale » [5] ne saurait se limiter à la proposition qui seule peut exprimer l'impératif universel du devoir. Non seulement il est exclu que cette éthique s'arrête à l'énoncé de l'impératif

1. AK IV, 430 ; OPh II, 296.
2. Otfried Höffe, *Principes du droit*, *op. cit.*, p. 95.
3. *Ibid.*, p. 10-12.
4. AK IV, 425 ; OPh II, 289. Voir la note de Kant dans la *Préface* de la *Critique de la raison pratique* (AK V, 8 ; OPh II, 615) : « celui qui sait ce que signifie pour le mathématicien une *formule* qui détermine, d'une manière tout à fait exacte et sans laisser de place à l'erreur, ce qu'il faut faire pour traiter un problème, ne regardera pas comme quelque chose d'insignifiant et d'inutile une formule qui fait de même pour tout devoir en général » (traduction de Luc Ferry et Heinz Wismann).
5. Otfried Höffe, *Principes du droit*, *op. cit.*, p. 11.

catégorique général – impératif « en soi (...) unique » – « sous sa forme fondamentale » [1] (« *Agis uniquement d'après la maxime qui fait que tu puisses vouloir en même temps qu'elle devienne une loi universelle* », ou, plus brièvement, « *Agis selon la maxime qui peut en même temps s'ériger elle-même en loi universelle* » [2]), mais il serait encore insuffisant de dire que la philosophie morale « première » ne fait que varier les points de vue sur l'unique impératif catégorique, lorsqu'elle développe le principe universel du devoir en plusieurs « formes annexes » ou « sous-formes » [3], qui constituent selon Kant les trois formules « des impératifs catégoriques » [4] :

1) « *Agis comme si la maxime de ton action devait être érigée par ta volonté en* LOI UNIVERSELLE DE LA NATURE » [5].

2) « Agis de telle façon que tu traites l'humanité, aussi bien dans ta personne que dans la personne de tout autre, toujours en même temps comme une fin, jamais simplement comme un moyen » [6].

3) enfin, la formule tirée de « l'idée *de la volonté de tout être raisonnable conçue comme volonté instituant une législation universelle* » [7] : « agis comme si ta maxime devait servir en même temps de loi universelle (pour tous les êtres raisonnables) » [8] -autrement dit, agis d'après une maxime telle que tu puisses en tant qu'être raisonnable te considérer comme légiférant en même temps universellement.

Ce qui importe, c'est que, dès le passage du principe général (l'impératif catégorique sous sa forme fondamentale) à la première de ses formules subalternes, dès ce commencement de diversification se dessine, au sein même de la « philosophie (morale) première », le problème spécifique de la faculté de juger pratique, qui doit rendre possible l'application *in concreto* à une maxime d'action particulière (comme à un « cas ») de ce que le principe général (qui est comme la « règle » à laquelle ce cas est soumis)

1. Otfried Höffe, *Principes du droit*, *op. cit.*, p. 11.

2. AK IV, 421 et 436 ; OPh II, respectivement 285 et 304.

3. Otfried Höffe, *Principes du droit*, *op. cit.*, p. 11.

4. Pour la thèse d'après laquelle le principe véritablement législateur de nos actions ne peut être exprimé que dans « des impératifs catégoriques » (et n'est pas restreint à un unique impératif), voir AK IV, 425 et 431 ; OPh II, 289 et 297. On va voir que ce n'est pas au sens d'une simple variation de considérations (qui seraient autant d'abstractions par rapport à l'unique loi morale) qu'il faut entendre l'assertion selon laquelle les formules présentées sont « trois manières...de représenter le principe de la moralité » (voir AK IV, 436 ; OPh II, 303).

5. AK IV, 421 ; OPh II, 285.

6. AK IV, 429 ; OPh II, 295.

7. AK IV, 431 ; OPh II, 297.

8. AK IV, 438 ; OPh II, 306. À cette troisième formule de l'impératif catégorique – « agis selon une maxime qui contienne en même temps en elle l'aptitude à valoir universellement pour tout être raisonnable » – s'identifie « au fond » la deuxième – « agis à l'égard de tout être raisonnable (de toi-même et des autres) de telle sorte qu'il ait en même temps dans ta maxime la valeur d'une fin en soi » (voir AK IV, 437 ; OPh II, 305).

contient *in abstracto* [1]. La subsomption d'une maxime d'action particulière (le « cas » étant ici non pas un événement devant arriver dans la nature, mais déjà lui-même une règle, puisqu'il est le principe subjectif d'après lequel le sujet veut agir) sous la loi morale (la « règle » étant ici plus qu'une simple règle d'action, puisqu'elle est le principe objectif d'après lequel tout être raisonnable doit agir) requiert une médiation propre, étant entendu que cette application *in concreto* ne peut revenir à exhiber une action dans le monde sensible qui soit homogène à la loi morale. Il appartient donc à l'éthique fondamentale de trouver, pour que s'opère la soumission d'une maxime à la loi universelle de la volonté, l'analogue pratique de ce qu'est le schème dans l'application d'un concept pur de l'entendement à un objet comme phénomène : l'universalisation commandée par le principe moral dans toute sa généralité se redouble immédiatement (et se rend inséparable) d'une exigence de médiation entre la loi en laquelle doit pouvoir s'universaliser une maxime d'action particulière et cette maxime. L'éthique fondamentale n'a donc rien d'une litanie qui ressasserait avec obstination l'unique impératif catégorique et retournerait sans cesse à un principe réduit à une formalité vide : la répétition apparemment monotone dont naît la série des formules de l'impératif catégorique est au contraire toujours révélatrice de différences, qui reviennent à intégrer à cette « philosophie première » elle-même les divers modes eux aussi fondamentaux, ou les diverses conditions elles aussi premières, que requiert l'application générale du principe général de tous les devoirs. Une maxime ne saurait mieux s'ériger pour une âme en une loi capable de servir de principe à un jugement moral, qu'en étant considérée sous chacune des conditions représentées par les différentes formules de l'impératif catégorique : une maxime doit ainsi selon les *Fondements* être considérée quant à sa « forme » (il faut faire comme si cette maxime était une loi universelle de la nature) [2], quant à sa « matière » (il faut limiter les fins relatives de la maxime au moyen de cette fin en soi qu'est l'être raisonnable) et quant à sa « détermination complète » (il faut faire concourir la maxime à un règne des fins, considéré comme

1. Pour la présentation du problème du jugement pratique proprement dit (« décider si une action, possible pour nous dans la sensibilité, est ou n'est pas le cas soumis à la règle »), voir la *Typique de la faculté de juger pure pratique* de la *Critique de la raison pratique* (AK V, 67 ; OPh II, 690).

2. Voir dans l'édition par Alain Renaut de la *Métaphysique des mœurs I* (GF-Flammarion, 1994), la note 41 sur la *Fondation de la métaphysique des mœurs* (p. 194, à propos de AK IV, 421 : « Agis comme si la maxime de ton action devait être érigée par ta volonté en loi universelle de la nature »). Cette note attire très utilement l'attention sur le redoutable problème que recèle « le passage de l'impératif comme exigence d'universalisation à la première formule qui l'exprime » – à savoir, le problème de l'application du « principe ultime de la moralité ».

pouvant se réaliser)[1]. Soumettre une même maxime (et par là l'action dépendant d'elle) à ces trois conditions, revient pour Kant, dans l'éthique fondamentale elle-même, à « rapprocher (...), autant que possible, de l'intuition », une Idée de la raison[2].

« Il faut que nous *puissions vouloir* que ce qui est une maxime de notre action devienne une loi universelle; c'est là le canon qui permet l'appréciation morale de notre action en général »[3], écrit Kant dans la *Deuxième section* des *Fondements de la métaphysique des mœurs*. Ainsi prend tout son sens le « *Contre Hobbes* » de l'article de 1793 : car, aussi bien dans la rubrique du droit politique que dans la rubrique précédente de la morale en général, la critique est menée dans cet écrit en fonction du « canon de la raison (dans le domaine pratique) », autrement dit, elle est menée en sachant que « tout est perdu » pour l'exercice de la faculté de juger pratique « si l'on fait des conditions empiriques, et par suite contingentes, de l'exécution de la loi, les conditions mêmes de la loi »[4]. Contre « l'*empirisme* de la raison pratique », qui prend pour des conditions ou des principes les « conséquences empiriques » des actions (conséquences rassemblées sous le nom de bonheur), la *Typique de la faculté de juger pratique*, dans l'*Analytique* de la *Critique de la raison pratique*, montre qu'il n'y aurait pas de décision possible sur quelque action que ce soit, si la faculté de juger pratique n'avait pour règle : « Demande-toi toi-même si, en considérant l'action que tu as en vue comme devant arriver d'après une loi de la nature dont tu serais toi-même une partie, tu pourrais encore la regarder comme possible pour ta volonté »[5]. Ainsi, dans les *Fondements* déjà, ce n'est pas seulement de l'action qui est telle que la transposition de sa maxime en une loi universelle de la nature ne peut même être supposée sans susciter d'emblée une contradiction, que l'on peut assurer qu'il est impossible que l'agent *veuille* l'universalisation de sa maxime : la modalisation de l'impératif catégorique ne se limite pas à la formulation référant la maxime à un ordre de la nature, et quand bien même l'universalisation de la maxime ne produirait pas la destruction de cet ordre naturel, elle serait impossible pour la volonté en tant que celle-ci se prend elle-même pour objet à travers sa maxime et qu'elle se juge quant à sa propre capacité de légiférer universellement « dans ce même acte de vouloir »[6]. C'est ce que l'on pourrait appeler le test du *pense-toi toi-même comme auteur d'une loi universelle* qui répond pleinement à l'exigence fondamentale d'universalisation de la

1. AK IV, 436; OPh II, 303-304.
2. *Ibid.* (AK IV, 436 et 437).
3. AK IV, 424; OPh II, 288.
4. AK VIII, 277; OPh III, 254.
5. AK V, 69; OPh II, 692.
6. AK IV, 440; OPh II, 309.

maxime, c'est par lui que le devoir acquiert une signification et une « nécessité pratique » [1] pour l'agent.

Que Kant prononce son « *Contre Hobbes* » dans la rubrique du droit politique, ne saurait dans ces conditions revenir à limiter sa critique de Hobbes à une critique politique. Car la philosophie morale « seconde » ne fait elle-même que vérifier le problème de la philosophie morale « première » : le difficile problème de l'application générale du principe général de la moralité. L'impératif catégorique « qui ne fait qu'énoncer en général ce qu'est l'obligation » (« Agis d'après une maxime qui puisse valoir en même temps comme loi universelle ») [2] va se diviser ainsi dans la *Métaphysique des Mœurs*, selon qu'il s'agit de légiférer sur les actions extérieures ou sur les mobiles intérieurs des actions, en ce que Höffe[3] appelle d'une part l'« impératif juridique catégorique au singulier », qui constitue la loi universelle du droit (« Agis extérieurement de telle sorte que le libre usage de ton arbitre puisse coexister avec la liberté de chacun suivant une loi universelle ») [4] et d'autre part l'« impératif catégorique de vertu au singulier », qui représente le principe suprême de la vertu (« Agis d'après une maxime dont ce puisse être pour chacun une loi universelle que de s'en proposer les *fins* ») [5]. À la suite de cette division qui constitue son moment initial, ou radical, la philosophie morale « seconde » donne encore la preuve que l'impératif catégorique inclut en lui le principe de tout devoir, en spécifiant tant pour le droit que pour la vertu les différents « premiers principes métaphysiques » [6] qui sont comme autant de principes d'application, ou de conséquences résultant du principe suprême et universel de la morale. C'est ainsi que la *Métaphysique des mœurs* traite de la « division des devoirs », division dont on sait depuis les *Fondements* qu'elle peut s'effectuer à partir du principe unique de la morale[7]. Mais alors que dans les *Fondements* ce procédé demeure un moyen commode d'ordonner l'énumération de « quelques devoirs » (« quelques-uns des nombreux devoirs réels ») [8], donnés comme autant d'« exemples » [9] du test de passage à la

1. AK IV, 425 ; OPh II, 290. Voir aussi p. 301 (AK IV, 434) et p. 311 (AK IV, 442).

2. *Introduction* de la *Métaphysique des Mœurs*, *in* AK VI, 225 ; OPh III, 472 (trad. fr. par Joëlle Masson et Olivier Masson).

3. Otfried Höffe, *Principes du droit*, *op. cit.*, p. 11 et p. 12.

4. *Introduction à la Doctrine du Droit*, § C, *in* AK VI, 230-321 ; OPh III, 479. Le principe universel du droit se formule comme suit au début du § C : « Est *juste* toute action qui peut ou dont la maxime peut laisser coexister la liberté de l'arbitre de chacun avec la liberté de tout le monde d'après une loi universelle ».

5. *Introduction à la Doctrine de la vertu*, IX, *in* AK VI, 395 ; OPh III, 677.

6. *Metaphysische Anfangsgründe...*

7. Voir AK IV, 421 *sq.* ; OPh II, 285 *sq.*

8. AK IV, 421 et 423 ; OPh II, 285 et 288.

9. AK IV, 421 ; OPh III, 285 note.

législation universelle qui n'est réussi que si la maxime d'action ne se réfute pas elle-même et ne met pas la volonté en contradiction avec soi-même, dans la *Métaphysique des mœurs*, la division des devoirs revient à multiplier systématiquement cette exigence de législation universelle, et à édifier d'une part un système des « devoirs de droit »[1], exposant les principes catégoriques du droit (ou, comme le dit Höffe, les « principes juridiques catégoriques »[2]), d'autre part un système des devoirs éthiques des hommes, contenant les principes catégoriques de la vertu[3]. Que l'on ne quitte pas la sphère des principes *a priori* dans la philosophie morale « seconde » se mesure alors au refus d'identifier le système de devoirs, produit par l'application répétée de l'impératif catégorique, à une décomposition exhaustive soit du droit, soit de la vertu : prétendre à pareille exhaustivité reviendrait à inclure la diversité empirique des cas d'application dans la division, autrement dit à mêler au système rationnel un pur agrégat empirique inachevable. Aussi la *Doctrine du droit*, place-t-elle « les droits qui se rapportent à des cas particuliers de l'expérience » non dans « le texte » même, mais dans des « remarques » séparées, où ces droits figurent « à titre d'exemples »[4], et ne risquent pas de venir entacher le concept pur de quelque addition empirique. La *Doctrine de la vertu* de même désigne la distance qui la sépare, en tant que système des devoirs, d'un simple « agrégat de préceptes rapportés un à un (fragmentaires) »[5]. À la différence de la division conceptuelle produisant les premiers principes métaphysiques de la vertu, les divisions empiriques « ne permettent pas de classification sûre et complète », ce qui laisse en dehors du système éthique proprement dit les « règles d'*application* du principe de la vertu (quant à la forme) aux cas qui se présentent dans l'expérience (la matière), modifiées suivant la différence des sujets »[6]. Le problème du « passage » des principes éthiques à des règles particulières apparaît ainsi, au sein même de la philosophie morale « seconde », comme l'exigence de

1. *Rechtspflichten, officia juris.*

2. Otfried Höffe, *Principes du droit*, *op. cit.*, p. 12.

3. Parmi les devoirs de droit réapparaît l'ancien « exemple » de l'interdiction de la fausse promesse – cf. la *Remarque* du § 19, sur l'impératif catégorique « je dois tenir ma promesse ». Les devoirs éthiques ou « devoirs de vertu » (*Tugendpflichten, officia virtutis, officia ethica*) comprennent de même, parmi les « devoirs négatifs » dits « devoirs d'abstention », *sustine et abstine*, *supporte et abstiens-toi*, l'interdiction du suicide – § 6 – et l'interdiction du mensonge – § 9 –, ou encore, parmi les « devoirs d'action » de forme positive, *viribus concessis utere*, *utilise les forces qui te sont données*, le commandement de bienfaisance ou devoir d'assistance envers autrui – § 29-31.

4. AK VI, 205 ; OPh III, 450. Cf. le début du § 31 de la *Doctrine du Droit*, AK VI, 284 ; OPh III, 544.

5. *Préface* de la *Doctrine de la Vertu*, *in* AK VI, 375 ; OPh III, 651.

6. *Doctrine de la vertu*, § 45, *in* AK VI, 468 ; OPh III, 766.

« *schématiser* en quelque sorte » ces purs principes afin de pouvoir les appliquer aux « cas de l'expérience »; mais c'est là une schématisation toujours à reprendre, les diverses « espèces d'application » dénombrées apparaissant seulement comme des corollaires de ces principes[1]. Jusqu'à ce point où elle atteint sa propre limite et où elle désigne elle-même le problème du passage à la profusion empirique, la philosophie morale fait ainsi la preuve de sa fidélité à l'égard d'un unique principe ou principe suprême dont l'objectivité, établie dans la philosophie morale « première », suffit d'après les *Fondements* à rendre possible la déduction de « toutes les lois de la volonté »[2], qu'il s'agisse de légiférer sur les actions extérieures ou sur les résolutions intérieures des actions. Aussi le conflit apparemment local (conflit politique) révélé en écrivant « *Contre Hobbes* » implique-t-il, du fait même de son appartenance à une rubrique de la philosophie morale « seconde », la critique par Kant de la substitution, au seul principe possible de la moralité selon les *Fondements* (« n'accomplir d'action que d'après une maxime telle qu'elle puisse comporter en outre d'être une loi universelle »[3]), d'un principe qui ne saurait être tenu pour tel qu'au prix d'un sophisme.

LE BONHEUR : RETROUVER HOBBES

« Il est contraire à toutes les règles fondamentales de la méthode philosophique de commencer par admettre comme déjà jugé ce dont on doit précisément décider avant toute chose », déclare Kant dans la *Critique de la raison pratique*[4]. Ce qu'il y a de répréhensible dans la doctrine du contrat chez Hobbes, dérive précisément pour la philosophie morale « première » de Kant de cette aberration méthodologique en quoi consiste une pétition de principe (quand on suppose comme principe d'une preuve ce qui doit être atteint comme sa conclusion). Loin de « laisser au moins d'abord *indécise* la question de savoir si la volonté n'a que des principes déterminants empiriques, ou si elle n'en a pas aussi qui soient purement *a priori* »[5], dans

1. AK VI, 468-469; OPh III, 766-767. La richesse de l'empirie est telle, que l'éthique « conduit inévitablement à des questions qui engagent la faculté de juger à décider comment appliquer une maxime dans des cas particuliers, et cela de telle manière que cette maxime fournisse à son tour une maxime (subordonnée) (à propos de laquelle à son tour on peut toujours rechercher un principe d'application au cas donné); et ainsi elle tombe dans une *casuistique* qu'ignore la doctrine du droit » (*Introduction* de la *Doctrine de la vertu*, XVIII, *Remarque*, AK VI, 411; OPh III, 696).

2. AK IV, 429; OPh II, 295.

3. AK IV, 434; OPh II, 301.

4. AK V, 63; OPh II, 684.

5. *Ibid.*

son *De Cive* Hobbes s'est donné d'emblée le concept du *Bonum sibi*, de ce qui paraît à chacun un bien pour lui-même, comme concept de l'objet de la volonté (*voluntatis Objectum*[1]) ; au moment de commencer son analyse des devoirs (avec l'énumération des lois de nature prescrivant les devoirs des hommes « en tant qu'hommes », *hominum officia (...) ut hominum*[2]), il n'a pas su s'arracher à l'autorité – trompeuse aux yeux de Kant – de la formule scolastique *nihil appetimus, nisi sub ratione boni*[3], et s'est contenté de la répéter sous diverses formes, en en proposant comme une nouvelle version où la référence de tout agent à un bien comme à l'objet de son désir se confond avec une stricte relation à soi-même de chaque individu[4]. Or se donner ainsi le bien comme objet de la volonté revient à supposer en même temps que cet objet constitue le seul principe déterminant de la volonté : au prix d'un pur sophisme (une *petitio principii*), la recherche du bien (ou du bonheur qui est la somme de tous les biens, de toutes les fins empiriques réalisables par nos actions[5]) exclut toute détermination non empirique du vouloir. À vrai dire, pour Kant, ce sophisme qui consiste à « admettre comme déjà jugé ce dont on doit précisément décider avant toute chose »[6], n'a rien d'une faute isolée : c'est en réalité de plusieurs sophismes inséparables, et non d'un seul, que l'on se rend coupable en dérivant les devoirs humains de la considération du bien ou bonheur comme objet de la volonté. La présupposition de cette fin comme mobile de toutes nos actions revient en effet de plusieurs façons à un raisonnement circulaire. Faire de ce qui n'est qu'une conséquence ou un effet attendu de nos actions, la condition

1. *De Cive*, I, II, *op. cit.*, p. 91.

2. *De Cive*, *Praefatio ad Lectores*, *op. cit.*, p. 77.

3. Voir pour l'anatomie kantienne de cette formule dans la *Critique de la raison pratique*, le chapitre II de l'*Analytique* : *Du concept d'un objet de la raison pure pratique* (AK V, 59 *sq.* ; OPh II, 679 *sq.*).

4. Voir *De Cive*, I, VII, *op. cit.*, p. 94 : *Fertur...unusquisque ad appetitionem ejus quod sibi Bonum...est* (chacun est porté à désirer ce qui est un bien pour lui-même); I, XIII, *op. cit.*, p. 96-97 : *unusquisque naturali necessitate bonum sibi appetit* (chacun, par une nécessité naturelle, désire ce qui est un bien pour lui-même); II, VIII, *op. cit.*, p. 101 : *quicquid fit voluntario, propter bonum aliquid fit volentis* (« tout ce qui se fait volontairement est fait pour quelque bien de celui qui veut », dans la traduction de Sorbière).

5. Je ne puis développer ici les différents éléments de la distinction par Kant du principe du bonheur et du principe de la moralité (étant entendu que la critique de l'illusion faisant exclure tout autre principe déterminant de la volonté que le principe qui est comme « le titre général » – *Critique de la raison pratique*, AK V, 25 ; OPh II, 636 – de tous les principes empiriques, ne revient pas à exiger de l'homme qu'il renonce au bonheur : voir sur ce point l'*Examen critique de l'analytique de la raison pure pratique*, AK V, 93 ; OPh II, 721). Outre, *int. al.*, le *Théorème II* et le *Théorème IV* (avec leurs *Scolies*) de l'*Analytique* de la *Critique de la raison pratique* (AK V, 22 *sq.* et 33 *sq.* ; OPh II, 631 *sq.* et 647 *sq.*), voir dans *Théorie et pratique*, toute la première section, relative à « la morale en général » (AK VIII, 278 *sq.* ; OPh III, 255 *sq.*).

6. *Critique de la raison pratique*, AK V, 63 ; OPh II, 684.

ou cause de toutes les résolutions d'agir (l'effet étant ainsi pris pour sa propre cause)[1], c'est déjà commettre un cercle – pour Kant au demeurant, ce raisonnement circulaire ressuscite le sophisme consistant à prendre pour cause ce qui n'est pas une cause (*fallacia causae non causae*)[2]. Et prendre un objet de la volonté pour fondement de la prescription à cette dernière d'une maxime déterminant sa décision, c'est inévitablement susciter encore un autre cercle vicieux : en soutenant que la volonté ne se détermine jamais immédiatement, mais seulement par la médiation du bien ou bonheur qui est l'effet attendu de l'action, on instaure, entre le «*je dois*» et le «*je veux*» dans l'impératif hypothétique «*je dois faire telle chose parce que je veux telle autre chose*»[3] (qui constitue alors la maxime de la volonté), une véritable circularité, car il faut que l'observation d'un devoir soit précédemment connue de l'agent pour que celui-ci puisse attendre le bonheur comme sa conséquence, et à l'inverse l'obligation de faire ce devoir dépend de la pensée que le bonheur sera la conséquence de son accomplissement. Le défenseur du principe du bonheur, «avec son *étiologie*, se meut (...) dans un cercle», tel est sans ambiguïté le verdict de Kant[4].

Faux principe de la déduction des devoirs, principe seulement de raisonnements fallacieux dans la morale en général, le bonheur qui usurpe la place revenant à l'impératif catégorique ne se voit reconnaître par Kant que des propriétés négatives : l'indétermination de ce «titre général des principes déterminants subjectifs»[5] le rend incapable de déterminer quoi que ce soit. Comment la somme réunissant toutes les inclinations et toutes les satisfactions de tous les hommes, comment cette somme dont il n'existe aucun concept défini, mais seulement une «idée flottante», pourrait-elle constituer le principe du vouloir[6]? Il est impossible que l'agrégat des fins

1. Voir *Théorie et pratique* (AK VIII, 284; OPh III, 262) pour la dénonciation du sophisme consistant à « faire de l'effet une cause de lui-même ».

2. Pour ce sophisme et sa connivence avec « un vain cercle », voir *Sur un ton supérieur nouvellement pris en philosophie*, AK VIII, 395-396; OPh III, 403-404, note (traduction par Alain Renaut).

3. *Fondements de la métaphysique des mœurs*, AK IV, 444; OPh II, 313. Dans ce passage, que j'utilise ici en lui rapportant un argument exposé dans la *Préface* de la *Doctrine de la Vertu* (voir note suivante), Kant évoque en fait encore un nouveau sophisme : celui d'une régression indéfinie au niveau des maximes de la volonté. Pour la complémentarité entre ce sophisme et celui qui consiste à faire d'un simple effet une *causa sui*, voir *Théorie et pratique I*, AK VIII, 284; OPh III, 262 (« si dans l'assignation d'une cause à un effet l'on ne peut cesser de questionner, on en vient finalement à faire de l'effet une cause de lui-même »).

4. *Préface* de la *Doctrine de la vertu*, AK VI, 377; OPh III, 654.

5. *Critique de la raison pratique*, AK V, 25; OPh II, 636.

6. *Fondements...*, AK IV, 399; OPh II, 258. Voir AK IV, 418; OPh II, 281 (« malheureusement, le concept du bonheur est un concept si indéterminé, que, malgré le désir qu'a tout homme d'arriver à être heureux, personne ne peut jamais dire en termes précis et cohérents ce

de la volonté, le recueil des buts et effets pouvant être atteints par nos actions, soit le principe absolu d'après lequel nous agissons ou nous abstenons d'agir. Mais, en s'opposant avec autant de constance à « cette basse manière de voir »[1] conduisant à substituer au principe rationnel du devoir un mobile empirique qui ne peut même pas constituer un véritable principe, Kant s'avère peut-être lui-même impuissant à envisager qu'il soit intrinsèquement impossible de faire abstraction de la considération du bonheur dans une doctrine des devoirs. Or, ce que la philosophie de Hobbes rend précisément manifeste, c'est l'incommensurabilité entre le bonheur-principe de nos délibérations, et l'image grossière (proposée par Kant dans la première partie de son article *Sur le lieu commun...*) d'un « butin d'avantages » que l'agent se représenterait comme ce qui peut être obtenu « en observant le devoir »[2].

Selon la position très tôt défendue par Hobbes (dès les *Elements of Law*) et toujours maintenue par la suite, le *bonum sibi* que chaque homme recherche, par une nécessité naturelle, dans chacune de ses actions, n'est jamais que l'effet représentationnel du désir qui porte un individu vers une chose ou vers une autre : ce qu'un homme désire lui paraissant *bonum sibi* parce qu'il le désire, chacun appelle « bon » tout ce qui se trouve être l'objet de son désir[3] – les qualités propres aux choses en elles-mêmes ne font donc rien à l'imposition de ce terme évaluatif, dont la référence peut à tout moment être changée, au gré des différents désirs de chaque homme. Pour Hobbes, la détermination des prescriptions rationnelles réglant les devoirs des hommes les uns à l'égard des autres doit être ainsi la stricte conséquence d'une analyse de la nature humaine dévoilant que les principes éthiques ne sont autres *in ultimo* que des passions, les appétits et aversions constituant « les premiers commencements imperceptibles de nos actions » (*the first unperceived beginnings of our actions*)[4]. La doctrine des devoirs des hommes en tant qu'hommes (ou doctrine des lois de nature) tire toutes les conclusions se déduisant nécessairement de la considération des passions qui portent les hommes soit à agir, soit à ne pas agir, pour leur propre bien. Sachant que toutes les conceptions produites dans l'esprit

que véritablement il désire et veut. La raison en est que tous les éléments qui font partie du concept du bonheur sont dans leur ensemble empiriques, c'est-à-dire doivent être empruntés à l'expérience, et que cependant, pour l'idée du bonheur, un tout absolu... est nécessaire »).

1. *Fondements*, AK IV, 426 ; OPh II, 291.

2. AK VIII, 288 ; OPh III, 267.

3. Sur ce point, voir *e.g. Elements of Law*, I, 7, 3, *op. cit.*, p. 29 (« Every man, for his own part, calleth that which pleaseth, and is delightful to himself, GOOD ») et *Leviathan*, VI, *op. cit.*, p. 120 (« But whatsoever is the object of any mans Appetite or Desire ; that is it, which he for his part calleth *Good* »).

4. *Elements of Law*, I, 12, 1, *op. cit.*, p. 61 (voir de même *Leviathan*, VI, *op. cit.*, p. 118).

humain par les objets extérieurs se redoublent en chaque homme d'un sentiment ou bien de plaisir ou bien de peine, selon que les mouvements causant en lui ces conceptions viennent aider ou au contraire gêner le « mouvement vital » de son corps[1], la démonstration suivie par Hobbes peut établir continûment 1) que les actions volontaires ne sont jamais que l'aboutissement d'un processus mental de délibération, « succession alternée » d'appétits et d'aversions qui se poursuit aussi longtemps que l'agent instruit par l'expérience acquise parvient à prévoir les différentes conséquences pour lui (c'est-à-dire les différents biens et les différents maux pour lui) d'une action ou de son omission; 2) que le rapport à soi-même de chaque individu, marqué tant par le désir du *bonum sibi* que par l'effort pour éviter au contraire ce qui affaiblirait son mouvement vital, atteste que tout homme vise dans toutes ses actions la poursuite ininterrompue du mouvement commencé lors de sa génération et doit se voir reconnaître, comme un « droit de nature », la faculté de préserver sa propre vie; 3) que l'universalité distributive de ce droit de nature rendant immaîtrisables et imprévisibles dans mes délibérations les conséquences pour moi (c'est-à-dire pour ma vie) des actions que tout autre individu tiendra pour des moyens de sa propre préservation, la seule issue pour que la recherche par chaque homme du *bonum sibi* n'enfante pas une auto-contradiction, c'est que chacun s'efforce d'observer un certain nombre de règles dictées par la raison, qui « est la même dans tous les hommes »[2], et qui par de tels préceptes dirige chaque individu dans la voie vers son propre bien[3].

S'il est difficile de faire d'une telle position la cible requise par la critique de Kant, c'est qu'en adoptant pour prémisse de la déduction des devoirs le désir individuel de la continuation de la vie et en donnant le *bonum sibi* pour l'objet nécessaire de la volonté, Hobbes n'entend pas seulement affirmer que la tendance première de tout mouvement volontaire est toujours déterminée du point de vue d'un changement produit dans le mouvement uniforme constitutif de la durée même d'une vie individuelle. Il s'agit surtout pour lui, sur ce fondement, d'affirmer qu'il est impossible d'assigner une « fin dernière » (*an utmost end*), un « souverain bien » qui exigerait que les choses désirées fussent ordonnées en une hiérarchie[4]. Si l'on peut parler d'une gradation entre les choses désirées, c'est seulement

1. Pour cette explication, voir *Elements of Law*, I, 7, 1, *op. cit.*, p. 28 et aussi *Leviathan*, VI, *op. cit.*, p. 118-122.

2. *Elements of Law*, I, 15, 1, *op. cit.*, p. 75.

3. Pour ces trois points, voir *e.g. Elements of Law*, I, 4, I, 12 et I, 14-15; *Leviathan*, III, VI-VII et XIII-XIV.

4. *Elements of Law*, I, 7, 6-7, *op. cit.*, p. 30. Voir de même *Leviathan*, XI, *op. cit.*, p. 160 : « For there is no such *Finis ultimus*, (utmost ayme), nor *Summum Bonum*, (greatest Good), as is spoken of in the Books of the old Morall Philosophers ».

au sens où chaque individu recherche de manière ininterrompue un objet à la suite d'un autre, comme un renfort supplémentaire pour son mouvement vital, une aide encore accrue apportée à sa propre vie. Dans cette doctrine pour laquelle le bien n'a pas d'autre réalité que d'être un objet pour un sujet désirant, la seule gradation admise entre les fins est celle du « toujours plus » dans le désir : le perpétuel recommencement du désir fait que chaque chose bonne pour un agent est encore suivie d'une autre, et d'une autre, indéfiniment. Les fins ne sont rien en dehors de ce devenir, ce qui était une fin pour un individu ne l'est plus ensuite, mais ce même homme se donne une autre fin, puis encore une autre. Supposer l'existence d'un souverain bien reviendrait donc à susciter une contradiction avec la nature même de la vie individuelle : pour être « souverain », un bien devrait être l'objet ultime et indépassable du désir, autrement dit l'objet d'un dernier désir, d'un désir au-delà duquel aucun autre ne pourrait plus être produit. Exiger une fin dernière des actions individuelles reviendrait à les ordonner toutes à l'arrêt du mouvement vital plutôt qu'à son renforcement, à la mort de l'individu plutôt qu'à sa préservation [1].

Parler de bonheur ne signifie donc pas pour Hobbes que toute vie individuelle doive être placée sous le point de vue d'une totalisation empirique, et portée à un point de perfection et d'achèvement auquel s'arrêterait pour chacun le mouvement de recherche du *bonum sibi.* Ce qui est répété et comme scandé des *Elements of Law* au *Leviathan*, c'est que la « félicité » ne peut consister que dans un désir sans trêve, une recherche inlassable de nouveaux biens, source d'un plaisir ininterrompu, et non dans « le repos d'un esprit satisfait » (*the repose of a mind satisfied*) [2]. Le désir allant toujours plus avant, le bonheur n'existe pas une fois pour toutes, ou « une seule fois uniquement » (*once onely*) [3], il n'a rien de définitif mais réside pour chaque homme dans la poursuite indéfinie des choses qu'il se représente comme des biens pour lui. Quelle que soit la chose désirée, elle n'est un objet de la volonté qu'en tant que moyen et moment d'une progression qui ne peut s'arrêter à elle, pas plus qu'à aucune autre. C'est ainsi selon Hobbes la perpétuation même du désir qui constitue la véritable fin de tout désir.

Une telle assertion oblige, dans la doctrine de Hobbes, à se transporter encore en deçà de l'analyse établissant les principes passionnels dont

1. Voir *Leviathan*, VI, *op. cit.*, p. 130 : « Life it selfe is but Motion, and can never be without Desire, nor without Feare, no more than without Sense » et XI, *op. cit.*, p. 160 : « Nor can a man any more live, whose Desires are at an end, than he, whose Senses and Imaginations are at a stand ».

2. Voir *Elements of Law*, I, 7, 6-7, *op. cit.*, p. 29-30 ; *Leviathan*, VI, *op. cit.*, p. 129-130 et XI, *op. cit.*, p. 160 (d'où est tirée la formule citée)-161.

3. *Leviathan*, XI, *op. cit.*, p. 161.

dérivent les préceptes mêmes des devoirs de l'homme en tant que tel. Elle trouve en réalité son fondement dans une ontologie de l'individu humain, explicitée dans la *Philosophia Prima* du *De Corpore* à l'occasion d'une réflexion plus large consacrée au principe d'individuation[1]. S'agissant d'un individu humain, la conservation de soi ne se réduit pas en effet à la seule conservation de la constitution spécifique de tout homme, c'est-à-dire au maintien de la figure humaine alors même que la matière de chaque corps humain se trouve non seulement changée de l'enfance à la vieillesse, mais est bien plus en un « flux perpétuel » d'un moment quelconque du temps au suivant. La préservation de sa propre vie ne revient pas, pour un homme, à simplement garder les qualités qui le rendent semblable à tout autre homme, mais, en assurant par ses actions un renouvellement ininterrompu au mouvement vital commencé au moment même de sa génération, à maintenir la liaison sans faille et la dépendance de ce mouvement à l'égard d'un principe qui doit être au contraire entendu comme la cause de la différence entre cet individu humain et tous les autres. C'est en ce sens qu'il n'est de bonheur que par l'exercice continuel du désir, dont la constante renaissance renforce encore et encore le mouvement issu du principe générateur – proprement incomparable – de chaque individu humain. La félicité ne saurait se trouver ailleurs que dans ce qui donne à un individu le sentiment de la continuité même de sa vie, à part de toute autre. Passer indéfiniment d'un appétit à un autre, et par là préserver l'unité du mouvement à cause duquel, depuis sa naissance, chaque homme est celui qu'il est et non pas un autre que lui-même, voilà ce qui définit le bonheur, entendu comme « la félicité de cette vie »[2]. Dans l'acception qui lui est donnée par Hobbes, le bonheur est ainsi inséparable pour tout homme de sa propre venue à l'existence, en tant que sa naissance est irréductible à la seule génération des qualités spécifiques faisant de lui un individu ayant beaucoup de semblables. Que chaque homme recherche en toutes ses actions quelque *bonum sibi*, ne fait pas du bonheur une vague généralité, produite par simple sommation : il s'agit plutôt, dans cette répétition infatigable de la relation d'un individu à son propre bien, de refaire sans cesse le retour à soi lui permettant de vérifier la ténacité du lien unissant la moindre de ses occasions d'agir avec le commencement de sa vie comme d'une vie humaine différente de toutes les autres. Il est ainsi pour Hobbes une fin qui, sans constituer pour autant une fin dernière ou un souverain

1. *De Corpore, Pars II, Philosophia Prima*, XI, 7. Voir pour ce passage *De Corpore, Elementorum Philosophiae Sectio Prima*, édition critique par Karl Schuhmann, introduction par Karl Schuhmann avec la collaboration de Martine Pécharman, Paris, Vrin, 1999, p. 106-108.

2. *Leviathan*, VI, *op. cit.*, p. 129.

bien, diffère des multiples objets particuliers successivement désirés par un même individu : la différence de cette fin tient pour cette doctrine non à un impossible arrêt de l'activité même de désirer et à une totalisation tout aussi impossible de la série des choses voulues, mais au contraire au fait que le mouvement constitutif *ab origine* de chaque identité individuelle ne saurait cesser de lui-même, et qu'il trouve dans des désirs dont la succession est ininterrompue autant de moyens de se poursuivre sans être gêné dans sa progression. Un homme ne peut pas ne pas s'efforcer, dans chacune de ses actions volontaires, de rechercher ce qui convient le plus au maintien de sa propre identité, il lui faut nécessairement rechercher sans relâche tout ce qui aide à la permanence de son individualité. Le bonheur n'a de signification que relativement au désir de se conserver soi-même, lequel est une propriété incommunicable de chaque homme en tant qu'individu qui pour toute la suite de sa vie ne peut pas être un autre. Que le désir recherche toujours un nouveau bien au-delà de celui qui vient d'être atteint, montre surtout qu'il est impossible à un individu humain de ne pas tendre à conserver sa nature individuelle, de ne pas vouloir préserver ce qui, une fois introduit dans le devenir, a fait de lui pour toujours « le même homme ». À cet égard, le bonheur n'est rien d'autre pour Hobbes que la prise de conscience par un homme de sa propre identité diachronique[1].

La subordination de toute délibération à la recherche d'un *bonum sibi*, la considération de toute action comme d'un moyen de bonheur, peut donc recouvrir plus profondément le désir qui est nécessairement en chaque homme de préserver sa nature individuelle. Affirmer que « tout ce qui se fait *volontairement*, est fait pour quelque *bien* de *celui qui veut* »[2], ce n'est pas pour Hobbes soutenir que la volonté a un principe matériel, mais que l'intention première d'un agent, l'intention au fondement de toutes ses intentions, c'est la volonté de demeurer soi-même. Pareille fin étant inséparable du mode d'individuation propre aux individus humains, il est impossible que pour Hobbes le jugement selon lequel une chose est bonne se ramène à la seule expression d'un sentiment individuel causé sous l'action du monde extérieur; il est plutôt à ses yeux l'expression d'une

1. Je me suis permis dans ce qui précède de résumer une analyse contenue, sous le titre « Une nouvelle définition du bonheur », dans mon article « Hobbes » du *Dictionnaire d'éthique et de philosophie morale* publié sous la direction de Monique Canto-Sperber (Paris, Presses Universitaires de France, 1996, p. 660-662). Pour le statut propre de l'individualité humaine d'après la *philosophia prima* de Hobbes, on peut voir aussi mon article « Hobbes et la question du principe d'individuation », in *L'individuo nel pensiero moderno*, G. M. Cazzaniga, Y. C. Zarka (éd.), Edizioni ETS, Pise, 1995, p. 203-222.

2. *De Cive*, II, VIII, *op. cit.*, p. 101 (quicquid fit *voluntario*, propter *bonum* aliquid fit *volentis*).

nécessité plus radicale, une nécessité ontologique – la nécessité pour chaque homme de conserver sa propre nature individuelle. Le « *Contre Hobbes* » de Kant parvient-il à porter atteinte à cette définition du bonheur qui le tient pour le plaisir ininterrompu d'être soi ?

Martine PÉCHARMAN
CNRS, Paris

RIRE ET AMOUR-PROPRE
ANTHROPOLOGIE DU RIRE ET SUBJECTIVITÉ
CHEZ KANT ET HOBBES

> Adieu, écris-moi souvent, et tâche de rire un peu; il n'y a que cela qui soulage; il faut prendre son parti, il faut être dans ce monde Héraclite ou Démocrite et, franchement, Démocrite vaut mieux.
>
> Stendhal, *Journal,* 3 ventôse an XIII (1805)

> Hobbes t'amusera.
>
> Stendhal, à sa sœur (24 janvier 1806)

En sous-titrant « Contre Hobbes » sa seule explication directe avec la philosophie de Hobbes (dans l'écrit de 1793 *Über den Gemeinspruch)*, Kant place leur relation sous le signe de l'opposition. Pourtant, si l'on confronte leurs conceptions de l'État et de la politique, on voit qu'ils s'accordent plus que ne le déclare Kant, quand même ce dernier interprète autrement les catégories jusnaturalistes. Kant s'inscrit dans une tradition largement déterminée par Hobbes, et leurs analyses de l'État ne sont pas foncièrement différentes [1]. Il y a dans l'opération du contrat une délégation de la puissance et l'institution d'un souverain auquel est due une obéissance sans résistance. Le rôle de l'État est d'assurer la sécurité extérieure des citoyens, et non leur bonheur. Leur opposition ne tient pas non plus à des conceptions antagonistes de la nature humaine, comme je tenterai de le montrer : Kant n'est pas tellement plus optimiste ou iréniste que Hobbes,

1. Nombreux sont les interprètes à l'avoir souligné; entre autres R. Brandt, *Eigentumstheorien von Grotius bis Kant*, Stuttgart, Frommann-Holzboog, 1974, p. 27; A. Philonenko, *Théorie et praxis*, Paris, Vrin, 1968; S. Goyard-Fabre, *Kant et le problème du droit*, Paris, Vrin, 1975 (avec toutes les nuances qu'il convient d'apporter); E. Vitale, *Hobbes e Kant*, Turin, Giappichelli, 1993, en particulier p. 146 *sq.*; et dans le volume *L'année 1793. Kant sur la politique et la religion*, édité par Jean Ferrari, Paris, Vrin, 1995, les contributions de P. Kerszberg, G. Lafrance, L. Marcil et B. Andrieu qui portent sur *Théorie et pratique*, vont dans le même sens, p. 117-143, en particulier p. 128.

tout *Aufklärer* qu'il est. A. Feuerbach, dans son *Anti-Hobbes*, ne s'y est pas trompé, avouant qu'il écrivait tout aussi bien un *Anti-Kant* (et il combat effectivement les kantiens). Hobbes était-il devenu le masque de Kant[1]? En somme, ce qui les sépare quand tant de choses les rapprochent, c'est l'idée qu'ils se font de la liberté. Si Hobbes affirme que l'on gagne à passer de la *liberté* naturelle à la *sécurité* politique, et si Kant ne le contredit pas en cela, il va cependant plus loin et assigne pour fin à l'ordre politique la réalisation de *l'idée* transcendantale de la liberté. La différence serait alors à rechercher plutôt du côté de la morale que de la politique ou de l'anthropologie.

Mais s'agissant de morale, Kant s'attaque plutôt à Garve qu'à Hobbes. Il le fait non seulement au début de *Théorie et pratique*, mais dès l'élaboration des fondements de sa propre morale, les *Fondements de la métaphysique des mœurs*, qu'il envisageait d'abord sous la forme d'un *Anti-Garve*. Or, Garve n'est certainement pas simplement un masque de Hobbes. Il défend un eudémonisme à courte vue, qui lui fait juger les théories à l'aune du « praticable », en quoi Kant doit le reprendre : Garve, en effet, avait contesté la possibilité pour l'homme de l'accomplissement complètement désintéressé du devoir. Ce qui rend Garve aveugle à la distinction entre la forme et la matière de la volonté chez Kant, c'est avant tout son idée de l'homme comme visant à la conservation de soi, qu'il reprend d'une tradition néo-stoïcienne et de la philosophie anglaise dont il est l'un des traducteurs les plus laborieux[2]. C'est donc l'accusation d'être trop théorique et pas assez pratique en morale qui déclenche la réaction de Kant contre Garve, mais aussi contre Hobbes.

Mon hypothèse est que c'est plutôt la conception de la *subjectivité* morale qui oppose Kant à Hobbes, l'un pensant l'homme à partir de la conservation de soi et de l'amour-propre, l'autre défendant l'autonomie de la sphère de la subjectivité transcendantale fondatrice de la morale[3]. Mais

1. J. A. Feuerbach, *Anti-Hobbes oder über die Grenzen der höchsten Gewalt und das Zwangsrecht der Bürger gegen den Oberherrn,* Bd. I, Erfurt, Henningsche Buchhandlung, 1798, en particulier p. 82-83 et : « In wie fern ist also dieser Anti-Hobbes auch ein Anti-Kant? (...) Nur insofern wird sich Anti-Hobbes Kant entgegenstellen, als er wird zu erweisen, dass man selbst dem Regenten, als einer öffentlichen Person, die aber die bürgerlichen Grundverträge verletzt, negativ durch Zwang sich zu widersetzen berechtigt sey », p. 85-87.

2. On lui doit en particulier des versions de Payley, Ferguson, Adam Smith, Burke. Sur Garve, voir Claus Altmayer, *Aufklärung als Popularphilosophie. Bürgerliches Individuum und Öffentlichkeit bei Christian Garve*, St-Ingbert, Röhrig Verlag, 1992, p. 65 *sq.*, en particulier p. 80-81.

3. Voir les discussions capitales réunies par Hans Ebeling dans le volume *Subjektivität und Selbsterhaltung. Beiträge zur Diagnose der Moderne* entre D. Henrich, R. Spaemann, H. Blumenberg et Hans Ebeling, Frankfurt, Suhrkamp, 1976. Pour un approfondissement, voir D. Henrich, *Selbstverhältnisse*, Stuttgart, Reclam, 1982 ; H. Blumenberg, *Legitimität der*

cette opposition même suppose la différenciation des sphères de l'anthropologie et de la morale d'un côté, de la morale et du droit (ici, du droit naturel) de l'autre. On sait qu'elle est largement l'œuvre de Christian Thomasius, dont hérite [1] et qu'accomplit Kant par la distinction qu'il établit entre moralité et légalité [2]. Tout en retraçant brièvement les lignes théoriques qui s'opposent sur la subjectivité, je vais tâcher de faire apparaître la différence des points de vue anthropologiques et moraux en examinant les théories respectives de Hobbes et de Kant sur le rire. Je crois que Kant m'y autorise un peu, quand il écrit, dans la préface à la *Métaphysique des mœurs*, en citant Shaftesbury, que « ce n'est pas une méprisable pierre de touche de la vérité d'une doctrine (surtout d'une doctrine pratique) que de savoir si elle résiste au rire » [3], et j'ajouterai, si sa théorie du rire résiste aussi bien à ce qu'un autre philosophe a qualifié d'« impertinent défi jeté à la spéculation philosophique » [4].

AMOUR-PROPRE ET DÉSINTÉRESSEMENT

On peut caractériser la discussion sur la naissance de la subjectivité moderne entre Hobbes et Kant comme l'opposition entre deux modèles interprétatifs, l'un tentant de rapporter les motivations de l'homme à l'amour-propre ou à la conservation de soi, l'autre à la bienveillance, cherchant à dégager la réalité d'une subjectivité désintéressée, capable de préférer autre chose que soi. Ces deux positions puisent bien sûr à de riches

Neuzeit, Frankfurt, Suhrkamp, 1966; R. Spaemann, *Reflexion und Spontaneität*, Stuttgart, Kohlhammer, 1966 (1990²), et *Bonheur et bienveillance. Essai sur l'éthique*, trad. fr. par S. Robilliard, Paris, P.U.F., 1997; ainsi que G. Abel, *Stoizismus und frühe Neuzeit. Zur Entstehungsgeschichte modernen Denkens im Felde von Ethik und Politik*, Berlin, de Gruyter, 1978, et R. Bodei, *Geometria delle passioni. Paura, speranza, felicità : filosofia e uso politico*, Milano, Feltrinelli, 1991.

1. Par l'intermédiaire d'Achenwall, établissant à la suite de Thomasius une distinction entre éthique et droit naturel, que Kant suit dans sa réflexion juridique; voir A. Altman, « M. Mendelssohn über Naturrecht und Naturzustand » (1981) et « Prinzipien politischer Theorie bei Mendelssohn und Kant » (1981), *in* A. Altmann, *Die trostlose Aufklärung. Studien zur Metaphysik und politischen Theorie Moses Mendelssohns*, Stuttgart, Frommann-Holzboog, 1982, p. 164-191 et 192-216, p. 192 *sq.* Et pour le cadre général, l'ouvrage fondamental de Werner Schneiders, *Naturrecht und Liebesethik. Zur Geschichte der praktischen Philosophie im Hinblick auf Christian Thomasius*, Hildesheim, Olms, 1971, p. 242; et *id. in* W. Schneiders (éd.), *Christian Thomasius 1655-1728*, Hambourg, Meiner, 1989, qui rappelle en introduction que Kant ne sait pas tout ce qu'il doit à Thomasius.

2. Voir Werner Schneiders, *Naturrecht und Liebesethik*, *op. cit.*, p. 242.

3. AK VI, 209; OPh III, 454.

4. Bergson, *Le rire*, Paris, P.U.F., 1900, p. 1.

traditions[1], mais sont réinterprétées en termes modernes. Cette opération encourage l'effort de systématisation : on va chercher à réduire tous les comportements et leurs motivations à un seul principe.

Les deux conceptions s'affrontent en particulier en Angleterre, où les partisans du sens commun, avec leur anthropologie plus optimiste, contestent les partisans du « système égoïste ». On peut considérer que Hobbes est le représentant emblématique d'une anthropologie fondée sur l'intérêt propre. En 1823, dans son dialogue « Self-love and benevolence », William Hazlitt faisait dire à l'un des interlocuteurs (s'adressant à l'autre, qui attribuait la paternité de ce « système » de l'amour-propre à Helvetius) : « Hobbes and Mandeville long before him asserted the same thing in the most explicit and unequivocal manner », et de rectifier du même coup son ami Stendhal, qui avait suivi les principes de Tracy dans son *De l'amour*[2]. Mais, ajoute Hazlitt, « Butler, in the notes and preface to his Sermons, had also long before answered it in the most satisfactory way (...) by giving the common-sense answer to the question (...) »[3]. Si, pour le droit naturel, l'opposition à Hobbes est plutôt le fait de Cumberland, il reste que la synthèse tirée par Hazlitt garde toute sa valeur d'indication, confirmée en cela non seulement par les historiographes de la philosophie au dix-huitième siècle, mais aussi par les acteurs eux-mêmes de cette controverse longue d'un siècle. Hutcheson, l'initiateur du « sens moral », s'inscrit explicitement dans ce débat en présentant ses *Recherches sur l'origine de nos idées de la beauté et de la vertu* comme l'explication et la défense des « principes du défunt comte de Shaftesbury (...) contre l'auteur de la Fable des abeilles », à savoir Mandeville, lequel est, surtout dans le second Traité, rangé parmi les « théoriciens raffinés de l'amour-propre », à côté de Hobbes[4].

1. Augustinienne, stoïcienne et épicurienne pour l'une, évangélique pour l'autre (réveillée par les mystiques, les spirituels et les salésiens au XVIIe siècle); *cf.* P. Rousselot, *Pour l'histoire du problème de l'amour au Moyen Age (1909)*, rééd. Paris, Vrin-Reprises, 1981.

2. Destutt de Tracy, qui a profondément marqué la formation intellectuelle de Stendhal, a inclus une traduction de la logique de Hobbes (du *De corpore*) dans ses *Eléments d'idéologie*; voir A. L. C. Destutt de Tracy, *Elements d'idéologie, Troisième partie, Logique*, Paris, Courcier, An XIII, p. 589-667, repr. Stuttgart, Fromann-Holzboog, t. III, 1977.

3. W. Hazlitt, « On self-love and benevolence », in *Sketches and essays* (1839), London, Grand Richard, 1902.

4. F. Hutcheson, *Collected Works* I [Hildesheim, Olms, 1990] : *An Inquiry into the original of our Ideas of Beauty and Virtue in two treatises in which the Principles of the Late Earl of Shaftesbury are Explained and defended, against the Author of the Fable of the Bees : and the Idea of Moral Good and Evil are establish'd, according to the sentiments of the Antient Moralists*, London, Darby, J. Smith, 1725. Voir J. Stolnitz, « On the origins of "Æsthetic disinterestedness" », *The Journal of Æsthetic and art criticism*, 1961, p. 131-143; J. Sprute, « Der Begriff des *Moral Sense* bei Shaftesbury und Hutcheson », *Kant-Studien* 71, 1980, p. 221-237.

La prise en considération de Hobbes en tant que moraliste n'est pas vraiment étonnante dans un contexte où le droit naturel n'est pas vraiment distingué de l'éthique de l'amour ordonné, selon le dispositif qu'a reconstitué Werner Schneiders. C'est en vertu de cette ambiguïté que l'on a pu considérer par exemple que Pufendorf s'opposait à Hobbes en sauvant la sociabilité et la bienveillance, comme le fait Hutcheson qui ne regarde qu'au principe moral [1], alors qu'une approche juridique ne peut que souligner la continuité fondamentale entre Hobbes et Pufendorf, comme le fait Pufendorf lui-même [2]. On peut croire ainsi s'éloigner du Hobbes politique en soutenant Pufendorf qui en critique la morale, ou simplement en s'évitant le scandale attaché tout au long du siècle au nom de Hobbes.

Tout en s'opposant explicitement à Hobbes, Kant lui reconnaît volontiers un attrait intellectuel plus fort que celui d'esprits moins éloignés. S'il considère que Hobbes est dans l'erreur, au moins a-t-il fait bouger les choses : « wer irre reist ist dennoch gereist » [3]. C'est pour appuyer l'idée que des écrits paradoxaux ont pour eux de stimuler la pensée qu'il pouvait énoncer dans ses leçons d'anthropologie au début des années 1770 que « Hobbes est plus utile que Pufendorf » [4]. Je n'insiste pas sur le fait qu'il a fait crédit à Hobbes de la *seule* pensée consistante du contrat, une pensée qu'il reprend à son compte en se contentant de la corriger [5]. Mais outre le *De Cive*, qu'il a manifestement eu entre les mains, que pouvait connaître Kant de Hobbes ?

1. Voir Hutcheson, *De naturali hominum socialitate. Oratio inauguralis*, Glasgow, Typis Academicis, 1730, in *Collected Works* VII, B. Fabian (éd.), Hildesheim, Olms, 1990, p. 177-200 ; *Recherches sur l'origine de nos idées de la beauté et de la vertu,* trad. fr. par A.-D. Balmès, Paris, Vrin, 1991, p. 130 *sq.* ; *cf.* L. Foisneau, « Paix civile et amour de l'humanité : Pufendorf lecteur de Hobbes », in *La paix à l'âge classique*, *Cahiers philosophiques de Strasbourg* 4, 1996, p. 145-157.

2. Pufendorf n'est pas avare de blâmes moraux à l'encontre de Hobbes, mais quand il retrace l'histoire de sa discipline, il ne recule pas devant la reconnaissance et l'éloge. Ainsi dans le *Specimen controversarum circa Ius Naturale ipsi nuper motarum*, où il dépeint pour commencer *De origine et progressu disciplinae juris naturalis* (§ 6, p. 206), Samuel Pufendorf, *Eris scandica*, Francfort-am-Main, F. Knoch, 1686, p. 200-338.

3. *Vorlesungen über Anthropologie* (AK XXV), R. Brandt, W. Starck (éd.), Berlin, De Gruyter, 1997, Anthropologie Collins 1772/73, ici AK XXV, 27.

4. « Hobbesius ist nutzbarer als Pufendorf » (*ibid.*).

5. *Vorlesungen über Moralphilosophie (AK XXVIII)*, G. Lehmann (éd.), Berlin, De Gruyter, 1974, Vigilantius, ici AK XVII, 591 à propos du principe de la constitution de la société politique (*exeundum esse ex statu naturali*), ainsi que dans la note de la *Religion dans les limites de la simple raison* (AK VI, 97), où il précise que la « guerre de tous contre tous » est un *statut* et non un *fait*, en quoi il reprend une remarque de AK XVII, 591.

Ce que Kant pouvait savoir de Hobbes

À ce sujet, il faut sans doute faire la part des choses. Hobbes était plus connu que cité, même si certains ne répugnaient pas à le faire[1]. Un écran polémique tendu par les théologiens veillait à sa mise à l'écart, surtout à la fin du dix-septième et au début du dix-huitième siècle[2]. C'est ce qui explique que ses présentations sont souvent assorties de blâme et d'une réprobation morale qu'il ne faut pas forcément prendre pour argent comptant.

Chez Thomasius, dans l'exposé des sectes philosophiques compris dans *L'introduction à la philosophie de Cour*, Hobbes apparaît dans la discussion du machiavélisme et des monarchomaques (§ 80-82), selon une association que Kant répètera en commentant Achenwall[3]. Plus loin, il est directement pris à parti comme l'auteur d'hypothèses fausses, heureusement suivi d'un seul (Velthuysen), et dépassé par Grotius et Pufendorf (§ 84)[4]. Les polyhistoriens en revanche sont plus nuancés, et font une place aux mérites de Hobbes comme ils réhabilitent en partie Épicure[5]. Johann Friedrich Buddeus, tout en rapportant la caractérisation de Hobbes en épicurien, qu'il reprend de Samuel Parker[6], donne l'ensemble des éléments de la polémique philosophique entourant le nom de Hobbes au début du dix-huitième siècle. Le trait récurrent est que l'on juge depuis la

1. N. Hammerstein, *Ius und Historie. Ein Beitrag zur Geschichte des historischen Denkens an Deutschen Universitäten im späten 17. und im 18. Jahrhundert*, Göttingen, Vandenhoeck, 1972, p. 64 *sq.*

2. Par exemple la *Fürstellung vier neuer Weltweisen. Nahmentlich Renati Des Cartes, Thomae Hobbes, Benedicti Spinoza, Balthasar Becker nach ihrem Leben und Führnehmsten Irrthümern.* Gedruckt im Jahr 1702 (Frankfurt-am-Main). Hobbes est représenté comme l'initiateur de « l'erreur de Spinoza ». Le pamphlet reprend les analyses du *De tribus impostoribus magnis* de Christian Korthold.

3. § 206, in AK XIX, 415-416.

4. Chr. Thomasius, *Introductio ad philosophicam aulicam, Lipsiae, apud autorem*, 1688 (repr.), p. 37-39; *cf.* p. 271. Il s'en tient à l'image du « Epicureus Hobbesius », *cf.* W. Schneiders, *Naturrecht und Liebesethik, op. cit.*, p. 106.

5. C. A. Heumann, *Conspectus Reipublicae Literariae*, Hanover, Foerster, 1753[6]; à propos des philosophes modernes qui secouèrent le joug d'Aristote, et de Hobbes en particulier (§ 68) : « De hujus libri vere dixeris : *sunt bona mixta malis, sunt mala mixta bonis*. Philosophabatur quidem liber, sed non satis ei suppetetat judici ad solvendas, quas sibimet ipse nexuerat, difficultates. Idem dixeris vere de Cartesio » (p. 176). Et dans les *Acta philosophorum* IX, Halle, Renger, 1718, p. 447, il écrit que, bien qu'il confonde *socialitas* et *amicitia*, l'opinion que Hobbes a de la nature humaine, à savoir qu'elle est davantage conduite à l'hostilité qu'à l'amitié, possède à son avis plus de fondement que l'opinion (stoïcienne) de Cicéron. Syrbius, en revanche, plus perméable à la théosophie et à toutes sortes de bizarres syncrétismes, rejette simplement le concept hobbesien de liberté comme absence d'obstacle (*Leviathan*, XIV), *in* J. J. Syrbius, *Institutiones philosophiae Primae*, Iena, Veuve Meyer, 1726[2], § 20, p. 192.

6. Il cite le *De Deo et providentia disputatio* dans son examen des philosophes « recentiori », *Compendium Historiae Philosophiae*, Halle, Presses de l'Orphelinat, 1731, p. 378-379.

morale une doctrine politique : Hobbes a repris et transformé Machiavel, il dépeint l'état de l'homme naturel comme un état de guerre de tous contre tous, il donne au pouvoir du prince toutes les prérogatives non seulement sur la vie et la fortune des citoyens, mais aussi sur leur religion. Seul Velthuysen l'a suivi, beaucoup l'ont censuré, à commencer par Cumberland. Mais en plaçant la loi divine dans une droite raison et en y voyant le fondement du droit naturel, il a été suivi par Pufendorf, qui toutefois a corrigé certains aspects de sa doctrine [1].

Le schéma de la réception de Hobbes se précise en même temps qu'il s'épure : on critique sa morale et l'on reconnaît qu'il a posé les fondements du droit naturel tels que Pufendorf les a repris. On maintient la critique morale, en invoquant Cumberland, tout en tolérant la philosophie politique dans son aspect rationnel. C'est encore la présentation que l'on rencontre chez Brucker, dans la première histoire de la philosophie digne de ce nom, c'est-à-dire à la fois assez complète et détaillée, et relativement objective [2]. Brucker consacre à Hobbes cinquante pages bien denses [3], qui ont été reprises sans grands changements par Diderot dans son article de l'*Encyclopédie* [4]. La présentation de Brucker n'omet pas les réserves et les critiques ; tout en louant son grand savoir [5], il considère que Cumberland l'a « réfuté » dans son *De legibus naturae* [6] en déduisant toutes les lois naturelles de la bienveillance, renouant ainsi, par-delà Hobbes, avec le principe de sociabilité des Stoïciens [7]. En même temps, Brucker examine la question classique *Hobbesius an Epicureus ?* comme le prétendent Samuel Parker, Rapin, Cudworth, Morhof, Pufendorf, Thomasius et tant d'autres. Il donne une réponse nuancée, soulignant les différences entre les deux systèmes, et n'accordant donc qu'une identité partielle des deux doctrines [8]. L'exposé des thèses permet d'évaluer leur cohérence et leur intérêt.

1. *Compendium*, § 33, p. 508-513.

2. J.J. Brucker, *Historia critica philosophiae a tempore resuscitarum in occidente litterarum ad nostra tempore* IV, 2, Lipsiae, Breitkopf, 1744.

3. *Ibid.*, p. 145-199 : d'abord une présentation de la vie et des jugements sur son œuvre, puis une exposition de la doctrine en une série de propositions.

4. Diderot, *Œuvres*, t. VIII, Paris, Hermann, 1976.

5. Brucker, *op. cit.*, p. 165-166.

6. Il s'agit de R. Cumberland, *De Legibus Naturae. Disquisitio philosophica in qua earum forma, summa capita, ordo, promulgatio et obligatio e rerum natura investigantur; qui etiam elementa philosophiae Hobbiannae cum moralis tum civilis considerantur et refutantur*, London, Hooke, 1672 (édition à Lübeck, 1683, que cite Brucker, et le *Traité philosophique des lois naturelles*, traduction de Barbeyrac à Amsterdam, Pierre Mortier, 1744).

7. Brucker, *op. cit.*, p. 179. Brucker expose la même chose dans l'abrégé allemand, présenté sous la forme catéchitique de questions/réponses, J.J. Brucker, *Erste Anfangsgründe der philosophischen Geschichte*, Ulm, D. Bartholomei, 1751 [2], p. 460-467.

8. Elles ont surtout en commun de faire dériver toute connaissance des sens et de ne considérer que des corps, *Historia critica* IV, 2, p. 180-182.

Cela s'accorde avec la relative réhabilitation d'Épicure dans *l'Historia philosophica doctrinae de ideis*. Brucker, par sa diffusion, l'exposé des problèmes qu'il donne, et la relative bonne qualité des informations, est sans doute un médiateur plus fiable que d'autres, indépendamment du fait de sa reprise par Diderot, qui donne à l'ensemble une présentation plus favorable encore. Les ouvrages de Brucker, au moins ses ouvrages allemands, étaient usités à Königsberg dès 1735, soit au temps des études de Kant[1], et l'on sait que l'*Historia critica* est un des très rares livres qu'il cite dans la *Critique de la raison pure* (A 316/ B 372)[2].

Dans la seconde moitié du siècle, si l'on passe à la *Spätaufklärung* et à un auteur comme J. A. Eberhard, contemporain et adversaire de Kant, le savoir historiographique transmis sur Hobbes reste découpé de la même façon : à côté du grand rénovateur du droit naturel, on blâme sa morale « épicurienne »[3]. Si Eberhard explique que Pufendorf ne corrige qu'en partie les erreurs de Hobbes (§ 289), la part belle est faite aux adversaires de Hobbes, à commencer par Richard Cumberland qui a « imprimé une autre tournure à la philosophie morale » anglaise en « démontrant à partir de l'expérience l'existence de penchants (*Triebe*) sociaux en l'homme ». Ses continuateurs ont été Shaftesbury, Hutcheson, Home puis Smith, alors que la position hobbesienne a été reprise par Mandeville[4]. On peut considérer que ce schéma est donc bien établi dans l'historiographie, et on le retrouvera en effet chez Kant.

Celui-ci ne peut ignorer qu'il a affaire à deux traditions concurrentes, fortement représentées en Angleterre et en Écosse, la philosophie de l'amour-propre ou de « l'égoïsme », et la philosophie du sens moral. Les orthodoxes religieux ou les rationalistes déistes, en Allemagne, ne présentent pas des solutions aussi attrayantes.

Dans le discours philosophique, il faut donc compter avec une lignée Hobbes-Mandeville, bientôt relayée par les matérialistes Français (d'Holbach et Helvetius essentiellement)[5], et une lignée Cumberland-Shaftesbury-Hutcheson et leurs successeurs, dont le moteur est d'abord la réaction à la réduction opérée par Hobbes des motivations de l'homme à la

1. Voir H.F. Klemme (éd.), *Die Schule Immanuel Kants, Kant-Forschungen* 6, Hambourg, F. Meiner, 1994, p. 39.

2. Comme le remarque G. Santinello, *Storia delle storie della filosofia*, t. II, *Dall'età cartesiana a Brucker*, Brescia, Ed. La Scuola, 1979, p. 612.

3. J. A. Eberhard, *Allgemeine Geschichte der Philosophie*, Halle, Hemmerd, 1788, § 288, p. 288-289.

4. *Ibid.*, § 290, p. 290; § 308, p. 308.

5. Voir O. Bloch, « Hobbes et le matérialisme des Lumières », *in* B. Willms e altri (éd.), *Hobbes oggi*, Milano, Francoangeli, 1990, p. 553-576; Yves Glaziou, *Hobbes en France au XVIIIe siècle*, Paris, P.U.F., 1993; Pierre Naville, *Thomas Hobbes*, Paris, Plon, 1988, chap. x « Influences et réaction », p. 199-254.

simple conservation de soi, et donc à son propre intérêt. On a vu d'autre part que l'on impute volontiers à Hobbes un renouveau d'Épicure, avec toute la charge polémique attachée alors à cette insinuation, alors que ses adversaires défendent une sociabilité renouvelée des Stoïciens (plutôt d'ailleurs qu'ils ne se réfèrent à Aristote). Cette assimilation enrichit la fonction de la référence à la philosophie de Hobbes, qui devient par conséquent partiellement ou totalement solidaire d'Épicure. Des auteurs comme Thomasius n'hésitaient pas à l'amalgame et, si certains historiens soulignent les différences de leurs deux doctrines, ils sont si naturellement et si fréquemment assimilés que l'on peut considérer qu'ils « font système » à l'intérieur de l'espace de discussion du dix-huitième siècle. On trouve par exemple chez Berkeley évoqués ensemble « your Epicureans, Hobbists, and the like »[1]; ou encore Hume, quand il présente l'« hypothèse égoïste », parle indifféremment de « an Epicurean or a Hobbist »[2].

Un autre auteur enfin fait le plus souvent partie de l'amalgame composant la « référence hobbesienne » en philosophie morale au cours du siècle des Lumières: La Rochefoucauld. Il est inutile ici de le ranger plutôt du côté des Épicuriens[3], ou des Augustiniens[4], puisque ces références peuvent être associées dans le cadre d'une anthropologie qui reconnaît dans l'amour-propre le fond de l'homme. La lecture anglaise de La Rochefoucauld, comme Antony McKenna en a reconstruit les conditions, s'insère au début du siècle dans un complexe épicuro-hobbesien bientôt combattu par les apôtres de la bienveillance: « L'influence de La Rochefoucauld est donc ici complémentaire de celles d'Épicure et de Hobbes : La Rochefoucauld est un "dénigreur" de la nature humaine »[5]. Pour mon propos, il est particulièrement significatif que cette assimilation ait été explicitement le fait de Shaftesbury dans sa dénonciation de la réduction de la motivation à l'amour-propre[6] aussi bien que de Francis

1. G. Berkeley, *Principles of human knowledge* I, § 93, in Berkeley, *Principles, Dialogues and philosophical correspondance*, Indianapolis, NY, Bobb-Merrill, 1965, p. 68.

2. « Of Self-Love », in *Philosophical Works* IV, T. H. Green, T. H. Grose (éd.), London, 1882, p. 267 [repr. Darmstadt, Scientia Verlag, 1964].

3. Comme L. Hippeau, *Essai sur la morale de La Rochefoucauld*, Paris, Nizet, 1967.

4. Comme il est plus vraisemblable, voir J. Lafond, « Augustinisme et épicurisme au XVIIe siècle », in *XVIIe siècle* 135, 1982, p. 149-168. Pour une interprétation philosophique de La Rochefoucauld, voir G. Canziani, « La Rochefoucauld : l'individu entre amour-propre et esprit », *in* G. M. Cazzaniga, Y. C. Zarka (éd.), *L'individu dans la pensée moderne*, Pisa, ETS, 1995, t. 2, p. 439-459.

5. Voir la précieuse mise en place d'Antony McKenna, « Quelques aspects de la réception des *Maximes* en Angleterre », in *Images de La Rochefoucauld*, Paris, P.U.F., 1984, p. 77-94, ici p. 80.

6. Voir Shaftesbury, *Characteristiks*, London, 2e éd. 1714; et A. McKenna, art. cit., p. 82.

Hutcheson, qui leur associe dorénavant Mandeville[1]. Dès son discours inaugural *De naturali hominum socialitate*, Hutcheson s'en prenait au complexe épicuro-hobbesien. C'est avec *l'Inquiry* de 1725 qu'il attaque directement Mandeville, suivi en cela par de nombreux partisans du *moral sense*, comme Archibald Campbell, *An Enquiry into the original of moral virtue wherein it is shewn (against the Author of the Fable of the Bees &c) that virtue is founded in the nature of things, is unalterable and eternal and the great means of private and public happiness with some reflections on a late book intitled An Enquiry into the original of our Ideas of Beauty and Virtue*[2]. Ainsi, en passant en Angleterre, La Rochefoucauld est associé à Hobbes et Épicure. Cette dernière contamination complète la figure théorique dans laquelle la « morale » de Hobbes se trouvera mêlée aux yeux de Kant, au point qu'il préfèrera souvent voir uniquement en lui le politique, quitte à combattre sa morale sous d'autres masques[3].

Kant réfute les deux traditions anglo-saxonnes

Elles sont à ses yeux également hétéronomes, soumettant la volonté à une loi extérieure à elle. À cet égard, plaisir, bonheur ou sens moral, parmi les principes subjectifs, sont insatisfaisants. Si, dans la *Critique de la raison pratique*, Kant ne désigne pas explicitement Hobbes parmi les représentants des « principes pratiques matériels de détermination pris pour fondement de la moralité »[4], c'est aussi qu'il pourrait le retrouver en plusieurs endroit. Plutôt que de l'affronter sur le même terrain que ses opposants, il a

1. Voir A. McKenna, *ibid.*, p. 84-85 ; A. O. Hirschman, *Les passions et les intérêts. Justifications politiques du capitalisme avant son apogée* (1977), Paris, P.U.F., 1980. Pour Mandeville, voir, sur son opposition à Shaftesbury, I. Primer, « Mandeville and Shaftesbury : some facts and some problems », *in* I. Primer (éd.), *Mandeville studies. New explorations in the art and thought of Dr. Bernard Mandeville (1670-1733)*, La Haye, Nijhoff, 1975, p. 126-141, ainsi que F. D. James, « Mandeville and Bayle. Faith, sincerity and morality », *ibid.*, p. 43-45, qui souligne que Mandeville et son « égoïsme » fait écho à la tradition augustinienne française (La Rochefoucauld, Bayle), et que ces rencontres ont une « hobbesian flavour » (p. 53) : « Like Hobbes or La Rochefoucauld, Mandeville attributes certain actions, which by all normal standards are disinterested, to selfish motives to self-liking, as he calls it » (p. 54).

2. Archibald Campbell, *An Enquiry into the original of moral virtue wherein it is shewn (against the Author of the Fable of the Bees &c) that virtue is founded in the nature of things, is unalterable and eternal and the great means of private and public happiness with some reflections on a late book intitled An Enquiry into the original of our Ideas of Beauty and Virtue*, Edinburgh, G. Hamilton, 1733. Voir en particulier contre Hobbes p. 201, et l'appendice sur Hutcheson p. 215 *sq.*

3. Ce pourra être D'Holbach, du reste traducteur de la *Nature humaine* de Hobbes en 1772 (mauvais traducteur de l'avis de Diderot, selon sa lettre à Naigeon, d'avril 1772, in *Correspondance* XII, G. Roh (éd.), Paris, Minuit, 1965, n° 740, p. 45-47), ou Helvétius, un des auteurs les plus volontiers cités par Kant dans ses cours d'Anthropologie.

4. AK V, 40 ; OPh II, 656.

trouvé plus efficace de faire la critique radicale du terrain même sur lequel évoluaient aussi bien les partisans du système de l'amour-propre que les hérauts du sens moral. Et ces deux positions illustrent chacune un principe matériel subjectif interne de détermination, le « sentiment physique » pour Épicure[1] (et donc Hobbes) et le sentiment moral pour Hutcheson et les Écossais. Or un principe matériel, étant empirique, ne peut être que contingent et ne permet absolument pas de fonder la morale. Si Hobbes n'est pas rangé aux côtés d'Épicure, c'est aussi que le trait saillant de sa position est bien plus la politique que la morale, et que l'on peut considérer que le principe matériel de la moralité est externe chez lui, à savoir la constitution civile. Si la *Critique de la raison pratique* évoque plutôt Mandeville à cette place, alors qu'il représentait les épicuriens modernes avec Helvetius dans la *Leçon d'éthique*, les leçons citent à ce propos normalement Hobbes, ainsi que la Réflexion 7667[2] : « Pour Hobbes toutefois, c'est l'autorité qui peut seule permettre ou interdire une action »[3].

Eu égard aux exigences d'une fondation universelle, la diversité des principes matériels est relativement indifférente, puisque tous témoignent de la même incapacité à se hisser à la formalité de l'autonomie. Kant maintient l'idée que la législation morale est originale, irréductible à la légalité politique, et rejette donc tout principe extérieur, qu'il soit politique, théologique, coutumier ou issu d'une raison dogmatique. C'est pourquoi il faudra plus de soin pour se défaire des principes subjectifs internes, dont l'hétéronomie est moins évidente, surtout en ce qui concerne le sens moral. Ainsi, la réfutation de Hutcheson est comme l'acte fondateur de la morale kantienne, comme l'a démontré Dieter Henrich[4]. Seul le détour par la formalité de la loi permet à la subjectivité transcendantale de s'obliger sans se soumettre; en se donnant une loi universelle comme expression de sa volonté, le sujet ne se soumet qu'à sa seule liberté.

Mais tout en faisant une critique de ces deux positions, Kant n'en reprend pas moins, au niveau transcendantal, le motif d'une subjectivité désintéressée dans son principe, uniquement appliquée à l'accomplissement catégorique de son devoir. C'est ainsi qu'il se retrouve dans le

1. Dans *Eine Vorlesung über Ethik*, Kant précisait : « Le sentiment physique est celui de l'amour de soi, lequel comporte un double aspect, la vanité et l'intérêt personnel. Le but que poursuit l'amour de soi est l'avantage personnel, et à ce titre il est un principe égoïste, au moyen duquel nos sens trouvent satisfaction. Il s'agit en fait d'un principe de prudence. Les auteurs qui adhèrent à ce principe de l'amour de soi sont, parmi les Anciens, Épicure (qui fonde de manière générale sa philosophie sur un principe de la sensibilité) et, parmi les modernes, Helvétius et Mandeville. » (trad. fr. par L. Langlois, Kant, *Leçons d'éthique*, Paris, 1997, p. 85-86).

2. R. 7667, AK XIX, 483.

3. *Leçons d'éthique*, trad. cit., p. 86.

4. D. Henrich, « Hutcheson und Kant », *Kant-Studien* 49, 1957-1958, p. 49-69.

voisinage des adversaires de la morale hobbesienne ou de ses implications, pour d'autres raisons que ses adversaires traditionnels. En effet, c'est en radicalisant par la formalité le motif de la philosophie du sens moral (le désintéressement), et en subordonnant l'aspiration au bonheur (légitime anthropologiquement, mais seconde par rapport à la liberté), que Kant constitue sa morale à la fois contre l'anthropologie et contre la politique. La quête de l'autonomie isole la morale, comme le domaine du contra-factuel et du devoir être. L'opposition à Hobbes résulte ainsi de l'aboutissement kantien du processus de distinction des sphères qui l'amène à revendiquer un statut premier et sans conditions pour la morale. C'est en elle et d'abord en elle que s'exprime la subjectivité transcendantale, autrement dit le point de vue depuis lequel s'opère le jugement sur les savoirs théoriques et pratiques.

LE RIRE ENTRE MORALE ET ANTHROPOLOGIE
SUR UN SCANDALE HOBBESIEN

> J'ai donc étudié le *rire* et ses effets. C'est une chose si difficile qu'aucun philosophe n'en a encore parlé que Hobbes. C'est la coutume des petits auteurs, ils sautent ce qu'ils ne peuvent expliquer, différents en cela des gens de génie, qui sont francs.
>
> Stendhal (*Lettres à Pauline*, 1804, Paris, 1994, p. 136)

> Hobbes était, dit-on, humoriste. Je n'en suis pas surpris ; c'est la mauvaise humeur surtout qui rend l'esprit et le ton décisifs.
>
> Joubert (20 avril 1814, *Carnets* II, Paris, 1938, p. 783)

On sait depuis Eco combien le rire a pu être détesté. Avant lui déjà[1], Bossuet le dénonçait dans ses *Maximes et réflexions sur la comédie*, qui sont une sorte d'appendice à son *Traité de la concupiscence*, et il se rappelait alors fortement les accusations d'Augustin. Dans le rire, c'est en somme notre mauvaise nature qui est à l'œuvre, celle qu'Augustin observait chez les nourrissons[2], et que Hobbes reprendra à sa façon dans cette définition du méchant qui ravissait tant Diderot : *malus est puer robustus*. On ne s'étonnera donc pas de voir dans le rire l'expression de la concupiscence.

Pourtant, aussi bien Hobbes que Kant rompent avec cette dépréciation du rire et y voient au contraire l'affirmation légitime de la puissance. On passe avec eux du rire concupiscent, perçu à travers des catégories reli-

1. Pour une présentation plus circonstanciée du discours sur le rire avant le XVIIe siècle (médical, philosophique, psychologique, rhétorique), voir Daniel Ménager, *La Renaissance et le rire*, Paris, P.U.F., 1995.

2. Augustin, *Confessions* I, VII.

gieuses et morales, au rire du bon vivant, objet de réflexion esthétique et anthropologique. Ils héritent plus de l'humanisme rabelaisien que de la *damnatio* augustinienne. C'est bien la Renaissance qui affirme que « le rire est un mixte de plaisir et de peine » et inaugure sa réhabilitation[1]. Mais c'est précisément dans la mesure où leur analyse du rire présente des affinités que l'interprétation qu'ils en donnent révèle plus nettement leur opposition. Pour s'en rendre compte, il faut revenir au scandale prodigieux suscité par la définition du rire donnée par Hobbes dans la *Nature humaine*, reprise dans le *Leviathan*[2].

Hobbes et le rire

Hobbes définit le rire dans le chapitre qu'il consacre aux passions dans son *De la nature humaine* (chap. IX). Son analyse est remarquable et provocante. Le rire est une joie liée au triomphe soudain de notre supériorité sur d'autres. « Tous les hommes, remarque-t-il, rient des infirmités des autres, voyant par comparaison leurs capacités ressortir et s'illustrer »[3]. Non seulement le rire est lié à la comparaison de soi et des autres, mais cette comparaison s'opère sur le mode d'une compétition et d'une ouverture aux autres. Autrement dit, le rire ne se contente pas d'être positivement l'épreuve de sa propre excellence, mais il est intrinsèquement social, lié à un malheur ou un ridicule qui accable autrui. On imagine passion plus charitable ! On ne rit d'ailleurs pas quand il s'agit de nos amis ou de nous-mêmes, à moins qu'on ne rappelle quelque ancien déboire entre-temps surmonté :

> La passion qui excite à rire n'est autre chose qu'une vaine gloire, fondée sur la conception subite de quelque excellence qui se trouve en nous, par opposition à l'infirmité des autres, ou à celle que nous avons eue autrefois. Car on rit de ses folies passées, lorsqu'elles viennent tout d'un coup dans l'esprit, à moins qu'il n'y ait eu du déshonneur attaché[4].

1. D. Ménager, *La Renaissance et le rire*, Paris, P.U.F., 1995 (avec bibliographie), p. 223. C'est dans la tradition néo-aristotélicienne que l'on rencontre un intérêt renouvelé pour le rire (Celso Mancini, Antonio Lorenzini), et non platonicienne, comme le confirme le désarroi de Thalès devant la servante thrace, dont Hans Blumenberg a suggéré le caractère exemplaire pour le « désir théorique » de l'homme dans *Das Lachen der Thrakerin*, Frankfurt, Suhrkamp, 1987. Voir aussi Q. Skinner, « Hobbes and the Classical Theory of Laughter », dans L. Foisneau et T. Sorell (éds.), *Leviathan after 350 years*, Oxford, Clarendon Press, 2004, p. 139-166.

2. *Human nature* IX, § 13 ; *Leviathan*, VI, 42.

3. *The Elements of Law* I, IX, § 13, J. C. A. Gaskin (éd.), Oxford, NY, University Press, 1994, p. 54 : « All men laugh at the infirmities of others, by comparison of which their own abilities are set off and illustrated ».

4. Traduction anonyme, dans l'édition française du *Spectateur* parue chez Arkste'e & Merkus, Amsterdam & Leipzig, 1754, t. I, p. 261-262. Le texte anglais est : « I may therefore

L'analyse du rire s'enracine au plus profond de l'anthropologie hobbesienne, et c'est sans doute en cela qu'elle choque. Elle ne s'oppose pas fondamentalement à la tradition augustinienne, sinon en ce qu'elle semble ignorer toute la réprobation qui accompagne ordinairement une telle absence de charité. Les lecteurs ont pu y voir une acclamation du mal, et la mauvaise réputation de l'auteur n'a pu que les y porter. On conçoit qu'ils en aient été choqués. Pourtant, Hobbes remarque que cette gloire soudaine de notre propre valeur est aussi forte que vaine. En effet, si rire atteste notre avantage sur autrui et est même l'expression de notre sentiment de supériorité, il est redondant et peut être dangereux. Il est redondant car il n'exprime qu'une vaine gloire : comment, en effet, se glorifier d'être mieux mis que les plus faibles, les plus pauvres et les miséreux ? le beau triomphe ! Il est aussi inutile et dangereux, d'autre part, parce qu'il suscite l'envie, la jalousie et la haine. Qui a été moqué n'aura de cesse qu'il se moque à son tour de nous. Il stimule les passions de la compétition et de la lutte, et pourra bien se retourner contre nous. Ayant fait du rire une concrétion de l'émulation et de l'envie, Hobbes en a tracé du même coup les limites.

On voit du reste dans la définition du *Léviathan* une atténuation du caractère franchement immoral du rire : « La soudaine glorification de soi est la passion qui produit ces grimaces qu'on appelle le RIRE ; elle naît quand on accomplit soudainement quelque action, dont on tire plaisir, ou quand on aperçoit chez autrui quelque disgrâce en comparaison de quoi on s'applaudit soudain soi-même (...) »[1]. Si la formulation plus ramassée reprend l'essentiel de la description de la *Nature humaine*, Hobbes insiste plus nettement sur la vanité d'une telle passion qui ne convient pas à une grande âme. Le rire, analysé de cette façon, tend à devenir le faire-valoir des médiocres, qui ont besoin de se moquer de plus médiocres qu'eux pour asseoir leur sentiment d'eux-mêmes :

> [La passion du rire] atteint surtout ceux qui sont conscients de posséder le moins d'aptitudes, et qui sont obligés pour continuer à s'estimer de remarquer les imperfections des autres hommes. C'est pourquoi rire beaucoup des défauts des autres est un signe de petitesse d'esprit. En effet, une des

conclude, that the passion of laughter is nothing else but a sudden glory arising from sudden conception of some eminency in ourselves, by comparison with the infirmities of others, or with our own formerly : for men laugh at the follies of themselves past, when they come suddenly to remembrance, except they bring with them any present dishonour. » (éd. cit., p. 54-55).

1. Hobbes, *Léviathan*, trad. fr. par F. Tricaud, p. 53-54 ; le texte anglais est : « *Sudden glory* is the passion which maketh those *grimaces* called Laughter ; and is caused either by some sudden act of their own, that pleaseth them ; or by the apprehension of some deformed thing in another, by comparison whereof they suddenly applaud themselves. » (*Leviathan*, VI, 42, p. 125).

tâches propres aux grandes âmes, c'est de soulager et libérer les autres du mépris, et de se comparer seulement aux meilleurs[1].

Entre ces deux explications du rire, la seconde est beaucoup plus critique pour cette passion, dont elle souligne la pusillanimité. Je fais l'hypothèse que la lecture du *Traité des passions de l'âme* de Descartes[2] est passée par là : le livre a paru entre la rédaction de la *Nature humaine* (1640) et du *Leviathan* (1651), alors que Hobbes était en France. L'idéal de générosité, sans être repris par Hobbes, a pu lui en imposer. En effet, si dans la *Nature humaine*, l'analyse du rire s'inscrit dans la continuité d'un développement sur l'émulation, ou la compétition, dans le *Léviathan*, comme chez Descartes, il y a une nette séparation entre le rire et l'émulation. L'explication en est sans doute que, chez Descartes, le rire est présenté comme la *réaction physique* s'exprimant dans une « voix inarticulée et éclatante »[3], alors que c'est le ris de la moquerie et de la raillerie qui se trouve traité *après* (et donc rapproché de) l'émulation, parmi les passions où entre plus directement la *volonté*[4]. Moquerie et raillerie, si elles ne sont pas condamnées par Descartes, font le lien entre l'émulation et l'envie[5]. Descartes voit bien lui aussi ce phénomène d'une « espèce de joie mêlée de haine »[6], mais il la contient dans les bornes de la « dignité ». Loin de convenir à une âme généreuse, la moquerie est le plus souvent l'apanage de ceux « qui sont boiteux, borgnes, bossus, ou qui ont reçu quelque affront en public »[7], bref de médiocres qui ne se satisfont que de l'abaissement des autres. Il en distingue la « raillerie modeste » qui témoigne de l'humeur enjouée d'un honnête homme et où il ne saurait y avoir de haine[8]. Cette distinction, et l'évocation par Hobbes des « great minds » dans le

1. *Léviathan*, trad. fr. Tricaud, p. 54 ; texte anglais : « And it is incident most to them, that are conscious of the fewest abilities in themselves ; who are forced to keep themselves in their own favour, by observing the imperfections of other men. And therefore much Laughter at the defects of others, is a sign of Pusillanimity. For of great minds, one of the proper workes is, to help and free others from scorn ; and compare themselves only with the most able. » (p. 125).

2. Descartes, *Les passions de l'âme* (1644), G. Rodis-Lewis (éd.), Paris, Vrin, 1994. David Heyd, « The place of laughter in Hobbes's theory of emotions », *Journal of the history of ideas*, XLIII-2, avril-juin 1982, p. 285-295, quant à lui, est affirmatif : « Hobbes no doubt knew it ». Mais il se contente de dire que Descartes envisageait le bon et le mauvais rire, Hobbes uniquement le mauvais. La différence entre les deux formulations hobbesiennes lui échappe, et avec elle le problème même du rapport à Descartes, en particulier, p. 289. Je n'ai pu consulter en revanche Basil Montagu, « Hobbes's Theory of Laughter », in *Essays and Selections*, London, W. Pickering, 1837.

3. Descartes, *Les passions de l'âme*, art. CXXIV, p. 153.

4. En particulier après la générosité (CLIII) et l'irrésolution (CLXX).

5. CLXXII et CLXXXII.

6. De la moquerie, CLXXVIII, p. 195.

7. Article CLXXIX, p. 196.

8. Article CLXXX, p. 196.

Leviathan, explique en partie le décalage, mais sans changer radicalement la nature de sa conception. C'est bien de moquerie qu'il s'agit chez lui, où s'exprime superficiellement, par une « grimace », une relation de compétition potentiellement violente. C'est d'ailleurs le plus souvent la version la plus crue de la *Nature humaine* qui a été prise à partie.

Le rire : un scandale hobbesien

Prise dans sa radicalité, et elle est suffisamment radicale et provocante, la théorie hobbesienne du rire avait tout pour susciter des réactions. L'ouverture d'une discussion publique à ce sujet eut lieu le jeudi 24 avril 1711 dans les colonnes du *Spectator*, l'influente revue de Steele et Addison[1]. Addison disserte sur le rire à propos de la définition donnée par Hobbes dans la *Nature humaine*, qu'il tient pour son meilleur ouvrage. Il se range à l'avis de l'auteur qu'un homme qui rit bien est un homme bien orgueilleux, et expose un certain nombre d'exemples, à commencer par celui des « clowns » dans les cours princières. Le texte d'Addison ne s'élève guère à une discussion des principes, mais aligne plutôt des exemples concrets sur les fous et les bouffons, ou encore sur la pratique du premier avril. Tout en donnant son assentiment à la définition de Hobbes, Addison, en moraliste, se hâte d'en relativiser les implications, expliquant que l'infériorité requise par l'objet du rire est purement fonctionnelle. Autrement dit, il n'est pas nécessaire que le rire soit lié à un jugement dépréciatif, on peut simplement faire *comme si* la personne dont on se moque était au-dessous de nous. Par là, Addison déplace discrètement la discussion sur le rire du terrain anthropologique, qui est le sien chez Hobbes, à un terrain purement *esthétique*. Il suffit que l'impression produise le rire, sans que pour autant un rapport réel soit nécessairement impliqué[2] : « Il est très possible à la vérité, que ceux dont nous nous moquons soient réellement plus sages que nous, mais s'ils veulent nous divertir, il faut qu'ils deviennent nos inférieurs à cet égard; il n'y a point de milieu »[3]. L'immoralité de la théorie hobbesienne s'en trouve ainsi neutralisée. C'est très logiquement que l'article d'Addison se conclut sur Falstaff.

Pourtant, la réinterprétation esthétique du rire hobbesien a aussitôt soulevé des protestations véhémentes. Dès le 15 décembre 1711, un lecteur

1. *The Spectator*, n° 47, (thursday, April 24 th, 1711), D.F. Bond (éd.), Oxford, Clarendon, 1987, t. I, p. 200-201; *Le Spectateur ou le Socrate moderne, où l'on voit un portrait naïf des mœurs de ce siècle*, trad. fr. anonyme, Arkste'e & Merkus, Amsterdam & Leipzig, 1754, t. I, p. 261-268.

2. Voir sur ce point l'article de W. Scotti, « Addison e la fondazione empiristica dell'estetica », *in* E. Franzini (éd.), *Prospettive sull'estetica del Settecento*, *Pratica filosofica* 7, 1995, p. 9-32.

3. Addison, *Le spectateur*, trad. cit., p. 266.

s'insurgeait contre l'approbation apparemment apportée aux thèses de Hobbes, qui les fait remarquer plus qu'elles ne le méritent[1]. Ce lecteur n'était pas le seul à être choqué des attendus de cette théorie. La même année avait en effet paru l'ouvrage de Shaftesbury, *Characteristicks of Men, Manners, Opinion, Time*[2], qui s'opposait à tous les niveaux à l'anthropologie hobbesienne, et promouvait en particulier *l'humour* contre le rire[3]. Sans s'en prendre explicitement à la théorie hobbesienne du rire, Shaftesbury dénonce l'image pessimiste et invraisemblable de l'humanité que l'on trouve dans le *De Cive* ou le *Leviathan*, qui dépeignent l'état de nature comme un état de guerre de tous contre tous et réduisent les motivations des actions humaines à la seule préservation de l'intérêt de chacun, bref à l'amour-propre. Pour contrer cette image, il fait appel à une série d'expériences qui montrent que l'homme n'a pas toujours en vue le calcul de ses propres intérêts, mais peut se consacrer à autre chose : ainsi dans l'enthousiasme, où l'on s'oublie soi-même, mais également dans tout ce qui atteste l'existence d'un sens commun, et d'une communauté sensible entre les hommes. La société n'est pas le produit du calcul et de l'art, mais repose sur une propension naturelle à la sociabilité. L'amour pour la société, l'humanité (*humanity*) et le *common sense* sont les ingrédients de l'humour qui se définit comme la disposition d'esprit propre à un rire sociable[4]. La blague (*wit*) ne peut blesser, mais conforte l'amitié, l'ouverture publique et le désintéressement[5]. En s'attaquant aux fondements anthropologiques du « hobbisme », Shaftesbury critique du même coup son idée du pouvoir absolu (*absolute power*), qui est incompatible avec l'esprit public, le sentiment social et l'humanité[6]. En déployant tous les attraits du style de la conversation, Shaftesbury entend bien montrer que l'opposition entre l'égoïsme ou *Selfishness* et la sociabilité ou *Sociableness*[7] ne peut se résoudre qu'en faveur de celle-ci. La tentative de réduire les faits et gestes des hommes à des calculs intéressés, ce projet de Hobbes et de La

1. *Spectator* (15.XII. 1711), n° 249, t. I, p. 431 ; trad., p. 298-299.

2. Shaftesbury, *Characteristicks of Men, Manners, Opinion, Time*, Londres, 1711, repr. Hildesheim, Olms, 1978.

3. Dans l'essai *Sensus communis, or an essay on the freedom of wit and humour* (1709), rapidement traduit par van Effen en Français (en 1710).

4. Shaftesbury, *An Essay on the freedom of wit and humour*, II, 3, éd. cit., p. 96 *sq.*

5. *Ibid.* p. 98-99.

6. *Ibid.*, p. 106-107.

7. III, 2, p. 114-115.

Rochefoucauld[1], niant tout lien naturel entre les hommes, est simplement ridicule[2] et tiré par les cheveux[3].

C'est en prolongeant la résistance à l'anthropologie hobbesienne, renforcée entre-temps par Mandeville[4], que Hutcheson s'en prend à la présentation trop favorable donnée par le *Spectator* de la théorie hobbesienne du rire. L'enjeu moral et esthétique est important, puisqu'il y revient en trois articles publiés en juin 1725 dans le *Dublin Weekly Journal*[5], articles réunis de façon significative avec trois articles écrits la même année contre Mandeville en 1729 en un livre, *Reflections upon Laughter and Remarks in the Fable of the Bees*[6]. Cette discussion complète l'œuvre majeure de Hutcheson, parue la même année, qui s'annonçait comme un combat pour Shaftesbury contre Mandeville (et donc Hobbes). Là où les *Recherches sur l'origine de nos idées de la beauté et de la vertu* exposaient positivement une autre approche des phénomènes esthétiques et moraux, les *Réflexions sur le rire* sont une critique de la tentative réductionniste de Hobbes, sur un plan *à la fois* esthétique et moral. Comme les *Recherches sur l'origine*, les *Réflexions* s'engagent d'abord sur un terrain esthétique, pour tirer dans un deuxième temps des enseignements moraux, qui importent davantage à leur auteur.

Hutcheson reprend ainsi l'interrogation à partir de la *Poétique* d'Aristote; si, comme l'on sait[7], celle-ci ne contient pas la partie consacrée au comique, elle l'annonce et donne à cette occasion une définition du risible (τὸ γελοῖον) qui fait partie du laid: « Le risible, explique Aristote, est un défaut et une laideur sans douleur ni dommage; ainsi par exemple le masque comique est laid et difforme sans expression de douleur. » (1449 a

1. Voir la note en III, 3, p. 120, qui signale que le traducteur français de cet essai (J. van Effen, en 1710) avait fait un rapprochement justifié avec La Rochefoucauld. Voir également p. 88. Sur cette assimilation, A. Mc Kenna, art. cit., p. 82.

2. III, 1, p. 109: « Tis ridiculous to say, there is any Obligation on Man to act sociably, or honestly, in a form'd Government; and not in that which is commonly call'd the *State of Nature* ».

3. III, 2, p. 110: « But to pass by these Cavils of a Philosophy, which speaks so much of *Nature* with so little meaning (...) ».

4. B. Mandeville, *The Fable of the Bees* (I-II), Kaye (éd.), Oxford, Clarendon, 1924. La première édition sous ce nom est de 1714. En 1729, dans un dialogue additif entre un partisan de Mandeville et de Shaftesbury, ce dernier est moqué comme défendant des idées « as romantick and chimerical as they are beautifull and amiable » (t. II, p. 356-357). *Cf.* I. Primer, « Mandeville and Shaftesbury ... », in *Mandeville studies*, *op. cit.*, p. 137.

5. F. Hutcheson, *Collected Works, op. cit.*, 5 juin (X, p. 38-39); 12 juin (XI, p. 41-42-; 19 juin (XII, p. 45-47).

6. *Hibernicus's Letters*, Londres, 1729, 1734, puis Glasgow, 1750, 1758, dorénavant in *Collected Works*, VII, Hildesheim, Olms, 1990, p. 101-169, qui reprend les *Hibernicus's Letters* de 1729.

7. Aristote, *Rhétorique*, I, 1371 b 36; III, 1419 b 6. L'exposé des γελοῖα manque, c'est (grâce à U. Eco) un fait que plus personne ne peut ignorer.

31-35)[1] Chez Hutcheson : « Some Mistake, or some Turpitude, without grievous Pain, and not very pernicious or destructive »[2]. Mais il ajoute aussitôt que cette définition aristotélicienne ne prétend pas rendre compte de toutes les sortes de rire. Une telle modestie n'est visiblement pas le propre de « Mr. Hobbes, who very much owes his Character of a *Philosopher* to his assuming positive solemn Airs, which he uses most when he is going to assert some palpable Absurdity, or some ill-natur'd Nonsense », en particulier quand il définit le rire dans la *Nature humaine*[3]. Hutcheson va entreprendre de réfuter un tel « paradoxe », ce qui est devenu nécessaire depuis que les auteurs du *Spectator* lui ont donné une publicité inespérée en l'adoptant. Le scandale éclate au grand jour quand, cessant d'être l'apanage des savants, la théorie du rire comme révélateur de la méchanceté humaine est devenue triviale, *having fallen into a way of speaking*, au point que les esprits forts du temps, *many free Wits of this Age*, s'en sont emparée.

Contre la prétention hobbesienne à « réduire toutes les actions humaines à de l'amour-propre », qui l'amène à suspecter « toute amitié, tout amour ou toute affection sociale d'être une hypocrisie ou un dessein égoïste ou une peur »[4], Hutcheson s'emploie à montrer que le rire n'est pas forcément issu d'un sentiment de supériorité. Contre de tels paradoxes, il défend les affections naturelles, le *Sensus communis*. En contestant Hobbes sur la nature du rire, Hutcheson s'en prend donc directement au système égoïste qui en est le fondement : « All must be *Interest*, and some selfish View ; Laughter it self must be a Joy from the same Spring »[5]. Plaçant tout d'abord la discussion sur le terrain esthétique, Hutcheson relativise le phénomène entrevu par Hobbes et abusivement généralisé par lui à la « supériorité imaginée » (*imagined Superiority*) que nous éprouvons devant une parodie ou dans le burlesque. Le travestissement burlesque de l'*Enéide* nous amuse et peut nous faire rire, sans pour autant que nous nous imaginions pour de bon supérieurs à Virgile. Il ne s'agit que d'un effet esthétique, comme lorsque nous blaguons au sujet des Saintes Écritures : « in this case no Opinion of Superiority could have occasioned the Laughter »[6]. Ce que Hobbes ne voit pas assez dans le phénomène du rire, quand même il serait lié *à cette supériorité passagère que nous éprouvons, c'est que tout se joue dans l'imaginaire*. Mais il y a plus : Hutcheson entreprend de montrer que

1. Aristote, *Poétique*, trad. fr. par J. Handy, Paris, Les Belles-Lettres, 1932 (1985), p. 35.
2. *Collected Works*, VII, p. 101.
3. *Ibid.*, p. 102.
4. « His grand View was to deduce all human actions from *Self-Love* (...) and [he] represents Men in that Light in which a thorow Knave or Coward beholds them, suspecting all Friendship, Love, or social Affection, or Hypocrisy, or selfish Design or Fear » (*ibid.*, p. 102).
5. *Ibid.*, p. 79.
6. *Ibid.*, p. 105.

la conscience d'une supériorité soudaine ne saurait être analytiquement liée au rire. En effet, si nous voyons quelque chose de pénible alors que nous sommes à notre aise, nous risquons plutôt de pleurer que de rire, alors que Hobbes prétend que cela occasionne en nous une joie soudaine[1]. Avec un cynisme apparent, il imagine que Hobbes doit être transporté d'allégresse en traversant en coche une ville où affluent mendiants et laborieux. Et de se demander de façon cocasse pourquoi tous les « Hobbists » ne substituent pas à leurs canaris, écureuils, chats et autres animaux domestiques des ânes, des hiboux, des escargots et des huîtres afin de se réjouir continuellement en éprouvant davantage encore leur sentiment de supériorité ![2].

Hutcheson conclut de cette analyse qu'il convient de distinguer fermement le ridicule du rire. Cela lui permet de faire une place à cette supériorité imaginée qui constitue le ressort du rire pour Hobbes, tout en expliquant qu'il y a une quantité de cas de rire où personne n'est ridiculisé[3]. Hutcheson oppose la *pratique commune* du rire à la *théorie paradoxale* de Hobbes, dont il restreint la portée à un cas particulier du rire : le *ridicule*. Il n'est pas nécessaire ici de suivre le prolongement de l'analyse de Hutcheson, dans les numéros suivants du *Dublin Weekly Journal*, où, en discutant la théorie de l'imagination proposée par Addison, il cherche à rendre compte du phénomène de la surprise liée au rire à partir du contraste subit entre deux images ou réalités distantes, puis réhabilite la valeur sociale du rire.

On peut considérer que Hutcheson a argumenté le passage du rire conflictuel à l'humour socialisant sur le fond d'une autre théorie de la subjectivité. Alors que Hobbes voyait avant tout l'opposition des individus, Hutcheson cerne dans le sens commun de la subjectivité esthétique et morale la condition de possibilité du rire enjoué de l'humour. Il est suivi en cela par les partisans du sentiment moral : en naturalisant le sentiment moral en l'homme, contre Hobbes qui ne voit que le calcul des intérêts à l'état de nature, Hutcheson ouvre la voie non à une morale autonome, mais à une *anthropologie morale* qui a surtout pour elle de correspondre aux attentes de l'époque.

Les échos (sans jeu de mot) de cette discussion sur le rire et les conséquences qu'elle a assumées pour l'anthropologie de *l'Enlightenment* et la théorie du sens moral sont perceptibles durant tout le siècle. Chez Hume par exemple, si l'on ne rencontre pas une prise de position expresse sur le sujet, la solidarité entre l'amour-propre et le rire méchant est solide-

1. « If we observe an Object in pain while we are at ease, we are in greater danger of Weeping than *Laughing* : And yet here is occasion for *Hobbes's* sudden Joy. » (*ibid.*, p. 107).

2. *Ibid.* p. 107-108.

3. « but then there are innumerable Instances of *Laughter*, where no Person is ridiculed », (*ibid.*, p. 108).

ment établie. Dans son bref essai *Of Self-Love*, il dénonce en effet vigoureusement l'anthropologie épicuro-hobbesienne et ses conséquences désastreuses, en concluant qu'« une telle philosophie est plus semblable à une satire qu'à un portrait ou une description véritable de la nature humaine; elle peut être sans doute un bon fondement pour l'esprit paradoxal et la raillerie, mais un très mauvais pour toute argumentation ou raisonnement sérieux » [1]. Dans le *Traité de la nature humaine*, en analysant le rôle de la comparaison dans la formation de nos idées morales, Hume se retrouve pourtant dans les parages de la théorie hobbesienne du rire. Si l'on admet, en effet, que notre bonheur est relatif au malheur d'autrui, on doit accorder l'existence d'une « sorte de pitié à l'envers » [2]. Mais précisément, cette analyse ne porte aucunement sur le rire en général, mais uniquement sur la méchanceté et l'envie. D'autre part, cette passion est rapportée à l'intervention de l'imagination, qui neutralise la charge d'agressivité présente chez Hobbes. Hume décrit avec elles les passions secondaires indirectes, qui sont les plus mélangées.

Le phénomène aperçu par Hobbes est pris en compte, mais son interprétation en relativise les implications effrayantes. Avec Kant, nous assistons à un autre partage du discours sur le rire, et avec lui du discours sur l'homme dont il est « le propre ». Il est désormais dissocié en différents domaines, l'anthropologie pragmatique, l'esthétique et la morale.

ANTHROPOLOGIE, DROIT, MORALE : LES RAISONS DE L'OPPOSITION

> Democritos ein Lehrer des Epicurs war ein Philosoph der guten Laune. Epicur führte auch seine Lehre noch besser aus. Nicht bloss die Übel sondern auch die Laster haben eine Seite, von der man sie mit guter Laune betrachten kann. Eine Seite von der sie lächerlich erscheinen. Epicur war ein Philosoph der die Freuden in sich selbst suchte (...).
>
> Kant, *Vorlesungen über Moralphilosophie*, *Praktische Philosophie Powalski*, AA XXVIII, 101 [3].

1. « Such a philosophy is more like a satyr than a true delineation or description of human nature; and may be a good foundation for paradoxical wit and raillery, but is a very bad one for any serious argument or reasonning » (« Of Self-Love », in *Philosophical works*, IV, T. H. Green, T. H. Grose (éd.), London, 1882, p. 272, repr. Darmstadt, Scientia Verlag, 1964, je traduis).

2. *Traité de la nature humaine* II, 2, § 8, trad. Leroy, Paris, Aubier, p. 480. Le phénomène est ainsi décrit : « La vue directe du plaisir d'autrui nous donne naturellement du plaisir; elle produit ainsi de la douleur quand nous le comparons au nôtre. Sa douleur, considérée en elle-même, nous est pénible : mais elle accroît l'idée de notre bonheur et nous donne du plaisir. » (p. 481).

3. « Démocrite, un maître d'Épicure, était un philosophe de la bonne humeur. Épicure a perfectionné sa doctrine. Non seulement les maux, mais même les vices ont un aspect que l'on

Pragmatique et esthétique kantienne du rire

Il importe de souligner fortement d'emblée que Kant, souvent taxé de rigorisme moral, est profondément convaincu des vertus du rire. C'est une source de plaisir à ne pas bouder et même une excellente hygiène. Kant donne une interprétation du rire comme puissance, car le plaisir qu'il procure est lié au sentiment de notre expansion vitale. Le rire amène la détente soudaine d'une tension, il soulage en ramenant un équilibre corporel qui nous donne une impression de bien-être. Il est donc physique et non intellectuel, la satisfaction de l'entendement passant par le sentiment en lequel s'éprouve l'équilibre des forces du sujet. Le rire peut se déclencher à l'occasion d'une situation de blocage purement formel, comme à l'énoncé d'une absurdité. En cela, Kant n'est pas loin de l'analyse de Hobbes, puisqu'il retient lui aussi la soudaineté comme étant constitutive de la réaction hilare, quand il le définit comme « une affection résultant de l'anéantissement soudain de la tension d'une attente »[1]. Mais il en propose une lecture plus formelle, plus désubstantialisée, tout en maintenant fermement le lien du rire à la vitalité. On peut parler à cet égard d'une hygiène du rire chez Kant. Dans les cours d'anthropologie, en effet, le rire est la principale des « émotions par lesquelles la nature favorise mécaniquement la santé »[2]. Techniquement :

> L'expulsion saccadée (comme convulsive) de l'air (dont l'éternuement n'est qu'un mince mais vivifiant effet, pourvu qu'on le laisse exploser sans contrainte) renforce le sentiment de l'énergie vitale par un mouvement salutaire du diaphragme[3].

Kant remarque au passage que le rire est particulièrement indiqué pour la digestion[4] et, s'il n'est ni forcé ni mécanique, il est un bon remède contre le pédantisme et l'humeur grincheuse. Le rire socialise, et l'on doit habituer les enfants (et surtout les jeunes filles, précise Kant) sinon à rire, du moins à sourire, car ainsi ils entretiennent une disposition à l'enjouement qui prépare à la bienveillance[5].

L'anthropologie-Collins (1772/73) est sans doute le lieu où Kant manifeste le plus fortement son éloge du rire : « Le rire est un phénomène

peut regarder avec bonne humeur. Un aspect qui les rend ridicules. Épicure était un philosophe qui cherchait les joies en lui-même » (je traduis).

1. *Critique de la faculté de juger*, AK V, 332 ; OPh II, 1120 (trad. mod.).

2. *Anthropologie*, § 79, trad. fr. par M. Foucault, Paris, Vrin, 1984, p. 116 ; AK VII, 261 ; OPh III, 1077 *sq.*

3. *Anthropologie* § 79, trad. Foucault, p. 116-117, AK II, 262 ; OPh III, 1078.

4. *Ibid.*, AK VII, 263 ; OPh III, 1079.

5. *Ibid.*, Remarque générale, AK VII, 264-265 ; OPh III, 1081.

étrange (eine sonderbare Erscheinung), tous les hommes aiment bien rire, même l'hypocondriaque »[1].

> Le sérieux n'est pas la véritable propriété de l'homme, ce n'est pas dans sa nature véritable et dans son élément, mais quand il plaisante et fait des blagues. Le sérieux et la gravité ne paraissent pas être propre à l'homme (...). Le plaisir de rire croît avec les années et les vieilles personnes aiment bien toute la journée plaisanter et rire[2].

Kant ne se contente pas de reprendre le topos du « rire propre de l'homme », il lui donne une signification positive éminente dans sa pensée du devenir homme. Non seulement le rire est un universel anthropologique, mais il prend davantage de place à mesure que l'on devient plus homme. Il ne favorise pas seulement la socialisation, mais bel et bien l'humanisation de l'homme. Le rire nous est « naturel », il est notre penchant et notre vie véritable[3]. Et celui-ci n'a nullement à être réprimé :

> Le devoir d'un moraliste est de ne pas agir contre la nature humaine[4], mais de s'accommoder aux penchants des hommes et leur présenter la vertu comme étant aimable[5].

Cette remarque étant faite à propos du rire, sans lui accorder une portée fondamentale, on peut y voir l'indice de ce que, pour Kant, le rire conduit l'homme à la moralité plutôt qu'il ne révèle sa méchanceté. Ou plutôt, qu'il y a une dynamique du rire qui permet de transformer un fond qui n'est pas forcément bon en disposition morale.

Le rire peut préparer à la vie bonne parce qu'il est corporel, l'expression du mouvement vital de l'homme. Il permet de toucher au fond du sujet, c'est-à-dire au fond du sentiment et de l'alternance incessante de plaisir et de peine qui en constitue le moteur. Le rire nous met en prise sur la vie par la jouissance physique qu'il nous procure – il est par là l'expression de notre puissance d'être, mais à l'intérieur de la dialectique interne du plaisir et de la peine, et non nécessairement par comparaison à d'autres[6]. À cette nuance près, Kant et Hobbes ont une approche également positive du phénomène du rire et voient son enracinement dans la disposition de nos organes corporels, le rire traduisant un sentiment de puissance ou de bonne santé.

1. AK XXV, 139.
2. AK XXV, 113.
3. AK XXV, 114.
4. Variante Ham : « contre les penchants humains » (AK XXV, 114, note 3).
5. AK XXV, 114.
6. Voir *Anthropologie*, § 60-61, AK VII, 231-233 ; OPh III, 1047-1049.

« L'épicurisme » kantien

Si l'anthropologie kantienne considère l'homme en sa totalité, et accorde une place importante au rire qui en est le propre, la *Critique de la faculté de juger*, dont le questionnement est transcendantal, en rejoint les analyses. Une lecture attentive montre en effet que Kant voit bien dans le sentiment de plaisir et de déplaisir le point de jonction entre la vie empirique et la vie transcendantale. Si le sentiment est au fond de la subjectivité, le plaisir est quant à lui toujours empirique. L'analyse du sentiment esthétique donne donc une lecture transcendantale, au niveau de la forme seule, d'un plaisir empirique. La rencontre des deux dimensions s'opère en l'homme qui apparaît, dans l'expérience esthétique, tel qu'en lui-même, à la fois libre et sensible. Non seulement l'étude du rire nous met d'emblée en présence d'un sujet humain réconcilié, mais elle permet aussi d'insister sur une seconde proximité entre Kant et Hobbes (ou ce que l'on identifiait comme Hobbes) : l'épicurisme [1].

Il peut paraître provocant de rapprocher Kant de l'épicurisme, mais je crois que l'examen du rire nous y conduit, ne serait-ce qu'en hommage à la figure hilare de Démocrite [2]. Kant a en effet, tout en condamnant les principes de sa morale qui ne s'élèvent pas au-dessus de la prudence, constamment défendu Épicure qu'il tenait pour le plus grand esprit de l'Antiquité [3]. Dans la note conclusive de l'Analytique du sublime, où il explique son rapport à l'approche « physiologique » de Burke, lequel fondait le sublime sur « l'instinct de conservation et la *peur* », ce qui nous rappelle quelque chose, Kant en profite pour affirmer son accord avec la théorie épicurienne du plaisir comme étant dans tout les cas purement corporel [4], étant entendu qu'on ne saurait réduire la question du beau à celle du plaisir.

1. On a vu que Hobbes était couramment rangé parmi les épicuriens, comme c'est le cas par exemple chez Hume. Kant lui-même les associe au moins une fois dans la *Praktische Philosophie Herder* : « Hobbes folgte dem Plan des Lukrez und dem Epikur : der bei weitem nicht so edle Principia hatte als die Stoiker. So auch die meisten Deutschen beziehen alles auf Eigennutz, weil es schön ist, alles aus einem Principio herzuleiten, so wenig es aber in der Metaphysik, etc. » (AK XXVIII, 3).

2. *Moralphilosophie*, AK XXVIII, 101 ; *Anthropologie-Collins*, AK XXV, 112.

3. *Moralphilosophie*, AK XXVIII, 100 : « Epicur scheint der grösste Geist seiner Zeit gewesen zu seyn. Man muss ihn nur von der rechten Seite betrachten. » Voir aussi *Menschenkunde* 1781/82 : « Die Epikuräer waren also die rechtschaffensten Leute unter allen, sie behaupteten, dass der Mensch beim tugendhaften Verhalten das grösste Vergnügen genösse » (AK XXV, 1078). Pour l'appréciation le plus souvent élogieuse d'Épicure, voir la note 3 de G. Lehmann in *Vorlesungen über Moralphilosophie*, AK XXVIII, 1069. L'éloge d'Épicure figure en bonne place dans la « Dialectique de la raison pure pratique » de la seconde *Critique*, AK V, 115-116.

4. AK V, 277-278; OPh II, 1052. Il répète son accord avec Épicure sur la nécessaire sensibilité corporelle de tout plaisir au § 54, AK V, 351 ; OPh II, 1118. Encore dans la R. 823, AK XV-1, 367. Mais il conteste sa théorie des *eidola* en R. 891, AK XV, 391. Pour un

D'autre part, il défend non seulement le caractère moral de la figure d'Épicure, en rappelant sa tempérance et sa frugalité[1], mais il va même jusqu'à rectifier l'interprétation ordinaire que l'on donne de son principe de plaisir, ce qui est un geste exceptionnel pour Kant. C'est seulement quand il s'agit de l'esprit le plus grand de l'Antiquité qu'il vaut la peine de le soustraire à la calomnie ! C'est ainsi que dans l'*Anthropologie*, il explique que la « disposition habituelle à l'enjouement » est chez Épicure « un effet des principes » : « Le principe d'Épicure, que d'autres appellent principe de plaisir (*Wollust*), décrié pour cela même, alors qu'il devrait désigner à proprement parler le cœur continuellement enjoué du sage »[2]. Kant rectifie une interprétation triviale[3] : ce n'est pas le plaisir, mais un certain contentement accompagné d'une disposition joyeuse et non austère qui caractérise la morale épicurienne[4]. Pour étayer son apologie, Kant insiste en fournissant une exégèse du terme « plaisir », dont la teneur varie du reste selon les auditeurs de ses cours. Selon Parow (1772/73), les Anciens se sont trompés en traduisant le mot *voluptas* par *Wollust* (volupté), alors qu'il s'agissait chez Épicure d'une gaieté d'âme (*fröhliches Gemüth*)[5] ; selon Powalski en revanche, c'est un problème d'interprétation plutôt que de traduction : « Épicure s'approchait beaucoup de la vertu. Il cherchait une félicité véritable et durable. Il se servait du mot *voluptas*, que l'on interpréta si mal par après. Le mot *volupté* signifiait à peu près *le cœur toujours joyeux* »[6]. Mais plus loin, le même rapporte que si Épicure n'avait pas utilisé le mot *voluptas*, mais plutôt l'expression « un cœur constamment enjoué », de si mauvaises et choquantes exégèses de sa doctrine n'auraient pu voir le jour[7]. Si Kant prend la peine de faire de la philologie, c'est bien qu'il entend défendre une forme de la raison, au-delà de la doctrine de tel ou tel. Il ne fait une telle concession à l'histoire de la philosophie que pour défendre une

développement du rapport de Kant à l'épicurisme, voir mon étude « Kant et Lucrèce », dans A. Monet (éd.), *Le Jardin romain. Lucrèce et Philodème,* Lille, 2003, p. 265-280, ainsi que « Pietro Verri entre Locke et Kant. Subjectivité et popularité dans les Lumières milanaises », dans les Actes du colloque de la SIES *La philosophie italienne*, Yves Panafieu (éd.), Publications du Lurpi, Rennes, 2001, p. 95-110. Voir aussi A. Boyer, *Kant et Epicure*, Paris, P.U.F., 2004.

1. *Leçons d'éthique*, trad., p. 81 ; *Anthropologie Parow*, AK XXV, 421 ; *Moralphilosophie*, AK XXVIII, 647.

2. § 62, AK VII, 235 ; OPh III, 1051, trad. Foucault, p. 97.

3. Une dégradation qui commence selon Kant dès Aristippe et les cyrénaïques, AK XVIII, 647.

4. Voir *Metaphysik der Sitten Vigilantius*, AK XXVIII, 646.

5. AKXXVIII, 421. Kant peut penser à Sénèque (*De vita beata*, 12.4), ou simplement se référer à des érudits comme J. G. Walch, *Philosophisches Lexicon* I-II, Leipzig, 1775^4, « Wollust », t. II, p. 1601-1613.

6. AK XXVIII, 100 ; cf. AK V, 116.

7. AK XXVIII, 104.

vérité, et en particulier une vérité qu'il reprend à son compte concernant la disposition à la morale.

Liant le rire au sentiment d'un accroissement en nous de la vitalité, et au plaisir qu'il procure, défendant par ailleurs Épicure contre ses calomniateurs, Kant ne semble pas particulièrement éloigné de la conception hobbesienne. En tout cas, son anthropologie, si elle ne raisonne pas sur le *conatus*, prend en compte la vie comme un ensemble dynamique qui n'est pas incompatible avec les descriptions hobbesiennes : il admet comme lui le primat de la conservation de soi[1]. Pas plus qu'en politique, pour ce qui est de l'analyse de la structure de l'État, l'anthropologie kantienne ne s'oppose fondamentalement à celle de Hobbes. Pourtant, la théorie du rire révèle un aspect essentiel de leur différend.

Rire, raillerie et bienveillance

Hobbes avait atténué dans le *Léviathan* la définition assez provocante qu'il donnait du rire dans la *Nature humaine*, où il établissait une liaison entre notre sentiment de supériorité et le malheur d'autrui. À ma connaissance, Kant ne se prononce pas directement sur la formulation hobbesienne. Néanmoins, on peut savoir ce qu'il en pensait, à travers certains doublets qui en reproduisent le schéma. On a vu que la pensée hobbesienne ou ce qu'on en faisait s'est trouvée non seulement amalgamée à l'épicurisme, mais aussi associée à La Rochefoucauld et Mandeville en tant que partisans de « l'amour-propre ».

La médiation pourrait être Chesterfield, qui commente la maxime suivante, parue dans l'édition de 1665 : « Dans l'adversité de nos meilleurs amis, nous trouvons toujours quelque chose qui ne nous déplaît pas »[2].

Bien entendu, il n'est pas question de rire chez La Rochefoucauld, qui se contente d'évoquer le léger plaisir qui nous prend parfois à notre insu au milieu de notre déploration. La finesse de ton de la maxime et son côté élégamment désabusé tranche avec les formulations vigoureusement carrées de Hobbes. La structure en est plus complexe, moins directement cynique peut-être, moins physique en tout cas (le rire étant absent), mais l'association d'un plaisir ressenti au malheur d'autrui (qui plus est : d'un proche), ainsi que l'anthropologie qu'elle présuppose, apparente fortement cette maxime à la définition hobbesienne du rire.

1. Voir Hans Ebeling, « Erhaltungssätze als Grundsätze einer Theorie der Subjektivität », *Kant-Studien* 64, 1973, p. 466-483.

2. La Rochefoucauld, *Maximes*, *Maximes supprimées* n. 18, J. Truchet (éd.), Paris, 1977, p. 94. Pour le commentaire de Chesterfield, voir M. Namer, « La réception de La Rochefoucauld en Angleterre », *Images de La Rochefoucauld*, *op. cit.*, p. 95-107, p. 100 (malheureusement, l'auteur n'a pas cru bon de donner les références, et cite fautivement la maxime 18).

Dans ses leçons d'anthropologie de l'hiver 1784-1785, telles que les rapporte Mrongovius, Kant s'appuie sur la maxime de La Rochefoucauld[1], qu'il interprète comme un témoignage de l'amour-propre :

> La Rochefoucauld dit ainsi : « Il y a dans le malheur de nos meilleurs amis quelque chose qui ne nous déplaît pas tout à fait » – car notre amour-propre souffre du développement de la perfection des autres ; c'est pour cela que nous les voyons volontiers rabaissés. L'envie est en nous douloureuse et nous ne pouvons le tolérer. – L'envie, la joie maligne, l'ingratitude sont les trois péchés diaboliques, parce qu'ils n'ont aucune utilité[2].

On en vient donc à une objection morale. L'envie, comme la « joie maligne », sont les expressions les plus sordides de l'amour-propre, un amour-propre dont il ne convient pas de nier l'existence, mais qu'il faut s'efforcer d'humaniser[3]. Il y a loin, en effet, entre l'affirmation animale de sa puissance et un légitime amour de soi, Kant reprenant volontiers la distinction de Rousseau. Fondamentalement, l'amour-propre doit céder devant la loi morale : il s'anéantit devant le respect. Avec l'orgueil, qui en est l'expression directe, on comprend que Kant rejette l'envie, la médisance et surtout la « joie maligne » (*Schadenfreude*) parmi les vices les plus pénibles.

Mais sa définition de la joie maligne est-elle tellement éloignée de la définition hobbesienne du rire ?

> La joie maligne (*vulgaris*), la malveillance ou la joie au sujet de l'état malheureux d'un autre, qui paraît donc être fondée sur l'envie ou sur l'insatisfaction vis-à-vis de son propre sort (...)[4].
> Die Schadenfreude (*vulgaris*), die malevolenz oder Freude über den Zustand des Unglücks des andern, der also auf dem Neide, oder Unzufriedenheit über sein Glück gebauet zu seyn scheint (...).

L'immoralité d'une telle joie, et du rire qu'elle peut susciter, tient non à l'opposition des individus mais à l'orientation exclusive du sujet sur son intérêt particulier. En effet, la concurrence qui peut conduire à des conflits n'est pas condamnée en elle-même par Kant, puisque l'émulation est le

1. Kant était un lecteur de Chesterfield, chez qui l'on rencontre cette maxime, qu'il retraduit dans ses cours. Les *Lettres à son fils* de Chesterfield ont été traduites en 1775 en allemand : voir la remarque des éditeurs du t. XXV, R. Brandt et W. Starck, note 170, p. 1323-1324.

2. *Anthropologie-Mrongovius*, AK XXV, 1323-1324 (ma traduction).

3. La R. 536 souscrit à cette vision pessimiste de l'humanité : « Von einer gewissen Bosheit in der Menschlichen Natur, in den Übeln anderer Menschen einen gewissen Trost zu finden. Darum, weil man selbst mit Übeln gedrückt ist und weil eine andere Bosheit ist, sich über den Unglüklichen zu erheben (Der Reiche verachtet den Armen, der Vornehme den Gemeinen, der Gesunde den Kranken), und wir daher die Gleichheit wünschen (...) » (AK XV-1, 134).

4. *Metaphysik der Sitten Vigilantius*, AK XXVIII, 695.

moteur de l'activité. Elle doit être cultivée, c'est elle qui mène l'humanité à la civilisation et à la moralité[1].

Mais si ce dynamisme anthropologique est pris en compte par Kant, il n'en doit pas moins être catégoriquement soumis au respect pour la loi. Et le respect, comme passage obligé vers la moralité, exige la réduction de tout amour-propre afin de rendre l'homme disponible pour la loi, c'est-à-dire disponible pour sa destination morale et son autonomie. C'est uniquement en se libérant de la passion de soi que l'individu kantien accède à la moralité : il devient ce sujet désapproprié qui peut être pris à son tour pour une « personne ». Dans cette mesure, sans qu'il soit nécessaire ici de reprendre dans toute sa complexité l'analyse du respect, qui est décisive pour la détermination d'une subjectivité « transcendantale », on voit ici combien tout rire irrespectueux est nécessairement vicieux d'un point de vue kantien. Le rire hobbesien, tel qu'il est défini au moins dans la *Nature humaine*, tombe évidemment dans ce reproche. C'est une raillerie, et rien de plus, dans la terminologie kantienne, qui précise dans ses leçons :

> Par la raillerie, l'homme se trouve davantage abaissé que par la méchanceté ; car quand on est objet de rire devant les autres, c'est que l'on n'a aucune valeur et que l'on est exposé au mépris [*Verachtung*, littéralement = au déni de respect, D.T.]. (...) Un railleur professionnel trahit le fait qu'il a peu de respect pour les autres, et qu'il ne juge pas des choses selon leur juste valeur[2].

Le concept de respect, en tant que fondateur d'une subjectivité désintéressée et disponible pour la loi, révèle l'incompatibilité radicale entre le rire hobbesien et le rire kantien, et du même coup, l'incompatibilité non pas de tous leurs concepts philosophiques, mais de leur interprétation de la philosophie. Ce n'est ni la puissance ou le plaisir que son affirmation suscite, ni la compétition des individus qui oppose Kant à l'anthropologie hobbesienne, mais la déliaison qu'il opère entre la morale et l'anthropologie d'un côté, la morale et le droit de l'autre.

Ne pas distinguer ce qui relève du devoir-être et ce qui relève de l'observation, c'est naturaliser la morale, autrement dit la supprimer, la vouer à l'hétéronomie. Or l'obligation morale est la première affirmation de notre liberté. La critique du sens moral ou des théoriciens de l'amour-propre est à cet égard la même : ils confondent nature et liberté, ou individu et sujet.

Ignorer, de l'autre côté, la distinction entre la moralité et la légalité, ce que Kant préfère reprocher explicitement à Hobbes, c'est vouloir réduire la

1. *Ibid.* ; *cf.* M. Castillo, *Kant et l'avenir de la culture*, Paris, P.U.F., 1990.

2. *Vorlesungen über Moralphilosophie*, AK XXVIII, 458 (ma traduction); cf. AK XXVIII, 1572. Cf. *Leçon d'éthique*, trad., p. 390-391 ; *Metaphysik der Sitten* II, § 44, AK VI, 467 ; OPh III, 764-765.

moralité aux effets de la politique : ce que la mauvaise nature des hommes rend peu probable, la contrainte politique pourra l'obtenir. J'ai rappelé que c'est largement à Thomasius que l'on doit d'avoir préparé cette distinction des sphères, rendue nécessaire à partir d'une autre conception et d'une autre expérience de la subjectivité[1]. Kant reproche à Hobbes de subordonner la morale à la politique, ou plus précisément de faire de l'autorité le critère du bien[2]. À l'opposé des théoriciens du sentiment moral en effet, Hobbes voit dans la bienveillance l'effet de l'État et non la présupposition de la moralité[3]. Ces deux principes de la moralité sont autant hétéronomes l'un que l'autre. Mais Kant les fait jouer en quelque sorte l'un contre l'autre.

D'abord, bien que sa position sur les dispositions de l'humanité ait manifestement subi des inflexions entre les *Remarques sur les Observations sur le sentiment du beau et du sublime* et la *Religion dans les limites de la simple raison*, Kant ne me paraît pas croire plus que Hobbes en la bienveillance naturelle des hommes, ni en une sociabilité inspirée d'Aristote ou de Grotius ; autrement dit, il reconnaît bien un certain primat de l'amour-propre et de l'aspiration à la conservation de soi[4]. Mais alors que chez Hobbes, cette disposition anthropologique se trouve sanctionnée au niveau de l'État et transmuée en obligation de bienveillance[5], c'est l'obligation morale chez Kant, préalable à toute considération politique, qui impose une conversion de l'humanité factuelle en humanité sujet de moralité. À cet égard, on peut remarquer que la pensée kantienne de la destination morale de l'humanité, qui est sa véritable humanisation, inclut bien davantage l'historicité que ne peut le faire le modèle hobbesien. La bienveillance n'est nullement présupposée chez Kant : elle est exigée comme une condition minimale de la moralité, laquelle ne doit rien au bon cœur, mais tout à l'universalisation de la loi par la formalité. C'est parce que le sujet kantien se constitue, à partir de cette dépossession de sa particularité empirique (l'amour-propre) due au respect pour la loi, en un sujet universel, digne de respect, et libre, car obéissant à sa volonté autonome, qu'il est radicalement

1. *Cf.* W. Schneiders, *Naturrecht und Liebesethik*, *op. cit.*

2. *Leçon d'éthique*, p. 86 ; *Praktische Philosophie Powalski*, AK XXVIII, 109 : « Hobbes behauptet dass die Obrigkeit die Ursache der moralischen Beurtheilung sey. Die Obrigkeit habe Gesezze gegeben, die nur auf ihrer Willkühr beruhren, und diese verpflichten uns hernach » ; *Reflexionen*, R. 7667, AK XIX, 129.

3. *De Cive*, X, 1 : « Dans l'État, dominent la raison, la paix, la sécurité, la décence, la sociabilité, le raffinement, la science, la bienveillance. »

4. Voir la R. 536, AK XV-1, 235, très désabusée sur la nature humaine.

5. Voir M. Bertozzi, *L'enigma del Leviathan*, Pugillaria 3, Bologne, Italo Bovolenta editore, 1983, chap. 4, « Dalla politica all'economia », en particulier p. 36-41. Voir également Martin A. Bertman, « Equity as justice and charity in Hobbes », *in* M. A. Bertman, M. Malherbe (éd.), *Thomas Hobbes. De la métaphysique à la politique*, Paris, Vrin, 1989, p. 107-117.

étranger à l'humanité hobbesienne. La transformation du loup en dieu ne dépend que du jeu extérieur du pacte dans un cas, sans qu'une adhésion subjective soit engagée en ce processus [1], alors que la conversion kantienne du respect implique une adhésion de l'individu qui s'ouvre à la subjectivité pratique en se libérant de l'amour-propre pour accéder au désintéressement. Le motif cher aux philosophies du sens moral est ainsi repris à son compte par Kant, mais au niveau transcendantal des fondements de la moralité, et non plus au titre de présupposition anthropologique naïve. Kant reprend ainsi des motifs à l'anthropologie hobbesienne et à la morale de Shaftesbury ou de Hutcheson tout en les réfutant l'une et l'autre. La *Critique de la raison pure* nous avait prévenus :

> Exciter la raison contre elle-même, lui fournir des armes des deux côtés et regarder alors tranquillement et *d'un air railleur* sa lutte ardente, cela ne fait point bon effet au point de vue dogmatique, mais semble dénoter un esprit malin et méchant. (A 756/ B 784, je souligne)

Le « vice olympien » et le « test du ridicule » (en guise de conclusion)

Trahi manifestement par sa mémoire, ou pris d'une imagination bouffonne, Nietzsche s'est trompé de cible quand il s'en est pris, à la fin de *Par-delà bien et mal*, au prétendu rejet du rire par Hobbes. Voyons un peu :

> N'en déplaise à ce philosophe qui, en authentique Anglais, a prétendu discréditer le rire auprès de toutes les têtes pensantes [et Nietzsche "cite" alors Hobbes : "Le rire est une triste infirmité de la nature humaine dont toute tête pensante s'efforcera de se délivrer" (Hobbes)], je serais tenté de classer les philosophes d'après la qualité de leur rire, en plaçant tout en haut de l'échelle ceux qui sont capables du *rire d'or* (...)[2].

Je crois que Nietzsche nous donne ici un bon exemple de sa « gaie science », et qu'il est assez drôle en voulant renverser par le rire (et le marteau) une tradition philosophique sévère, sinon austère. Il pensait peut-être au *non ridere, non lugere neque detestari sed intelligere* du *Tractacus politicus* (*caput* I, § iv), mais c'était encore faire mauvaise grâce à Spinoza. Ou bien ses lectures stendhaliennes l'auraient égaré, ce que je ne crois pas non plus. Mais il donne un bel exemple de cette ironie des dieux qui parcourt l'histoire de la philosophie.

1. Il n'y a pas de « subjectivité » au sens d'ipséité dans ce cadre, *cf.* Y.C. Zarka, « Identité et ipséité chez Hobbes et Locke », *Philosophie*, 37, 1993, p. 5-19 ; et R. Brandt, « Locke und Kant », *in* Thompson (éd.), *John Locke und/and Immanuel Kant*, Berlin, Duncker, 1991, p. 87-108.

2. Nietzsche, *Par-delà bien et mal*, § 294. G. Colli et M. Montinari écrivent dans leur commentaire de la *Kritische Gesamtausgabe* : « Quelle nicht erschlossen ». Pour cause.

Si l'on jugeait des philosophes par la qualité de leur rire, Hobbes et Kant ne seraient pas mal placés. John Aubrey nous le garantit pour ce qui est de Hobbes, et nous n'avons pas de peine à croire à l'excellence de ses réparties[1]. Pour ce qui est de Kant, nous pouvons faire confiance à De Quincey, qui s'y connaissait[2].

Mais si l'on soumettait ces mêmes doctrines au « test du ridicule », je crois qu'elles résisteraient assez bien également. Car si l'on peut les railler pour tel ou tel travers, et la philosophie kantienne prête parfois le flanc à une telle raillerie, leur cohérence les absout du ridicule. C'est peut-être finalement en leur prêtant une haine du rire pour l'un, un rigorisme impitoyable pour l'autre, que l'on y succombe le plus sûrement.

Une dernière question : d'où Kant a-t-il pris son « test du ridicule » évoqué dans la préface à la *Métaphysique des mœurs*, attribué à Shaftesbury (AK VI, 209) ? Son ami Hamann avait traduit les deux premiers essais des *Characteristics of Men, Manners, Opinions, Time : A Letter concerning Enthusiasm* et *Sensus Communis. An Essay on the Freedom of Wit and Humor.* De même qu'il avait été pour Kant une des sources décisives pour sa connaissance de Hume[3], il l'initia à Shaftesbury. Dans le premier essai, la lettre sur l'enthousiasme et le sens commun, Shaftesbury citait ce test, en l'attribuant à un vieux sage[4]. Qui était ce vieux sage ? Shaftesbury renvoie à la *Rhétorique* (III, 18) d'Aristote, bien connue de Hobbes, mais non pour s'appuyer sur une telle autorité ; ce qui l'intéresse, et qu'il fait citer ainsi par Kant, c'est la sentence de Gorgias que rapporte Aristote : *seria risu, risum seriis discutere*.

Denis THOUARD
CNRS, Lille

1. John Aubrey, *Brief Lives* : « The King (...) was diverted by Mr. Hobbes's pleasant discourse (...) he was always much delighted in his wit and smart repartees » ; « Repartees. He was marvellous happy and ready in his replies, and that without rancour (except provoked) – but now I speak of his readiness in replies as to wit and drollery », *in* Hobbes, *The Elements of Law*, J. C. A. Gaskin (éd.), Oxford, NY, University Press, 1994, p. 237 ; trad. *Vies brèves*, Sens, Obsidiane, 1989.

2. Thomas De Quincey, son écrit de 1827 d'après Wasianski, *Les derniers jours d'Emmanuel Kant*, trad. fr. par M. Schwob, La vogue, 1899.

3. *Cf.* G. Gawlick, L. Kreimendahl (éd.), *Hume in der deutschen Aufklärung. Umrisse einer Rezeptionsgeschichte*, Stuttgart-Bad Cannstatt, Fromman-Holzboog, 1987.

4. Shaftesbury, *Sensus communis. Ein Versuch über die Freyheit des Witzes und Scherzes, in einem Brief an einen Freund*, traduit par Hamann, *Sämmtliche Werke IV, Kleine Schriften 1750-1788*, J. Nadler (éd.), Vien, Herder Verlag, 1952, p. 161. Hamann fit du « test du ridicule » une méthode critique personnelle, à laquelle il soumit Descartes, avec le résultat que l'on imagine ; voir Chr. Deupmann gen. Frohues, « Komik und Methode. Zu J. G. Hamanns Shaftesbury-Rezeption », *in* B. Gajek (éd.), *Hamann und England*, Frankfurt, Berne, P. Lang, 1999, p. 205-228, en particulier p. 208, p. 220 *sq.*

LE CONCEPT DE DISCIPLINE : HOBBES ET KANT

Pourquoi avoir choisi le thème de la discipline pour tenter d'éclairer les éventuelles relations de la philosophie de Kant à celles de Hobbes? Quelques *Réflexions* font explicitement références, de façon certes allusive, au *Léviathan*[1]. Hobbes est, en outre, cité dans la deuxième partie de *Théorie et pratique*, à savoir le chapitre 7, paragraphe XIV du *De Cive*, dans une longue note de *La Religion dans les limites de la Raison seule*[2].

En 1781, dans la *Critique de la raison pure*, dans la partie de la *Méthodologie transcendantale* consacrée à la Discipline, quatre lignes sont consacrées à Hobbes, ce philosophe qui a compris que « l'état de nature est un état d'injustice et de violence, et (que) l'on doit nécessairement le quitter pour se soumettre à une contrainte légale, qui ne limite notre liberté que pour la rendre compatible avec la liberté d'autrui, et par la même, avec le bien public »[3].

Il faudra éclairer pourquoi l'état de nature hobbesien apparaît dans le texte kantien qui traite de la *Discipline de la raison pure dans son usage polémique*. Tout se passe comme si Hobbes avait anticipé, en définissant l'état de nature comme un état de guerre perpétuelle, la théorie kantienne d'une Raison toujours en conflit avec elle-même, déchirée entre d'insurmontables oppositions. En ce sens, l'état de nature hobbesien préfigure tout particulièrement, bien sûr sans le savoir, l'*Antithétique de la raison pure* et la nécessité du *Léviathan* celle de la Critique, suprême tribunal seul capable d'apaiser les combats que la Raison se livre à elle-même.

Qu'entendre par discipline, et pourquoi est-elle nécessaire pour le bon usage de la raison? Kant insiste sur le fait que la discipline est une instruction *négative*, qu'elle est plus importante qu'une instruction positive. Elle est liée fondamentalement à la contrainte : « ... la contrainte, qui réprime et

1. Ainsi Réflexions 1486, 6593, par exemple.

2. AK VI, 97. Deux phrases de Hobbes au sujet de la guerre de tous contre tous sont citées en latin.

3. A 752/ B 780; trad. Tremesaygues et Pacaud, p. 514-515.

finit par détruire la tendance constante qui nous pousse à nous écarter de certaines règles, s'appelle discipline»[1]. Discipliner, c'est empêcher l'écart, redresser ce qui a dévié; qu'il faille discipliner ce qui est du ressort des dispositions naturelles relève de l'évidence. En effet, on peut constater que ce qui ressortit en chacun de la nature tend à l'écart, à l'accaparement pour soi-même. Chacun se conduit comme l'homme de l'état de nature selon Hobbes. Mais qu'il faille discipliner la raison qui est censée être la source de toutes dispositions disciplinaires «c'est ce qui peut paraître assurément étrange ...» et humiliant. La discipline n'est pas nécessaire dans l'usage empirique de la raison, parce que l'expérience garantit alors la validité des propositions rationnelles. Elle n'a pas non plus de sens en mathématique, puisque les concepts sont dans ce cas construits dans l'intuition pure. Mais la discipline s'impose partout où l'usage des concepts ne correspond à aucune intuition : « Toute la philosophie de la Raison pure n'a pas d'autre but que cette utilité négative ». La discipline a donc à juger des méthodes employées par la raison pure et non du contenu.

La nécessité de la discipline s'impose dans la mesure où la raison a un besoin naturel, inévitable d'outrepasser ses bornes, de transgresser sa fonction légitime qui est de coordonner, systématiser le travail de l'entendement. Elle prétend pouvoir connaître immédiatement, alors que son rôle est essentiellement médiateur. La raison est fascinée par l'usage dialectique qu'elle tend toujours à faire d'elle-même. Et ce n'est pas un modeste sujet d'étonnement que de constater que la dialectique signifie à la fois l'usage illégitime de la raison, mais aussi, dans sa dimension critique, la mise au jour des mécanismes qui président aux illusions rationnelles. La dialectique transcendantale instaure pour la raison, le tribunal de la raison. Ce que juge la raison en décryptant la manière dont se produit l'usage illégitime d'elle-même dans l'apparence transcendantale, c'est la tendance qui est la sienne à dépasser, à « agir » à outrance, à abuser, à produire des illusions qui la déchirent. Il y a dans la raison une jouissance à se pervertir elle-même. C'est en quoi la déraison habite la raison; seul un être rationnel est susceptible d'extravagance, de *Schwärmerei*.

Dans son usage dogmatique, la raison semble fascinée par la science mathématique qui s'étend sans le secours de l'expérience. La raison nourrit une fantastique espérance : celle de pouvoir construire ses concepts dans une intuition. Mais, contrairement à la mathématique, les définitions ne peuvent en philosophie être situées au point de départ; la philosophie n'a pas d'axiomes qui seraient immédiatement certains, elle ne possède pas de démonstrations.

1. A 709/B 737; trad. Tremesaygues et Pacaud, p. 491.

Il reste que la raison se berce de l'illusoire fiction de donner force démonstrative à ses concepts lesquels aboutissent à des propositions antinomiques. La raison alors se déclare la guerre. Triste et humiliante situation où la raison tombe en contradiction avec elle-même. La métaphysique est ce champ-clos, ce *Kampfplatz*, ce lieu de la guerre généralisée. Aussi est-il nécessaire d'instaurer une discipline de la Raison dans son usage polémique, sinon la raison reste à l'État de nature. Si la guerre des thèses opposées se termine par la victoire de l'une sur l'autre, on n'obtient qu'une paix mal assurée, provisoire, car aucun parti n'accepte en fait d'être vaincu. Mais si la guerre se termine sous l'autorité de la Critique, qui est l'état légal, lequel examine les sources de la guerre, alors on peut parvenir à une paix perpétuelle. Et c'est en ce point qu'apparaît la référence à l'état de nature hobbesien, état de violence qui doit nécessairement disparaître par la soumission à une contrainte légale.

Mais, en réalité, il n'y a de polémique dans le champ de la raison pure que là où la critique n'est pas encore intervenue. Les combattants croient fermement se livrer bataille (le comble étant sans doute atteint dans l'Antinomie). Mais une fois le tribunal de la critique instauré, la guerre de la raison contre elle-même perd tout sens tragique. N'a-t-elle pas quelque aspect qui relève de la mythologie, en tous cas de la fiction ?

> Il n'y a donc, à proprement parler, aucune polémique dans le champ de la raison pure. Les deux partis frappent des coups en l'air et se battent contre leur ombre, car ils sortent des limites de la nature pour aller dans une région où il n'y a rien que leurs serres (*Griffe*) dogmatiques puissent saisir et retenir. Ils ont bien combattu ; les ombres qu'ils pourfendent se rassemblent en un clin d'œil, comme les héros du Walhalla, et ils peuvent toujours se donner le plaisir de combats aussi peu sanglants [1].

La comparaison de l'état de nature (la violence) selon Hobbes et de l'usage polémique de la raison ne serait-elle que pure métaphore ? Ne faut-il pas quitter le champ de la raison pure, de la métaphysique pour comprendre le rapport de Kant à Hobbes ? Ne faut-il pas interroger le statut de l'individu et de l'espèce humaine pour concevoir la fécondité de la théorie hobbesienne de l'état de nature dans la philosophie kantienne ?

L'idée que l'état de nature est un état de violence, d'injustice et de guerre est constante dans les textes kantiens. Il ne s'agit évidemment pas de la nature comme ensemble de phénomènes régis par des lois, mais de la nature humaine en ce qu'elle est pétrie de sensibilité, de passion, et de raison. Mais les passions ne s'enracinent pas dans la sensibilité dont Kant

1. A 756 / B 784 ; trad. cit., p. 517. La *Critique de la raison pure* signifie-t-elle le *Crépuscule des dieux* ?

dans *l'Anthropologie* fait l'apologie parce qu'elle est innocente. Elles relèvent fondamentalement du désir de *dominer*, d'être le plus fort, le plus reconnu, le plus honoré, qui existe en chacun; c'est pourquoi la relation des hommes entre eux, dès l'état dit de nature est faite d'émulation, de concurrence. Les hommes vivent donc en état de guerre latente ou ouverte, parce que aucun pouvoir supérieur aux individus n'existe pour faire régner la concorde. On peut reconnaître en tous ces points une source hobbesienne. Le chapitre XI du *Léviathan* affirme que ce qui fait la valeur d'un homme, c'est son prix, c'est-à-dire ce qu'on paierait en échange de son pouvoir. La valeur repose donc sur une comparaison qui dépend du besoin et du jugement d'autrui. Le chapitre XI du *Léviathan* définit le désir : il implique de conserver sa vie, de la perpétuer : conserver, c'est accroître, augmenter son pouvoir; pour conserver le niveau atteint, il faut donc l'accroître :

> Ainsi, je mets au premier rang, à titre d'inclination générale de toute l'humanité, un désir perpétuel et sans trêve d'acquérir pouvoir après pouvoir, désir qui ne cesse qu'à la mort. La cause n'en est pas toujours qu'on espère un plaisir plus intense que celui qu'on a déjà réussi à atteindre, ou qu'on ne peut pas se contenter d'un pouvoir modéré : mais plutôt qu'on ne peut pas rendre sûr, sinon en en acquérant davantage, le pouvoir et les moyens dont dépend le bien-être qu'on possède présentement [1].

Le postulat de l'égalité des hommes à l'état de nature implique son contraire : c'est de l'égalité que naît le désir d'être le plus fort, donc l'inégalité. C'est dans cette égalité qu'est enracinée l'inéluctabilité de la guerre. Le désir de dominer représente bien la différence spécifique de l'humanité par rapport à l'animalité, différence impensable sans l'exercice de la parole. Sans la parole, aucune société n'est possible et les hommes n'auraient pas plus connu « de République, de société, de contrat et de paix que parmi les lions, les ours et les loups » [2]. Dans les *Conjectures sur les débuts de l'histoire humaine*, Kant admet que, dès les origines, l'homme savait parler, donc penser, même si on peut soutenir qu'il s'agit là d'aptitudes techniques qu'il a dû acquérir. Reste que sans l'hypothèse d'un langage dès l'origine, on ne peut concevoir la spécificité de l'homme par rapport à l'animal.

Ce désir de dominer autrui pour s'affirmer soi-même caractérise donc essentiellement l'homme (toujours en quête de gloire – *glory* dit Hobbes). Mais il signifie en réalité pour Kant que l'homme de la domination est l'être du débordement, qui ne se domine pas lui-même. En quoi il a besoin d'être dominé : « L'homme est un animal qui, du moment où il vit avec d'autres

1. *Léviathan*, XI, 2, trad. fr. par F. Tricaud, p. 96.
2. *Léviathan*, IV, 1, trad., p. 27.

individus de son espèce, a besoin d'un maître »[1]. Il est sûr qu'il s'agit en ce point de l'animal humain, non de la bête. Les bêtes dans la nature n'ont pas de maîtres. Si l'homme en a besoin, c'est bien qu'à l'état de nature il est soumis à la plus violente des passions, celle de la liberté : « C'est la plus violente de toutes les passions chez l'homme à l'état de nature, en un état où il est inévitable que les hommes élèvent les uns à l'égard des autres des prétentions réciproques » (§ 82)[2]. Il s'agit d'une liberté de type anarchique qu'il faudra soumettre à une discipline.

De façon contradictoire, l'homme, qui est en guerre contre son semblable, aspire à vivre en paix avec lui. L'homme de Hobbes, en ce sens, a un point commun avec celui de Kant. Dans *l'Idée d'une histoire universelle* (Quatrième proposition), Kant insiste sur ce double penchant de l'être humain : entrer en société, mais aussi ne pas y entrer. L'homme est habité par une insociable sociabilité. Comment être soi avec d'autres ? Il s'agit surtout ici de souligner cette contradiction qui constitue l'homme, sans préjuger de la finalité que Kant lui attribue.

Dans les *Conjectures sur les débuts de l'histoire humaine* (1786), Kant suppose, en s'appuyant sur le texte de la Genèse qu'il interprète en vue d'établir sa propre position, qu'il faut admettre à l'origine de l'humanité un couple unique ; il faut un couple en effet pour perpétuer, reproduire l'espèce. Mais pourquoi ce couple originel doit-il être unique ? En voici la raison : « (...) pour éviter que la guerre n'éclate immédiatement entre hommes vivant en voisinage, mais étrangers les uns aux autres (...) »[3]. Kant ne signale pas ce qu'il sait bien. Le premier couple, tranquille dans sa solitude, vit en paix. Dès qu'il procrée, Caïn tue son frère Abel. Étaient-ils donc étrangers les uns aux autres ? L'histoire de la nature, œuvre de Dieu, commence par le bien. Mais si ce règne était unique, l'humanité ne pourrait pas émerger. Avec l'homme commence le règne du mal sans lequel il ne pourrait y avoir d'histoire de la liberté[4].

Dans l'état social, le couple est, isolé ou non des autres, le lieu d'une violence réitérable. Dans l'acte sexuel se développe une forme de cannibalisme. La seule solution pour échapper à cette guerre cannibale réciproque est de consentir au contrat de mariage : chaque sexe accepte librement d'être consommé par l'autre[5]. Le mariage est la discipline du cannibalisme sexuel.

1. *Idée d'une histoire universelle d'un point de vue cosmopolitique,* AK VIII, 23, sixième proposition ; trad. fr. par S. Piobetta, Paris, Denoël, 1964, p. 67.

2. *Anthropologie,* AK VII, 268 ; trad. fr. par M. Foucault, Paris, Vrin, 1965, p. 121.

3. *Conjectures sur les débuts de l'histoire humaine,* AK VIII, 110 ; trad. fr. par S. Piobetta, éd. cit., p. 154.

4. AK VIII, 115.

5. AK VI, 359.

Les textes de Kant abondent pour soutenir que l'état de nature est un état de guerre. Dans la *Doctrine du Droit,* au § 60, on peut lire : « Au demeurant l'expression : "un ennemi injuste" dans l'état de nature est pléonastique, car l'état de nature est lui-même un état d'injustice »[1]. Une fois sortie de l'hypothétique état de nature où existe le droit simplement privé, la justice commutative essentiellement provisoire, car il n'existe pas un droit public qui puisse garantir et faire respecter les droits privés, on passe bien à l'état civil. Mais les états civilement, publiquement constitués, n'en restent pas moins entre eux à l'état de nature, c'est-à-dire sous le règne de la violence, de la guerre. La question kantienne sera alors : peut-on (et comment) discipliner les États, instaurer un tribunal confédératif qui permettrait d'instaurer la paix ?

L'espèce humaine est-elle mauvaise par nature ? Le problème se pose pour l'humanité, non pour l'individu. C'est dans la *Religion dans les limites de la raison seule* que Kant systématise une théorie – en germe dans d'autres textes – du mal radical. De fait, on constate que l'homme est mauvais, désordonné, égoïste, présomptueux, belliqueux. Mais que peut donc prouver l'expérience ? Bien sûr, il y a les sauvages d'Amérique comme Hobbes, dans le chapitre XII du *Léviathan*, et beaucoup d'autres avant lui avaient pu le signaler. L'analyse *a priori* du mal radical conduit à mettre en lumière que le mal est un usage de la liberté. Cet usage est une perversion de la loi (morale) qui commande d'agir afin de pouvoir et vouloir que mon action soit universalisable. Le mal radical consiste à préférer un mobile singulier, l'amour de soi : le mal est radical parce qu'il corrompt le fondement de toutes les maximes. Je suis dans le mal radical quand je prétends faire la loi, alors que je suis hors-la-loi. Le comble, dans cet accaparement de l'universel, est que je suis menteur, le péché d'origine, interprété par Kant, étant le mensonge. Inextirpable, le mal radical peut pourtant être dominé (il a même une fonction positive dans l'instauration de son contraire). L'homme hobbesien était un être de l'accaparement pour soi. L'homme, pis encore l'espèce, chez Kant correspond sous le règne du mal radical à une définition analogue. Mais se convertir au « bon principe » peut-il être un acte continu, pacifique ? La nécessité d'une certaine violence n'est-elle pas requise[2] ?

S'il est un domaine où la discipline s'impose nécessairement, c'est bien celui de l'éducation qui permet le passage de l'enfant à l'âge adulte. Par l'éducation, l'être humain accède à l'humanité et, en ce sens, il quitte l'état

1. AK VI, 349-350 ; trad. fr. par J. et O. Masson, OPh III, 624.

2. L'instauration par le contrat d'une force publique chez Hobbes, la révolution (pas seulement politique) selon Kant ?

de nature. Hobbes admet que, si l'usage des cinq sens est inhérent à l'homme, les autres facultés qui lui sont spécifiques « sont acquises, développées par l'étude et le travail, apprises (pour la plupart) par l'éducation et l'étude; elles procèdent toutes de l'invention des mots et de la parole... »[1]. L'éducation ne se limite pas à la formation de l'enfant tant il est vrai que l'homme à l'âge adulte reste toujours, peu ou prou, un enfant robuste.

Kant a enseigné la pédagogie à Königsberg en 1776-1777, en 1780, en 1783-1784, en 1786-1787, donc à la fois pendant sa période pré-critique et après sa révolution copernicienne[2]. Une source fondamentale en matière d'éducation a été pour Kant la théorie de Rousseau exposée dans *l'Émile*. C'est en ce point qu'il participa au *Philanthropinon*, Institut pédagogique fondé par Basedow, à Dessau en 1774. Pour Basedow il faut retenir de Rousseau que l'éducation doit suivre la nature en ce qu'elle est le siège de la sensibilité, des sentiments, des émotions. L'Institut a fonctionné jusqu'en 1793, avec des fortunes diverses. Kant se dégagea assez rapidement d'une théorie qui à ses yeux accordait trop de poids à l'expérience, aux activités ré-créatives. L'éducation (*Erziehung*) demeure pour lui inséparable de la discipline (*Disziplin*). Celle-ci est la condition négative de toute éducation. En pédagogie, elle a exactement le sens que lui assignait la Méthodologie dans la première *Critique*. Elle est contrainte, elle pose des interdits, mais rend aussi possible le développement de capacités en l'homme que la seule nature est impuissante à développer. Il y a une éducation-discipline d'ordre physique – il faut apprendre à se tenir debout, à marcher – et d'ordre intellectuel et moral – il faut apprendre à parler, à penser, à obéir à la loi impérative.

Mais en quoi l'éducation est-elle nécessaire et nécessairement discipline ? En l'homme rien n'est véritablement inné, tout peut être considéré comme acquis. L'homme kantien, comme celui de Hobbes, ne possède pas, à l'instar des animaux, des instincts adaptatifs infaillibles. L'homme sociable-insociable tend toujours à agresser son semblable, et cela d'autant plus que ses facultés rationnelles se développent. De plus, et l'argument est fondamental, l'homme est par nature constitué comme un bois tordu ; cette image héritée de saint Augustin est fréquemment exploitée dans la religion luthérienne. Mais Kant ne se réfère que métaphoriquement au péché d'origine. C'est de et par sa propre nature que l'homme en qui s'éveille la raison devient un être tordu qui ne peut spontanément ni se tenir, ni marcher droit. Chacun tend à vouloir être traité comme un être

1. *Léviathan*, III, 11, trad., p. 25.

2. Les cours ont été publiés par un élève de Kant, Rink, en 1803, sous le titre *Über Pädagogik*. Ils ont été traduits par A. Philonenko : *Réflexions sur l'éducation*, Paris, Vrin, 1980.

d'exception par les autres; d'où résulte nécessairement une lutte de chacun contre chacun et de tous contre tous. Une fois encore, répétons-le, chacun veut être le plus fort (et l'argument de Rousseau selon lequel la force ne fait pas droit reste à ce niveau impuissant à modifier cet état de fait). En termes kantiens, chacun affirme dans la violence : l'universel, c'est Moi : « Du jour où l'homme commence à dire Je, il fait apparaître partout où il le peut son Moi bien-aimé et l'égoïsme progresse irrésistiblement (...) »[1].

La nécessité de l'éducation-discipline a pour source le fait que dès que l'homme prend goût à la liberté, il est capable de tout lui sacrifier[2]. Cette passion pour une liberté sans loi, sauf la mienne, est déjà manifeste chez l'enfant : si l'enfant crie, c'est sans doute parce qu'il souffre ou a faim, mais en profondeur il crie pour traduire sa révolte contre une volonté extérieure qui tente de s'imposer à lui. L'homme adulte n'est-il pas lui-aussi un enfant robuste ?

Fait de bois tordu, l'homme (l'enfant déjà) doit être *redressé*. L'éducation est un dressage. Kant souligne que le verbe *dressieren* vient de l'anglais to *dress* et signifie habiller, vêtir ce qui est nu, donc en ce sens dépasser la nature. Ainsi on dresse chiens et chevaux, animaux domestiques. Le dressage permet de transformer la nature de l'homme. Rappelons que l'homme est un animal qui a besoin d'un maître. Kant rencontre alors une aporie dont on peut se demander si elle peut être surmontée. Où trouver ce maître qui ne serait pas mal formé, comme le « système » éducatif allemand de l'époque en connaît beaucoup ? Le bon maître doit être lui-même dressé. Mais par qui ?[3] Faudra-t-il en désespoir de cause confier cette tâche capitale à un Léviathan ? Ne serait-ce pas alors restaurer ce moment despotique-dogmatique que la révolution critique a permis de dépasser ? Le recours à la pensée de Hobbes est ici radicalement exclu.

Pourtant, l'éducation-discipline étant nécessaire, il doit être possible de l'instaurer. Des réformes peuvent-elles suffire pour constituer une discipline qui par la contrainte conduirait l'humanité vers les Lumières ? Citons ici un texte paru dans la *Gazette savante et politique de Königsberg*, le 27 mars 1777, à une époque où Kant était encore adepte des projets de Basedow :

> C'est en vain qu'on attendrait le salut du genre humain d'une amélioration graduelle des écoles. Il faut qu'elles soient complètement transformées, si l'on veut qu'il en sorte quelque chose de bon ; car elles sont défectueuses dans leur organisation première et les maîtres eux-mêmes ont besoin de

1. *Anthropologie*, § 2, AK VII, 128 ; trad. cit., p. 18.
2. *Réflexions sur l'éducation*, *op. cit.*, p. 71.
3. AK VIII, 23.

recevoir une nouvelle culture. Ce n'est pas une lente réforme qui peut produire cet effet, mais une prompte révolution.

Mon intention était sous le thème de la discipline de tenter de montrer en quoi la pensée kantienne pouvait rencontrer celle de Hobbes. Il paraît incontestable que, sur des points essentiels, les deux philosophies s'accordent, tout particulièrement en ce que l'individu humain se définit par l'agressivité, la prétention à l'auto-suffisance, à la domination, à l'orgueil dérisoire d'être le plus fort, le plus glorieux, le meilleur représentant de l'espèce tout entière.

Sans doute parmi les rapprochements que j'ai cru bon d'effectuer y a-t-il quelques abus. Mais il fallait bien illustrer mon propos. Ma seule justification est que, précisément, l'être humain, qu'il soit ou non philosophe, tend à abuser.

Il ne sera pas question ici d'examiner en détail en quoi la philosophie kantienne, si influencée soit-elle par celle de Hobbes, s'en éloigne radicalement. On peut toutefois illustrer cet éloignement en signalant quelques points de rupture.

Le contrat hobbesien, tout d'abord, est un pacte, à l'occasion duquel les volontés individuelles se soumettent à la puissance du grand Léviathan, cet être artificiel, ce monstre biblique. Sur ce point, Kant ne peut que s'affirmer « contre Hobbes », car si les individus sortent de l'état de nature violent, et s'ils trouvent la paix dans l'état civil du Léviathan, le despotisme qui caractérise cet état ne saurait conduire qu'à la paix des cimetières (*Friedhof*).

L'État, ensuite, n'est pas pour Kant, pas plus que la nature de l'homme d'ailleurs, une pure machine. L'État, selon Kant, sous la forme de la République et de la séparation des pouvoirs qui la caractérise, fait régner la liberté de chaque citoyen qui se soumet à la loi qu'il s'est à lui-même donnée. En ce sens, l'État est l'image politique de l'autonomie morale. Sans doute, la République, réalisation concrète de l'Idée d'une constitution civile parfaite qu'annonçait la première *Critique*, connaît-elle la distinction entre citoyens actifs et passifs, ainsi que le droit personnel d'espèce réelle qui donne à certains le droit d'utiliser autrui (les femmes, les enfants, les salariés...), comme autant de choses, tout en respectant leur autonomie morale. Ce sont là des restrictions à l'idée de République, qui pourraient faire douter que ladite République soit véritablement l'état de la coexistence des libertés[1].

1. Disons que Kant, plus qu'il ne justifie une telle conception restrictive, en fait le constat. Le texte de la *Doctrine du droit,* auquel je fais ici référence, est de 1798. La distinction entre citoyens actifs et passifs, l'exclusion des femmes du droit politique, est, ne l'oublions pas, une réalité sous la Révolution française.

Une autre fracture fondamentale qui oppose Kant à Hobbes tient au statut que l'un et l'autre accordent à l'histoire. Selon Hobbes, l'histoire ne peut accéder au statut de science. La science est la connaissance des consécutions qui lient un fait à un autre, faits, qui ne sont pas nécessairement observables; il faut donc, dans un style inspiré du mécanisme galiléen, rechercher par analyse les conditions des faits. Dans le chapitre IX du *Léviathan*, l'histoire est définie comme la connaissance du fait. Cette connaissance exige la présence de la chose ou de l'événement, elle exclut la recherche, seule scientifique, des consécutions. L'histoire en ce sens est dire « naturelle ». L'histoire civile est, elle, le lieu des actions *volontaires* des hommes dans les Républiques. Elle ne peut être une science que si on utilise pour la connaître la méthode mécaniste. La politique ne peut être objet de science que si précisément, l'histoire en est exclue. C'est le mécanisme qui permet de comprendre la nature et le « mouvement » historique. La finalité supposée dans ces domaines n'a pas de sens.

Kant considère que l'histoire de l'espèce humaine est un progrès vers les Lumières, vers la réalisation de l'autonomie morale. Dès 1784 dans le texte *Idée d'une histoire universelle au point de vue cosmopolitique*, il affirme que la nature est habitée par un plan caché; il s'agit d'une nature finalisée (et non de l'ensemble des phénomènes mécaniquement réglés). Ce plan que la nature ne peut réaliser par elle-même signifie l'avènement inévitable de la liberté grâce aux actions inconscientes de l'espèce qui progresse quoiqu'elle en ait. Le sort de l'homme est entre ses mains, même s'il l'ignore. Les moyens que la nature met en œuvre sont en contradiction avec le plan poursuivi : la contrainte, la violence, l'égoïsme individuel, la sociabilité insociable, les passions irrationnelles. Kant soutiendra toujours que le progrès implique des grandeurs négatives, de la négativité. Les guerres sont les voies par lesquelles se fraie la possibilité de la paix perpétuelle universelle qui ne saurait se confondre avec le pur maintien de l'ordre.

Tous ces points, Hobbes ne les a même pas entrevus. Une paix qui n'a de soin que de maintenir l'ordre, si l'on en croit la *Critique de la faculté de juger*, avilit le peuple en ce qu'elle développe l'esprit mercantile, l'égoïsme, la mollesse. Au contraire, la guerre élève le peuple, son courage, sa sublimité : « La guerre elle-même, lorsqu'elle est conduite avec ordre et un respect sacré des droits civils, a quelque chose de sublime en elle-même... »[1]. Une telle guerre peut-elle jamais exister? S'agit-il là encore d'un rêve de philosophe éclairé?

Michèle CRAMPE-CASNABET
ENS de Fontenay-Saint-Cloud

1. AK V, 263; trad. fr. par A. Philonenko, Paris, Vrin, 1965, p. 101.

DEUXIÈME PARTIE

ARBITRER

PERSONNE ET CHOSE

SUR LA PROBLÉMATIQUE DU *JUS OMNIUM IN OMNIA ET OMNES* DE HOBBES ET LA THÉORIE KANTIENNE DE LA POSSESSION DE L'ARBITRE D'UNE AUTRE PERSONNE DANS LE DROIT DU CONTRAT

On analysera dans ce qui suit deux éléments de la philosophie du droit de Hobbes et de Kant. Dans les deux cas, il s'agit de la possession de la propriété de soi (*Selbstbesitz*) d'une autre personne, en sorte que le caractère de personne se trouve supprimé. Les théories montrent une certaine affinité, mais sans s'inscrire à mon avis dans une filiation historique. Leur fondement commun est le droit naturel stoïcien, sur lequel on ne s'attardera pas. Nous chercherons en revanche à élucider les incidences des différentes formes juridiques du *status naturalis* ou du droit privé pour le droit public.

En abordant la question précaire des relations juridiques entre personne chacune de façon contradictoire, la théorie hobbesienne et la théorie kantienne transforment, l'une autant que l'autre, la personne d'autrui en chose. Cette constatation est importante pour la philosophie du droit si elle ne veut pas renoncer, au profit d'une réflexion purement politique (Hobbes) ou issue de la tradition scolastique (Kant), à une réflexion juridique systématique. Du point de vue de l'histoire de la philosophie, on cherchera à montrer que l'état de nature de Hobbes, tel que l'auteur le conçoit et *contre* l'avis partagé de la recherche actuelle, n'est pas contradictoire (la contradiction que nous avons relevée est notre critique de Hobbes) et que Kant commet une erreur dans son interprétation du droit privé de la tradition juridique romaine.

HOBBES ET LE « IUS OMNIUM IN OMNIA ET OMNES »[1]

L'idée que, dans l'état de nature, l'homme a un droit sur toute chose est une construction juridique centrale soutenue par Hobbes du début à la fin de ses publications. « *Natura dedit omnia omnibus* (...) a right of every man to every thing, whereby one man invadeth with right, and another with right resisteth (...) » constatent les *Elements of Law*[2]. *Iure naturali omnia esse omnium* est l'intertitre du *De Cive* I, 1, 10[3]. « (...) every man has a Right to every thing (...) » lit-on au chapitre XIV (§ 3) du *Leviathan*. Si nous abstrayons cette formulation de l'ensemble théorique hobbesien pour la prendre en elle-même, on voit que c'est la formule de tous les auteurs qui supposent une possession commune originaire de la *natura inferior* par tous les hommes, comme le font les Stoïciens[4], suivis en cela par les Pères de l'Église[5], l'ensemble de la tradition du Droit Naturel, et encore Kant[6]. Cette figure juridique présente l'avantage de faire dériver de la possession originaire en commun le droit exclusif à des parties. On peut donner à cela la forme d'un accord contractuel fictif stipulant que les possesseurs légitimes de la terre déterminèrent entre eux, sous certaines conditions, le droit exclusif à des parties de la nature inférieure, et limitèrent par là leur liberté (Grotius), ou bien on peut comprendre que l'individu a un droit naturel de s'approprier les parcelles de la possession commune qui sont absolument nécessaires à la conservation de soi dont Dieu lui fait un devoir (Locke)[7].

La possession commune collective est un élément du droit naturel relatif aux actions juridiques permises et défendues. Si quelqu'un, en vertu des règles du droit rationnel ou naturel, donc conformément au droit, s'est emparé d'une parcelle de la possession commune par un acte de *prima occupatio*, il est juridiquement interdit de lui contester cette possession. Et avant cela déjà, les personnes humaines relevaient juridiquement du domaine naturel dans son ensemble en tant que « personnes » comptant parmi les possesseurs potentiels de la *natura inferior*. Dans cette tradition

1. Sur cette formule que Hobbes n'utilise pas lui-même, voir R. Brandt, « Der Autor des Leviathan und das Recht gegen den Staat », *in* U. Bermbach/K.M. Kodalle (éd.), *Furcht und Freiheit. Leviathan-Diskussion 300 Jahre nach Thomas Hobbes*, Opladen, 1982, p. 154-165; W. Kersting, *Die politische Philosophie des Gesellschaftsvertrags*, Darmstadt, 1994, p. 74-76.

2. Hobbes, *Elements of Law*, F. Tönnies, M.M. Goldsmith (éd.), Londres, 1969, p. 72-73.

3. Hobbes, *De Cive. The latin version*, H. Warrender (éd.), Oxford, 1983, p. 95.

4. Ainsi, Sénèque comprend l'état originaire de l'homme à partir de la formule « Desiderunt enim omnia possidere, dum volunt propria » (Seneca, *Epistulae morales*, 90, 3).

5. *Cf.* R. Brandt, *Eigentumstheorien von Grotius bis Kant*, Stuttgart, 1974, p. 37-38.

6. *Cf.* Kant, *Doctrine du droit*, § 13, AK, VI, 262.

7. *Cf.* Locke, *Two Treatises of Government*, P. Laslett (éd.), Cambridge, 1970, p. 303-320 (*The Second Treatise of Government*, chap. V); trad. fr. par J.-F. Spitz avec la collaboration de Chr. Lazzeri, Paris, P.U.F., 1994.

du droit naturel, le monde se décompose en personnes et en choses sans droits, parmi lesquelles sont les éléments, les plantes et les animaux. On présuppose également que chaque homme connaît cet *ordo* par lumière naturelle. C'était donc, premièrement, une action contraire au droit que de les limiter arbitrairement dans leur liberté et de leur nuire corporellement. Deuxièmement, si quelqu'un s'est emparé conformément aux règles de la raison ou du droit naturel, donc légitimement, d'une partie de la possession commune, il est juridiquement interdit de lui en contester la possession.

Hobbes reprend ce motif de la possession commune originaire de la nature inférieure, mais le détruit aussitôt par les modifications auquel il le soumet. Il remplace un ordre pacifique supposé initial par le cri de guerre du *bellum omnium contra omnes*. La phrase du *Léviathan* citée plus haut est dans son entier : « il s'ensuit que dans cet état tous les hommes ont un droit sur toutes choses, et même les uns sur les corps des autres »[1]. Plus loin, il affirme : « Mais j'ai aussi montré plus haut, qu'avant l'institution de la République chaque homme avait un droit sur toute chose, c'est-à-dire le droit de faire tout ce qu'il jugerait nécessaire à sa préservation, de soumettre tout autre homme, de lui nuire, ou de le tuer »[2]. Cela signifie que, du point de vue juridique du « droit sur », il n'y a pas de distinction entre personne et chose ; chacun a le droit de traiter d'autres hommes comme des choses. Les *omnes* appartiennent donc aussi aux *omnia*, ce que l'on peut rendre explicite dans la formule (que Hobbes n'a pas formulée ainsi) du *jus omnium in omnia et omnes*, avec toutefois la difficulté qu'on distingue alors verbalement entre *omnia* et *omnes*. Juridiquement, la différence est justement aplanie.

Cette formule dit également de façon analytique qu'il doit bien y avoir un droit, mais *qu'il n'y a pas d'injustice* dans l'état de nature. Dans le *Léviathan* : « Cette guerre de chacun contre chacun a une autre conséquence : à savoir, que rien ne peut être injuste. Les notions de légitime et d'illégitime, de justice et d'injustice, n'ont pas ici leur place »[3]. « Right and wrong » en tant que prédicats contraires n'ont pas d'existence dans l'état de

1. *Léviathan*, XIV, 4, trad. F. Tricaud, p. 129; dans l'édition de R. Tuck, Cambridge, CUP, 1991, p. 91 : « It followeth, that in such a condition, every man has a right to every thing, even to one anothers body ».

2. *Léviathan*, XXVIII, 2, trad. p. 332; Tuck (éd.), p. 214 : « But I have also shewed formerly, that before the Institution of Common-wealth, every man had a right to every thing, and to do whatsoever he thought necessary to his own preservation; subduing, hurting, or killing any man in order thereunto ».

3. *Léviathan*, XIII, 13, trad., p. 126; Tuck (éd.), p. 90 : « To this warre of every man against every man, this also is consequent; that nothing can be Unjust. The notions of Right and Wrong, Justice and Injustice have there no place ».

nature[1], mais bien « right » et « just » pour chacun en particulier. *Droit* et *non-droit* n'apparaissent qu'avec l'état politique ; l'opposition des contraires est une création de l'homme et en tant que telle un objet de connaissance, comme il est dit dans le *De Homine* : La géométrie et la théorie de l'État ont dans la conception hobbesienne des sciences une affinité particulière, puisqu'elles forment les deux seules sciences démonstratives : « Ainsi la science démonstrative qui a été concédée à l'homme *a priori* est celle de ces seules choses dont la génération dépend de la volonté des hommes eux-mêmes. Aussi y a-t-il beaucoup de théorèmes appartenant à l'ordre du démontrable dans le domaine de la quantité, et leur science a nom géométrie (...) De plus, la politique et l'éthique, c'est-à-dire les sciences du juste et de l'injuste, de l'équitable et de l'inique, peuvent être démontrées *a priori* ; en effet, les principes d'où dérivent le juste et l'équitable, et, à l'inverse, l'injuste et l'inique, nous savons ce qu'ils sont, c'est-à-dire que nous avons nous mêmes créé les causes de la justice »[2]. Le monde étatico-juridique commun comprenant la possibilité de distinguer le juste et l'injuste est une réalisation de la connaissance des hommes.

On peut se demander, toutefois, s'il est logiquement possible de tester la juridicité de toutes les actions humaines dans l'état de nature sans appliquer le prédicat « injuste » comme le veut Hobbes. La thèse opposée est qu'il n'est pas possible d'isoler l'un des concepts contraires et de lui retirer par là

1. En revanche, pour de nombreux interprètes comme O. Asbach, « Internationaler Naturzustand und Ewiger Friede. Die Begründung einer rechtlichen Ordnung zwischen Staaten bei Rousseau und Kant », *in* D. Hüning, B. Tuschling (éd.), *Recht, Staat und Völkerrecht bei I. Kant*, Berlin, 1998, p. 204, note 3 : « Car si tous ont un droit sur tout, chaque action fait déjà injure au droit égal de tous les autres ; ce droit n'est pas un droit, car il ne peut rien dire des conditions de possibilité de l'entente quant à l'usage externe de la liberté et se supprime de lui-même : toute action est à la fois juste et injuste. » Mais si ce droit n'en est pas un, on peut se demander pourquoi Hobbes le présente comme tel ; et s'il doit être en même temps une injustice, on se demande alors pourquoi Hobbes exclut précisément cela : dans l'état de nature il n'y a pas d'injustice. Chez Asbach, on ne voit pas bien si c'est une critique ou une explication de Hobbes.

2. Hobbes, *De Homine*, X, 4-5, *in* W. Molesworth (éd.), *Opera latina*, London, 1839-1845, t. II, p. 92-94 : « Itaque earum tantum rerum scientia per demonstrationem illam *a priore* hominibus concessa est, quarum generatio dependet ab ipsorum hominum arbitrio. 5. Demonstrabilia ergo sunt theoremata plurima circa quantitatem, quorum scientia appellatur geometria. ... Praetera politica et ethica, id est scientia *justi* et *injusti*, *aequi* et *iniqui*, demonstrari a priore potest ; propterea quod principia, quibus *justum* et *aequum* et contra, *injustum* et *iniquum*, quid sint, cognoscitur, id est, justitiae causas, nimirum leges et pacta, ipsi fecimus » ; *cf.* B. Ludwig, *Die Wiederentdeckung des Epikureischen Naturrechts. Zu Thomas Hobbes' philosophischer Entwicklung von De Cive zum Leviathan im Pariser Exil 1640-1651*, Frankfurt/M., 1998, p. 114-115 (« 'Maker's Knowledge' : Geometrie und Staatsphilosophie als demonstrative Wissenschaften »). Le grand mérite du travail de Bernd Ludwig est de concevoir les écrits de Hobbes comme des œuvres de théorie juridique et politique et non seulement de politique (comme un second Machiavel) ou de rhétorique (comme le fait Q. Skinner, *Reason and Rhetoric in the Philosophy of Hobbes*, Cambridge, CUP, 1996).

sa capacité de distinction, à savoir de le conserver en lui ôtant sa fonction propre. On peut dire de façon hyperbolique, avec Héraclite : « Pour le dieu, toutes choses sont belles, et bonnes et justes. Les hommes accueillent ce qui est injuste, ils accueillent ce qui est juste »[1]. Selon la logique ordinaire, cependant, les prédicats de valeur correspondent aux contraires. Le droit sans le concept opposé de l'injuste est aussi contradictoire qu'un rêve absolu indiscernable de l'état de veille. Je ne peux utiliser le prédicat du rêve que si je dispose de critères pour différencier les états de veille et de sommeil.

Hobbes veut souligner qu'il n'y a pas de monde commun aux sujets créateurs de valeur, mais seulement la perspective privée au regard de laquelle les actions sont motivées et apparaissent nécessaires pour la conservation de soi. Et c'est cette nécessité subjective qui aurait valeur juridique. Mais le point de vue individuel *infra*-linguistique ne permet pas de distinguer entre l'homme et l'animal. C'est la conséquence qu'en a tirée Spinoza en naturalisant effectivement l'état de nature et en supprimant la différence entre l'homme et l'animal[2]. Nous voudrions faire encore un pas de plus et porter cette naturalisation jusqu'au point où le prédicat juridique tombe lui aussi. Si nous passons des animaux aux minéraux, on voit vite qu'il est absurde d'accorder à la pierre qui tombe le droit de tomber. Les atomes n'ont pas plus le droit de rester accordés que de se séparer si l'homme le désire. On peut aussi peu appliquer le prédicat de valeur du droit à l'homme de l'état de nature hobbesien qu'aux animaux, aux minéraux et aux atomes. Là où il n'y a pas d'injustice, le droit n'a pas sa place.

Regardons encore une fois l'énoncé d'Héraclite. Il semble qu'il y ait aussi un rapport systématique intime entre la proposition du présocratique et la théorie hobbesienne. Dans notre comparaison, Dieu a le *jus in omnia*, et peut évidemment ne commettre aucune injustice; la même chose vaut pour l'État absolutiste, le souverain singulier *Leviathan*, et troisièmement, chaque homme, dans l'état de nature, est son propre Dieu et État souverain. Sitôt qu'il s'incorpore au *Léviathan*, il n'y a plus que deux souverains, Dieu et l'État. Tout ce qu'ils font est leur droit inattaquable. C'est dans cet ensemble de pensées que Hobbes paraît avoir trouvé les raisons qui l'ont

1. Héraclite, fg. 102, trad. *in* J. Bollack/H. Wismann, *Héraclite ou la séparation*, Paris, 1995, p. 291.

2. *Cf.* Spinoza, *Tractacus Theologico-politicus*, cap. XVI : « Per jus & institutum naturae nihil aliud intelligo, quam regulas naturae uniuscuiusque individui, secundum quas unumquodque naturaliter determinatum concipimus ad certo modo existendum & operandum. Ex. Gr. Pisces a natura determinati sunt ad natandum, magni ad maiores comedendum, adeoque pisces summo naturali jure aqua potiunter, & magni minores comedunt. » Nulle part Spinoza n'oppose ce concept de droit à celui de l'injuste.

poussé à sa construction logiquement intenable d'un *jus omnium in omnia et omnes*.

Regardons l'argument par lequel Hobbes introduit dans le *De Cive* le concept de droit par le biais d'une négation :

> Il n'y a aucun de nous qui ne se porte à désirer ce qui lui semble bon, et à éviter ce qui lui semble mauvais, surtout à fuir le pire de tous les maux de la nature, qui sans doute est la mort. Cette inclination ne nous est pas moins naturelle, qu'à une pierre celle d'aller au centre lorsqu'elle n'est pas retenue. Il n'y a donc rien à blâmer ni à reprendre, il ne se fait rien contre l'usage de la droite raison, lorsque par toutes sortes de moyens, on travaille à la conservation propre, on défend son corps et ses membres de la mort, ou des douleurs qui la précèdent. Or tous avouent, que ce qui n'est pas contre la droite raison est juste, et fait à très bon droit (...) [1].

Cet argument complexe comprend deux niveaux qui nous intéressent. D'abord, il est dit que le penchant pour le bien (à savoir de ce qui paraît à chaque fois bon à chacun) et l'évitement du mal (à savoir de ce qui paraît à chaque fois mauvais à chacun) se produit nécessairement ; cette nécessité doit pouvoir être augmentée proportionnellement au mal suprême, la mort propre de chacun (si elle est violente). L'action en vertu de sa propre conservation est donc absolument nécessaire, ne subit aucun blâme, ne contredit pas la droite raison et se produit donc à bon droit. Mais cela, pouvons-nous commenter, vaut aussi bien pour tout animal suivant la loi de ses excitations et faisant tout pour conserver sa vie. Puis suit un tout autre argument, que Hobbes voudrait identifier au premier. Par cet argument, le droit est transformé en liberté que chacun a d'user de ses capacités naturelles conformément à la droite raison. L'action est désormais considérée d'après le critère interne de la *recta ratio*, telle qu'elle est thématisée par celui qui agit ; du même coup, la pierre et l'animal se trouvent exclus de ce domaine juridique. Ici, seul l'homme est sujet de droit, et de ce fait ne commet aucune injustice dans l'état de nature, parce qu'à la fin, comme tout ce qu'il fait provient de son jugement, il le tient pour nécessaire. C'est seulement quand il se soumet au jugement d'un tiers qu'il y a un droit ou une injustice relevant d'une obligation. Dans le *Leviathan*, Hobbes n'a pas repris cet argument du *De Cive,* sans doute parce qu'il percevait son caractère fautif, car la distinction de la pierre et de l'homme est subreptice. Il ne l'a pourtant pas remplacé par un argument qui aurait été susceptible de nous apprendre ce qui peut justifier véritablement l'introduction du concept de droit dans l'état de nature. L'auteur se cache dans son silence.

1. Hobbes, *De Cive*, I, 7, trad. fr. par S. Sorbière, Paris, Sirey, 1981, p. 83-84.

Si l'on demeure dans une perspective purement subjective, on se meut dans le domaine muet des seules tendances à la conservation de soi, et l'on peut renoncer à l'introduction du concept de droit. Si l'on dépasse cette perspective subjective en supposant une raison universellement accessible, on peut alors raisonnablement parvenir à l'opinion que c'est une chose indécidable de savoir si, dans l'état de nature, des actions déterminées sont justes ou injustes. On ne peut pourtant pas dégager le prédicat de droit de son contraire, les deux étant solidaires, et déclarer en bloc toute action comme étant de droit : « alter *iure* inuadit, alter *iure* restitit »[1]. S'il n'y a pas de droit pourvu d'une obligation universelle, mais simplement un droit toujours subjectif lié au besoin, le concept de droit n'a plus aucune fonction : il disparaît. Hobbes ne fournit aucune déduction du concept de droit, et par conséquent ne répond pas à la question : Pourquoi applique-t-on en général le critère de la juridicité aux actions humaines, et non aux actions des animaux ou en général aux actions de la nature ? Pourquoi la tempête n'aurait-elle pas le droit d'arracher les toits des maisons ? Nous ne pouvons le lui interdire, c'est donc permis et elle agit de plein droit.

Nous avons choisi la formule que Hobbes n'emploie pas d'un *jus omnium in omnia et omnes* et nous avons distingué à partir d'elle entre un *omnia* objectif et un *omnes* personnel. *Omnium* (dans l'expression *jus omnium*) est interprété par Hobbes avec le sens d'*omnium hominum*, comme un génitif masculin par opposition à l'accusatif neutre des *omnia*, soit « chacun » (« everyone »). Notre thèse est la suivante : la formule se supprime elle-même parce qu'elle détruit la possibilité de faire la différence entre *omnia* et *omnes*. On ne peut pas distinguer chez Hobbes le sujet du *Jus*, les *omnes*, et les objets du *jus*, par exemple, des pierres qui tombent et des poissons dans la mer. Le droit n'intervient pour le sujet qu'à la condition d'être aussitôt supprimé, ce dernier est transformé en chose et par là éliminé en tant que personne.

L'attribution du droit aux individus humains et à leurs actions se supprime d'elle-même parce que chaque individu a un droit sur tout, et donc également sur le droit de tous les autres ; chacun est par là idéalement le possesseur légitime exclusif du droit de tous les autres, et inversement, son prétendu droit est toujours déjà en possession de tout autre. Ainsi, personne n'a droit à quoi que ce soit, pas même à soi, car personne n'a de

1. Hobbes, *De Cive*, I, 12, *op. cit.*, p. 96. On peut dire en revanche avec Kant : « Tant qu'ils ont l'intention d'exister en cet état de liberté privée de lois extérieures et d'y demeurer, ils ne commettent aucune injustice *les uns envers les autres* en se faisant la guerre entre eux (...) » (AK VI, 307 ; trad. J. et O. Masson, OPh III, 574). Car en niant le droit, on n'introduit aucune opposition du droit et du non-droit, mais on remarque simplement qu'il s'agit, avec les hommes, d'êtres qui peuvent et doivent vivre sous des lois, c'est-à-dire sous des conditions telles que le droit puisse être lésé.

rapport privilégié à soi-même. La différence entre la personne et la chose disparaît en vertu du caractère intrinsèquement contradictoire du prétendu *jus omnium (sc. hominum) in omnia (sc. et omnes)*[1].

Qu'est-ce qui a donc pu entraîner Hobbes à utiliser un concept fondamental intenable ? Est-ce simplement son obstination qui l'a conduit, dans un autre contexte, à l'hypothèse et à la défense acharnée de la quadrature du cercle ? L'introduction d'un droit sans concept symétrique, si l'on songe aux dispositions psychologiques de l'auteur, est du même ordre, mais ne nous donne pas de raison objective expliquant qu'il se soit fourvoyé dans cette impasse.

Une possible explication serait que Hobbes reprend l'idée d'un droit consistant de tous sur tout à la tradition stoïcienne, puis montre ce qu'il advient en réalité d'une telle hypothèse. Il est pourtant invraisemblable qu'un auteur du milieu du dix-septième siècle pense de façon si « hégélienne » et développe dialectiquement ses propres pensées à partir des préalables de l'histoire des idées. Une autre possibilité serait peut-être que le droit de tous sur tout ne reflète que la conscience subjective : chacun est persuadé de son droit originaire. Cette conviction ne disparaît pas quand il découvre qu'elle est partagée par tous les autres chacun selon sa perspective. En outre, la raison ne dit pas seulement à chacun qu'il a un tel droit subjectif, mais aussi qu'il doit abandonner ce droit sans effets au profit d'un droit partiel réalisable sous la domination légale d'un Léviathan. Pourtant, les textes concernés ne disent rien d'un tel fondement subjectif : pourquoi donc les habitants de l'état de nature doivent-ils, par-delà l'expérience manifeste du pouvoir d'agir ou de ne pas agir, de la puissance et de l'impuissance, accéder à un concept qui ne leur explique rien ni ne leur apporte aucun secours ?

On dit souvent que l'état de nature et son « jus omnium in omnia » est contradictoire dans l'intention même de Hobbes. De cette contradiction résulte alors, par une contrainte quasiment logique, la nécessité de quitter l'état de nature et d'entrer dans l'État. Ainsi Yves Charles Zarka parle-t-il de la « contradiction interne de l'idée d'un droit naturel de chacun sur toutes choses »[2]. Mais pourquoi une possession originaire commune de la *natura inferior* devrait-elle être contradictoire avec le droit de chacun à s'emparer de chaque chose ? « Les présupposés anthropologiques de Hobbes sous-tendent ainsi l'idée d'un droit exclusif de chacun sur toutes choses. Ce droit

1. Cette auto-contradiction n'est pas identique avec une contradiction supposée de l'état de nature, qui consisterait en ce que différentes personnes aient en même temps un droit (à savoir un droit exclusif) sur des objets identiques de la *natura inferior*. Sur ce point, voir *infra*, p. 107.

2. Y. C. Zarka, *Hobbes et la pensée politique moderne*, Paris, 1995, p. 181.

sur toutes choses enveloppe une contradiction : (that right of all men to all things is in effect no better than if no man had right to any thing) »[1]. Hobbes formule cela autrement; il ne parle pas d'une contradiction du droit qu'il suppose de tous (les hommes) sur tout, mais dit que ce droit ne porte pas de fruits. Or un héritage qui ne m'apporte rien n'est pas contradictoire ! Il est également important de souligner ici qu'aucune injustice ne correspond au droit de chacun, mais qu'un tel droit est *ineffectif.* Il faut cependant distinguer les *conséquences* relatives à l'usage du droit lui-même – il n'y a là aucune contradiction du *jus omnium in omnia* en perspective, mais bien une contradiction que l'auteur a mis lui-même dans ses concepts. D'autre part, Zarka part constamment du fait que les personnes sont distinctes des choses (« sur toutes choses ») chez Hobbes dès l'état de nature, et qu'il n'y a aucune raison de critiquer précisément cette hypothèse.

La conception hégélianisante selon laquelle l'état de nature hobbesien serait contradictoire avec l'intention de la théorie provient sans doute encore d'un autre raffinement théorique de Hobbes, lui aussi incompris. Le misérable *status naturalis* est ainsi fait que chaque homme doit nécessairement vouloir le quitter séance tenante. Qui veut y rester se contredit lui-même. Qui déclare par ses discours ou les maximes de son action vouloir rester dans l'état de nature se contredit lui-même : « (...) he therefore that desireth to live in such an estate of liberty and right of all to all, contradicteth himself » constatent les *Elements of Law*[2]. Le *Léviathan* n'apporte en cela aucun changement. Mais on voit bien que ce n'est pas l'état de nature qui est contradictoire, mais l'acceptation ou le refus émanant des personnes. La nature humaine, qui est précaire, contraint inévitablement à l'acceptation, un entêtement fautif et la méconnaissance des conditions effectives de réalisation des aspirations naturelles au refus. Seul celui qui recherche la paix selon ses possibilités ne se contredit pas. Mais ni le *jus omnium in omnia*, ni l'état de nature n'entrent en contradiction avec les contradictions internes d'un homme qui n'aspire pas à la paix. Si c'était le cas, le capitalisme et finalement toute société humaine en général pourraient être décrites comme contradictoires[3]. La mauvaise localisation de la contradiction a empêché la recherche récente de découvrir une contradiction que la théorie ne peut elle-même nommer.

S'il est juste de considérer l'existence de cette contradiction interne, non voulue par l'auteur et sa théorie, dans le *jus omnium in omnia*, c'est tout le théorème du droit naturel de Hobbes qui tombe. Il renvoie à la différence entre *omnia* et *omnes*, tout en la détruisant. Un concept de droit pensé sans

1. Zarka, *op. cit.*, p. 180. Zarka cite les *Elements of Law*, I, 14, 10, *op. cit.*, p. 72.
2. Hobbes, *Elements of Law*, I, 14, 12, p. 73.
3. Voir sur cela, R. Brandt, *Philosophie. Eine Einführung*, Stuttgart, Reclam, 2001.

l'injustice qui en est la contrepartie et une raison qui ne serait que privée ne sont que de purs fantômes verbaux. Hobbes subjectivise le droit, et en même temps supprime le sujet du droit dans la mesure où il le naturalise.

Si personne n'est, sans contradiction, le possesseur d'un droit illimité, aucun État ne peut être édifié sur ce fondement. La formule de transfert de droit[1] présupposant comme objet du transfert (ou de l'abandon de droit) un *jus in omnia*, elle est alors caduque. Le contrat politique du *Léviathan* reste donc assigné à la formule de remplacement de l'autorisation dont il propose la première formulation[2]. Chaque homme ne participe pas à l'acte d'autorisation du futur souverain en raison d'un droit naturel qui le distinguerait de tous les autres êtres de la nature, mais les sujets de droit sont, dans l'acte d'autorisation du Léviathan, ceux qui *peuvent* participer à cet acte de création. Les abeilles et les castors, et même les chimpanzés les plus développés, capables d'après les dernières connaissances que nous en avons de s'adonner à la peinture, saluent de loin, résignés, l'assemblée constituante de l'État, parce qu'ils se sentent ici dépassés. L'autorisation ne se produit pas sur le fondement d'un droit prétendument inné que chacun tiendrait de l'état de nature, mais est une obligation prononcée que l'on s'impose à soi-même en vue d'actions futures. On fait une promesse concernant des actions que l'on *peut* accomplir ou ignorer. L'autorisation rend ainsi possible un acte fondateur de la société civile ou de l'État à la façon du pacte avec le diable ou de la *creatio ex nihilo* : il n'y a pas quelque chose comme un état antérieur de Tohu-bohu ou une nature avec de prétendus droits, mais uniquement l'acte initial à l'heure zéro qui engage toutes les actions futures. Personne ne revient sur ce qui précède et n'interroge sa possibilité et sa légitimation, mais toute action future reçoit son orientation du pacte originaire et est légitimée par lui. Hobbes aurait pu, sans incohérence, rompre totalement dans le *Léviathan* avec sa première théorie du droit naturel qui s'enracinait dans le passé (la doctrine stoïcienne) et choisir comme unique fondement le motif de l'autorisation, c'est-à-dire l'acte de parole, au moins relativement aux buts théoriques que nous considérons maintenant.

Par l'acte d'autorisation, l'État devient une auto-création de l'homme. En cela, la théorie de Hobbes rappelle les *Méditations* de René Descartes de l'année 1641. Tous deux conçoivent de façon nouvelle l'ipséité de l'homme. Descartes cherche à constituer dans la régression bien connue du

1. Cf. *Elements of Law,* II, 1, 6-12, *op. cit.*, p. 111 ; également, combiné avec la formule de l'autorisation *Leviathan,* XVII, 13.

2. Ce n'est donc pas le cas dès le *De Cive* ou les *Elements of Law*. *Cf.* R. Brandt, « Der Autor des Leviathan und das Recht gegen den Staat », *in* U. Bermbach, K. M. Kodalle (éd.), *Furcht und Freiheit. LEVIATHAN-Diskussion 300 Jahre nach Thomas Hobbes*, Opladen, 1982, p. 154-165.

doute l'acte de pensée comme point d'Archimède depuis lequel d'autres certitudes peuvent être conquises, *Cogito, ergo sum* devenant le motif musical de cette attention à soi. Hobbes, quant à lui, déploie dans le *Léviathan* une théorie faisant du citoyen l'auteur de son devoir d'obéissance à l'égard des lois de l'État; c'est le citoyen lui-même qui produit l'État qui le commande, et c'est dans sa volonté que se fonde la volonté du prince. Il autorise l'ensemble des actions de l'État – quoi que fasse le souverain, il a pour lui la signature de tous les citoyens qui l'autorisent à le faire. Chaque individu peut dire: « L'État, c'est moi ». Que seul le souverain absolu puisse cependant le dire complètement, c'est ce qui montre la position précaire des *subjects* qui s'aliènent. Hobbes est en cela semblable à Descartes qui parvient à Dieu par le *cogito*, Dieu dont la connaissance claire et distincte rend seule possible la connaissance du monde et la connaissance de soi dans la durée. La connaissance claire et distincte commence certes avec la lumière du *cogito sum*, celle-ci ne peut pourtant durer et conduire à la connaissance du monde que par la grâce de Dieu qui, devons-nous supposer, ne nous trompe pas. Leur commune innovation est qu'au commencement, il y a dans les deux cas l'homme conscient de lui-même. Mais, dans les deux cas, il a besoin d'une autorité supérieure qui rende possible sur la durée sa connaissance et son action.

Les théoriciens anglais tentèrent après Hobbes de montrer le caractère antijuridique du pacte hobbesien d'un sujet sans droit avec un souverain absolu instaurant le droit. La percée décisive fut en cela l'œuvre de John Locke dans ses *Two Treatises of Government* (1690), qui sont également pour la philosophie du droit continentale porteurs d'avenir. Locke restitua la place exceptionnelle de l'homme comme personne dans l'ordre de la création; il le fit en recourant à des prémisses théologiques que Rousseau reprit en hésitant, sans les désigner explicitement, et que Kant tenta de remplacer dans une nouvelle conception de la raison pratique par le concept d'autonomie.

LE DROIT DU CONTRAT KANTIEN COMME POSSESSION DE L'ARBITRE D'AUTRUI

Le problème systématique

Le droit privé kantien à l'intérieur de la *Métaphysique des mœurs* de 1797 se divise en trois parties principales[1]. La première traite « De la

1. Je suis en partie la proposition d'interprétation de Bernd Ludwig, *Kants Rechtslehre* (*Kant-Forschungen*, Bd. 2), Hambourg, 1998[2]. [Dans son édition des *Metaphysische Anfangsgründe der Rechtslehre* (dans les *Kant-Forschungen* 2, Hamburg, 1988, puis, dans une édition améliorée, dans la Philosophische Bibliothek de Meiner, n° 360, Hamburg,

manière d'avoir quelque chose d'extérieur comme sien »[1], la deuxième « De la manière d'acquérir quelque chose d'extérieur »[2]; la troisième « De l'acquisition subjectivement conditionnelle prononcée par la sentence d'une juridiction publique »[3]. Cette dernière ne nous intéresse pas pour le moment[4]. Nous remarquons déjà ici que le lecteur est surpris ou devrait l'être par la première division, car il a lu dans l'« Introduction » que « Le mien et le tien inné peut aussi être appelé interne (*meum vel tuum internum*), car le mien et le tien externe doit toujours être acquis »[5]. Le mien, que j'ai par nature, est le mien interne comme mon honneur ou mon corps[6]; le mien externe en revanche ressortit du droit de l'acquisition, et le droit privé ne traite que de lui. On s'attend par conséquent à ce que le droit privé commence par un traité « Des manières d'acquérir quelque chose d'extérieur »; au lieu de quoi, l'analyse de la possession précède celle de l'acquisition. Cette dichotomie stupéfiante entre avoir et acquérir dans le domaine du mien et du tien externe est une spécificité de la *Doctrine du droit*, qui conduit aux apories dont je vais parler maintenant. Une remarque encore auparavant: le mien et tien externe est entièrement ou pour une part essentielle fondé dans le mien et tien interne en tant que droit inné; car toute

F. Meiner, 1998), Bernd Ludwig propose une disposition du texte qui tienne compte des difficultés remarquées depuis 1929 par G. Buchda (*Das Privatrecht I. Kants*, Diss. Iéna, 1929), un passage ayant été inséré dans l'édition de 1797 au § 6. Par la suite, d'autres difficultés ont été relevées, comme au § 10 (Th. Mautner) et dans la *Remarque générale sur les effets juridiques découlant de la nature de l'union civile* (J. Berkemann). Les éditions françaises n'en tiennent pas compte. B. Ludwig a entrepris de reconstruire le texte où il était manifestement défaillant pour des raisons tenant à son état matériel et non aux faiblesses psychologiques de son auteur, à une sénilité si complaisamment invoquée. Outre des corrections de plus de 40 coquilles, des rectifications de titres, de l'ordre et de la place de certains passages, B. Ludwig a exclu comme étant des travaux préparatoires indûment demeurés dans le texte de 1797 les passages suivants: AK VI, 247, 9-15; 259, 12-28 & 250, 18/251, 36; 264, 1/266, 37. Les interventions les plus considérables par rapport au texte de l'édition de l'Académie portent sur le déplacement des § 2-3 dans le § 6, la suppression du § 15 et l'interversion des § 16 et 17, l'insertion du § 31 en § 21, l'interversion des § 43 et 44, la recomposition des § 46 à 50. N.d.T.].

1. AK VI, 245.
2. AK VI, 258.
3. AK VI, 296.
4. Voir sur ce point D. Falcioni, « Fragen der Gerechtigkeit bei Kant: Was ist an sich Recht? Was ist rechtens? », *in* H. Klemme, B. Ludwig, M. Pauen, W. Stark (éd.), *Aufklärung und Interpretation. Studien zu Kants Philosophie und ihrem Umkreis*, Würzburg, 1999.
5. AK VI, 237; trad. J. et O. Masson, OPh III, 487.
6. AK VI, 238; 248. Le dernier texte parle de la pomme que j'ai dans la main, et de l'emplacement sur le sol; qui me prend la pomme de la main et me pousse de mon emplacement me lèse « au point de vue du mien intérieur (de la liberté) » (VI, 248; OPh III, 497). On doit en conclure que le corps, condition de cette liberté, tombe dans le domaine du mien interne. Cela résulte aussi du fait que le mien et le tien interne et externe forment une disjonction parfaite et que mon corps appartient, en tant que je ne peux pas l'acquérir, nécessairement à l'interne.

possession de chose se fonde sur la « propriété commune innée » originaire[1], et tous les hommes ont de naissance « un droit originairement inné (non hérité) à l'assistance de leurs parents »[2]. Dans les deux cas, l'équivalence du droit interne et du droit inné n'est pas évidente. Nous nous concentrons ici sur la problématique du droit du contrat.

Il y a trois classes objectives du mien et du tien externe qui sont introduites aussi bien au titre de l'avoir que de l'acquisition. Il s'agit des choses sur lesquelles nous pouvons avoir un droit de propriété[3], puis de l'arbitre d'un autre dans le droit personnel ou contractuel, et troisièmement il y a le droit relatif à l'état d'un autre par rapport à moi[4].

Le droit personnel ou contractuel est conçu à un premier niveau, comme possession légitime par un partenaire du contrat de l'arbitre de chacun des autres partenaires du contrat, à un second niveau, la possession de l'arbitre est interprétée sur le modèle de la possession des choses, et c'est à ce second niveau, selon notre thèse, que Kant échoue en raison des prémisses de sa propre théorie. Le résultat s'apparente au résultat obtenu par Hobbes avec le *jus in omnia*.

Le théorème que je désigne pour des raisons systématiques comme celui du premier niveau sera développé dans la seconde section.

Des contrats peuvent se rapporter à deux domaines, aux choses que je peux donner (*dare*), ou aux activités que je peux exercer (*facere*). *Que je peux*, c'est-à-dire qui sont dans mes capacités physiques ou légales. Les contrats se composent, si l'on simplifie, de deux ou trois opérations. D'abord, celui qui promet doit annoncer sa promesse (t1), puis celui qui accepte doit la recevoir (t2), et troisièmement, celui qui a promis doit accomplir l'opération promise en transmettant la chose ou en accomplissant l'acte (t3)[5]. Kant considère que la validité juridique de l'acte n'est garantie que lorsque l'extériorité spatiale et temporelle des phénomènes est abolie dans un « en soi » intelligible[6] La « Déduction transcendantale »

1. AK VI, 250.

2. AK VI, 280; OPh III, 539.

3. « Propriété », qui apparaît dans le texte imprimé en AK VI, 269, 1.

4. AK VI, 247; 259 *sq.* On considère le plus souvent – et Kant lui-même le suggère (358, 25-359, 3) – que la véritable innovation de Kant réside dans la troisième classe d'objets. Peut-être Kant l'a-t-il réinventée, peut-être aussi avait-il oublié qu'il l'avait déjà rencontrée. Nous pouvons la retrouver au moins déjà chez Leibniz. Kant pense qu'il est le premier à avoir introduit la troisième classe, *cf.* AK VI, 357-361. A. Robinet, *G. W. Leibniz. Le meilleur des mondes par la balance de l'Europe*, Paris, P.U.F., 1994, p. 131-134, remarque une triade analogue chez Leibniz.

5. *Cf.* W. Kersting, *Die politische Philosophie des Gesellschaftsvertrags*, Darmstadt, 1993, p. 297-302.

6. *Cf.* la *Critique de la raison pure* : « On ne peut pas dire pour cela que le concept vulgaire soit sensible et ne renferme qu'un simple phénomène, car le droit ne peut être de

d'un contrat juridique s'accomplit alors par la prise de possession réciproque de l'arbitre « en tant que principe déterminant celui-ci à une action, conçue il est vrai d'abord empiriquement, par la déclaration et la déclaration en contrepartie de l'arbitre de chacun des deux dans le temps en tant que condition sensible de l'appréhension, dans laquelle les deux actes juridiques ne font jamais que se suivre l'un l'autre, mais puisque ce rapport (en tant que juridique) est purement intellectuel, grâce à la volonté comme pouvoir rationnel législateur, cette possession en tant qu'intelligible (*possessio noumenon*) est représentée d'après des concepts rationnels de la liberté (...) procédant d'une unique volonté commune (...) »[1]. La validité juridique de l'acte intelligible est garantie par « un [sic!][2] postulat de la raison pure (qui en ce qui concerne le droit fait abstraction de ces conditions sensibles d'espace et de temps) »[3].

Le privilège de la personne A eu égard à la possession de son propre arbitre naturel est fondé, comme nous pouvons en faire la conjecture dans le sens de Kant, sur la figure juridique du mien interne. Chacun est de droit propriétaire inné de sa volonté propre *naturaliter* ou de son arbitre propre *naturaliter*. Il n'a pas besoin de l'acquérir d'abord (son propre arbitre n'est rien d'extérieur pour lui), mais la met en jeu comme pouvant partiellement être acquise par un partenaire de contrat; il peut se lier envers lui, c'est-à-dire selon l'interprétation kantienne de cette liaison, lui accorder un droit de copropriété temporaire sur son mien interne. Nous nous contenterons d'abord de cet exposé; nous reviendrons ultérieurement de façon critique sur cette théorie de l'acquisition.

On voit bien que, dans cette construction de la possibilité juridique de l'acquisition par contrat, c'est aussi l'avoir et non seulement l'acquisition de l'arbitre d'un autre qui est réglé, car, même temporaire et conditionné, la possession est un avoir. Pourtant, comme je l'ai dit, Kant a placé avant la « seconde section » un traité « De la manière d'avoir quelque chose d'extérieur comme sien ». Le droit du contrat en reçoit un élément supplémentaire difficile à justifier.

Quelle que soit la position du lecteur de la *Doctrine du droit* vis-à-vis de l'arrangement textuel proposé par Bernd Ludwig, il y a : une « exposition du concept de mien et tien extérieur », une « définition du concept de mien et tien extérieur » et une « Déduction du concept de possession purement

l'ordre de ce qui apparaît, mais le concept en réside dans l'entendement et représente une qualité (la qualité morale) des actions, qui leur revient en elles-mêmes » (A 43-44; trad. J. Barni, revue par F. Marty et J.-L. Delamare, OPh I, 802).

1. AK VI, 272, 31-273, 10; trad. OPh III, 530.

2. Il ne s'agit donc pas *du* postulat, à savoir le postulat formulé aux paragraphes 2 ou 6.

3. AK VI, 273, 22-25; trad. OPh III, 531.

juridique d'un objet extérieur (*possessio noumenon*) »[1]. Cette déduction s'appuie (d'après la version imprimée)[2] sur le postulat de la raison pratique juridique selon l'indication du dernier alinéa du paragraphe 6 ou aussi du paragraphe 2 inséré dans le paragraphe 6 dans les éditions traditionnelles. Le postulat déjà cité plus haut est : « Il est possible à mon arbitre de prendre pour mien tout objet extérieur, c'est-à-dire qu'une maxime d'après laquelle, si elle faisait loi, un objet de l'arbitre devrait être *en soi* (objectivement) vacant (*res nullius*), est contraire au droit »[3].

L'objet possible de l'arbitre se trouve spécifié dans l'*Exposition* conformément à la relation de causalité en trois classes ; le postulat vaut, quel que soit l'usage que l'on fait du texte, pour les trois classes d'objet. Cela est nouveau par rapport au droit de l'acquisition, car les trois classes étaient alors toutes fondées par un postulat produit pour chacune séparément[4]. Et derechef, il y a dans les deux premières classes d'objet une volonté commune séparée pensée comme unie de façon nouménale ; dans le droit réel, il s'agit d'une « volonté *omnilatérale*, non pas contingente, mais *a priori*, par conséquent nécessairement unifiée, et pour cette seule raison légiférante »[5] ; nous avons déjà rencontré plus haut la volonté commune *bilatérale* dans le droit personnel ou contractuel.

La justification du postulat du § 2 ou § 6 comprend une première partie ne concernant que la pure possibilité (« puissance ») dans le premier alinéa, puis dans le second alinéa[6], la mise en vigueur proprement recherchée de cette possibilité par une autorisation, en fait par un acte de l'arbitre d'avoir quelque chose d'extérieur en son « pouvoir » et par là d'imposer *à tous les autres unilatéralement* une obligation. Cette seconde partie comprend le problème concernant le droit du contrat.

La première partie dit que le principe de l'accord légal de l'arbitre libre de l'un avec celui de tous les autres a un caractère purement formel. Il serait contradictoire de faire dépendre cette règle de liberté d'une question matérielle, comme de savoir si un objet utilisable est physiquement possédé par moi ou non (et donc si son usage par d'autres personnes, qui n'est pas concédé par moi, lèse mon mien intérieur), c'est-à-dire si l'objet se trouve à

1. Respectivement AK VI, 247, 248 et 249.

2. Voir ci-dessous p. 127.

3. AK VI, 246, 5-8 ; trad. OPh III, 495.

4. AK VI, 258, 24-25, 264, 30-35 et 268, 25 pour le droit réel ; 273, 22-29 pour le droit contractuel et 276, 32-34 pour le droit personnel à modalité réelle. Nous pouvons affirmer cela aussi bien du premier passage nommé (258, 24-25), car sous le titre général « Principe universel de l'acquisition extérieure » (258, 4), il n'y est question à partir de 258, 9 que du droit réel.

5. AK VI, 263, 26-27 ; trad. OPh III, 518.

6. Respectivement AK VI 246, 9-35 et 247, 1-8.

distance dans l'espace et le temps. Par conséquent, il s'ensuit de la loi de liberté que la possibilité d'un mien et tien extérieur doit être présupposée.

Plus précisément, d'après la détermination de ce qu'est un objet de mon arbitre, nous avons un syllogisme commençant par une première prémisse[1], une seconde prémisse[2] et une conclusion[3], qui, quant à elle, est formulée[4] encore dans le sens du postulat[5]; entre la première et la seconde formulation est insérée une explication de la différence entre « puissance » et « pouvoir »[6], qui a une fonction constitutive pour le passage de la première à la seconde partie de l'ensemble de la preuve. La seconde prémisse, qui est de fait la majeure, donne en abrégé : « les lois juridiques sont uniquement de nature formelle »; la première prémisse, qui est la mineure, donne en abrégé : « L'interdiction de l'emploi d'objets utilisables (=*res nullius*) n'est pas de nature formelle » (puisque l'arbitre s'accorde très bien dans l'usage des choses utilisables avec la liberté de tout autre selon des lois universelles[7]); l'interdiction ne peut donc pas être une loi juridique. Ainsi la maxime « d'après laquelle, si elle faisait loi, un objet de l'arbitre devrait être en soi (objectivement) vacant (*res nullius*), est contraire au droit »[8], parce que cette loi se contredirait elle-même[9] en étant formelle en tant que loi et matérielle en tant qu'interdiction[10].

Mais de ce fait, la question décisive n'est pas réglée[11]. À l'occasion de toute « acquisition »[12] légitime d'une chose (!), la liberté de tous les autres est limitée par un acte auquel ils n'ont pas donné leur accord. Une telle

1. AK VI, 246, 10-19.
2. « Mais comme... », 246, 19-23.
3. Cf. « ainsi... », 246, 23-25.
4. AK VI, 246, 32-25.
5. AK VI, 246, 5-6.
6. AK VI, 246, 25-32.
7. AK VI, 246, 17-19.
8. AK VI, 246, 6-8.
9. AK VI, 246, 24-25.
10. On voit ici comme il est égarant, en examinant une maxime, de parler d'universalisation. L'universalisation se rapporte au contenu de la maxime, qui est universalisé à titre d'essai; en revanche, la question de Kant est de savoir si la maxime peut être une loi formelle de la liberté; il y a donc là passage d'une catégorie à une autre des contenus de l'arbitre à une forme juridique faisant abstraction complètement de tous les contenus. La distinction critique de contenus phénoménaux déterminés dans le temps et l'espace et d'une législation de la liberté intelligible est la présupposition de la philosophie morale kantienne; si on l'élimine, rien ne va plus. Ajoutons encore que la maxime de 246, 6-8 est formulée comme une antithèse sous la condition du concept précritique de possession de 255, 9-10.
11. Il est faux de supposer que Kant se tourne ici vers les « questions de nomenclature », *cf.* P. Struck, « Ist Kants Rechtspostulat der praktischen Vernunft aporetisch? Ein Beitrag zur neuerlich ausgebrochenen Kontroverse um Kants Rechtsphilosophie », in *Kant-Studien* 78, 1987, p. 471-476, p. 472.
12. AK VI, 263, 14.

limitation de la liberté est pourtant contraire au droit d'après le principe *omnis obligatio est contracta*[1]. On peut comparer cela avec une formulation préalable :

> Quant à la possession d'une chose extérieure à moi, je ne peux, d'après les lois de la liberté, exercer aucune contrainte à moins que tous ceux que je peux rencontrer dans ce rapport s'accordent en cela avec moi, à savoir avec leurs volontés réunies à la mienne, car alors je contrains chacun par sa propre volonté selon les lois de la liberté[2].

Le postulat de la « première section » résout l'aporie concernant l'état pré-étatique par un coup de force : il accorde une « autorisation que nous ne pouvons pas tirer des simples concepts du droit en général ; autorisation à imposer à tous les autres une obligation qu'autrement ils n'auraient pas, celle de s'abstenir d'user de certains objets de notre arbitre parce que nous avons été les premiers à les prendre en notre possession. La raison veut que cela ait valeur de principe, et cela en tant que raison *pratique* qui s'étend à la faveur de ce sien postulat *a priori* »[3].

« Tous les autres » : on voit posé ici le fondement du droit provisoire de limiter préalablement la liberté de tous les autres pour après transformer lors de la fondation de l'État le droit provisoire en droit péremptoire. Dans la législation de la volonté universelle, les limitations de la liberté peuvent être en principe légalement réglées, et les actes particuliers de prise de possession peuvent être transformés en droit péremptoire. Désormais, chacun a donné son accord à la limitation de la liberté par l'arbitre des autres. Le fondement de cette conception est l'idée d'une possession commune

1. *Cf.* Kant, AK XXIII, 219, 10-15 : « Personne ne peut être soumis à une obligation qu'il ne contracte pas (*omnis obligatio est contracta*). Donc personne ne peut acquérir par un arbitre unilatéral (bien qu'il le puisse par une action unilatérale), mais seulement par la réunion de l'arbitre de ceux qui instaurent une obligation dans l'acquisition et font un contrat mutuel. »

2. AK XXIII, 277, 28-33.

3. AK VI, 247, 2-8 ; trad. OPh III, 496. Quant à la question de savoir jusqu'où s'étend la raison pratique (*cf.* 247, 6-8), il faut considérer deux points. Premièrement, Kant oppose les « simples concepts » (247, 3) au « principe » (247, 3). L'impératif catégorique est, comme la loi de la liberté externe qui en est issue, une proposition synthétique *a priori*, de laquelle on peut déduire d'autres propositions synthétiques (comme par analogie, des principes synthétiques de l'arithmétique et de la géométrie, d'autres propositions synthétiques suivent analytiquement et que l'on ne peut pas comme avant expliquer à partir de simples concepts la différence de parties opposées sans congruence). Deuxièmement, ce n'est que dans le dernier alinéa du § 2 sur la possibilité principielle du mien et tien extérieur en droit que l'on passe à « l'extension », en sorte que lors d'un acte d'acquisition juridiquement possible de l'arbitre, une obligation entièrement neuve est établie pour tous les autres. L'extension synthétique du postulat réside peut-être d'abord en cela. [NB : les § 2-3 sont déplacés, dans l'édition B. Ludwig, dans le § 6, après le troisième alinéa. N.d.T.].

originaire des choses utilisables par tous les hommes[1]. Si une part déterminée de la possession commune est retirée et transformée en une propriété exclusive, cela requiert une régulation légale, qui le rend possible. La conception de Kant dépasse de loin celle des jusnaturalistes antérieurs par son élégance et sa profondeur. Mais elle a, semble-t-il, un défaut.

En effet, parmi les objets relevant du postulat de la « première section », il y a aussi la possession de l'arbitre d'un autre, qui fonde la possibilité juridique du contrat. La possession réciproque de l'arbitre du partenaire dans le contrat fonde, comme nous le savons, la possibilité juridique du contrat. Mais dans la « seconde section », l'argumentation partait du fait que les partenaires du contrat disposaient naturellement de leur propre arbitre, et même juridiquement d'une façon privilégiée; il n'est pas une *res vacua*, mais ressortit de leur mien interne inné. Si cela est le cas, la liberté de « tous les autres » n'est pas limitée par le contrat bilatéral ou multilatéral, car leur liberté de disposer d'un arbitre étranger était en droit naturel toujours déjà limitée par le statut juridique du sien intérieur d'autrui. Avant toute possession réciproque par contrat de l'arbitre des partenaires du contrat, la liberté de chaque personne eu égard à tout autre se trouvait restreinte par le fait que personne n'a le droit de blesser l'honneur ou le corps des autres ou de prendre arbitrairement possession de leur volonté. « Le mien en droit (*meum iuris*) est ce à quoi je suis lié de telle sorte que l'usage qu'un autre pourrait en faire sans mon consentement me lèserait »[2]. C'est la première phrase du § 1, qui est énoncée de façon encore générale du mien intérieur et extérieur.

Mais si la possession légale de l'arbitre d'un autre tombe, comme la possession réelle, sous les mêmes conditions du postulat du § 2, le mien et le tien intérieur sont alors supprimés et la personne transformée en une chose qui, préalablement à tout acte d'acquisition, appartient à tous. Ce n'est qu'à cette condition que, lors de la conclusion d'un contrat entre des personnes déterminées, on peut établir une nouvelle obligation « pour tous les autres », une obligation qui ferait défaut sinon, de s'abstenir de l'arbitre de ces personnes. Mais ils avaient déjà cette obligation parce que l'arbitre ressortit au mien intérieur de chacun et que donc son usage par autrui sans consentement constitue une lésion du droit !

Kant répète ce point dans la « première section » (et seulement en elle !) :

> La possibilité d'une telle possession, par conséquent la déduction du concept d'une possession non empirique, se fonde sur le postulat juridique de la raison pratique selon lequel « c'est un devoir de droit d'agir envers

1. Voir sur ce point Jeffrey Edwards, « Disjunktiv- und kollektiv-allgemeiner Besitz : Überlegungen zu Kants Theorie der ursprünglichen Erwerbung », *in* D. Hüning, B. Tuschling (éd.), *Recht, Staat und Völkerrecht bei I. Kant*, Berlin, 1998, p. 121-140.

2. AK VI, 245, 9-11 ; trad. OPh III, 494.

> autrui de telle sorte que ce qui est extérieur (utilisable) puisse être regardé par tout un chacun aussi bien comme sien », (...) [1].

Et :

> Lorsque je déclare (verbalement ou par un acte) : je veux que quelque chose d'extérieur soit mien, je déclare ainsi chacun obligé de s'abstenir de l'objet de mon arbitre ; obligation que personne n'aurait sans ce mien acte juridique [2].

Le mien extérieur dont il est ici question doit comprendre chacune des trois classes de possession possible ; mais alors, elle comprend également l'arbitre (mai aussi l'état) de personnes considérées comme des choses dont nul n'est *a priori* tenu de se passer, comme c'est le cas dans l'État de nature de Hobbes, où chacun avait un droit sur toutes les autres choses comme sur toutes les autres personnes ! Cela contredit manifestement le statut juridique du mien intérieur : chacun est tenu avant toute action juridique de s'abstenir de sa propre possession de soi innée. Kant identifie à tort ce qui est purement et simplement extérieur (les choses) avec ce qui est extérieur pour autrui *seulement* (le mien intérieur de chaque personne) ; il subsume sans le dire le dernier sous le premier.

Nous retrouvons ainsi du même coup les apories liées au *jus omnium in omnia* de Hobbes. Et il en va de même *a fortiori* pour la troisième classe d'objets. Là aussi, la représentation que nous rétablissons une obligation envers « tous les autres » par une acquisition personnelle réciproque conduit nécessairement (selon Kant lui-même) à la présupposition fausse que la personne elle-même n'a aucun rapport privilégié à sa propre existence, qu'elle n'est pas dans une possession juridique d'elle-même, et donc qu'elle est une chose. L'explication du droit domestique dans la « Deuxième section » est exempte de cette conception fautive, comme l'était le droit du contrat [3].

Eu égard au droit du contrat, on peut également faire valoir l'argument suivant contre la construction du postulat des paragraphes 2 et 6. Le contrat se trouve interprété comme la possession réciproque de l'arbitre, et cette possession doit être rendue possible par le postulat qui dit en son point décisif qu'une obligation est posée pour tous les autres par la constitution contractuelle de notre possession. Mais conformément au principe de l'*omnis obligatio contracta est*, cette obligation n'a une action juridique que lorsqu'elle peut être ratifiée dans le contrat social pensé idéalement. Ce contrat devrait à son tour être interprété en termes de droit de propriété,

1. AK VI, 252, 11-15 ; trad. OPh III, 503.
2. AK VI, 255, 26-29 ; trad. OPh III, 507-508.
3. Ceci vaut aussi pour le paragraphe 10, car si le titre en est « Principe universel de l'acquisition extérieure », il n'y est question en fait que de l'acquisition originaire.

c'est-à-dire que sa construction renvoie au postulat du § 2 – le contrat social ne serait possible que si, conformément au postulat, une obligation était posée pour tous les autres de s'abstenir de la possession de l'arbitre de chacun – : il y a là une régression à l'infini. Pour l'éviter, il est nécessaire d'élaborer la figure juridique du contrat indépendamment du droit réel.

Dans les faits, Kant distingue lui-même le droit du contrat dans la « deuxième section » du droit réel en un point névralgique : « Mais ce mien *droit* n'est qu'un droit *personnel*, c'est-à-dire un droit envers une personne physique *déterminée*, celui d'agir sur sa causalité (son arbitre), droit à ce qu'elle me fournisse une prestation, non pas un *droit réel* envers cette *personne morale*, laquelle n'est autre que *l'Idée de l'arbitre de tous unifié a priori* et par laquelle seulement je puis acquérir un *droit envers tout possesseur d'une chose* – et c'est ce en quoi consiste tout droit sur une chose »[1]. Cet énoncé n'est pas conciliable avec la conception d'ensemble de la « première section ». Inversement, on lit certes dans la « Deuxième section » au sujet de l'acquisition originaire par une prise de possession unilatérale qu'elle ne peut être légitimée[2] uniquement par une « volonté unifiée *a priori* (c'est-à-dire par le biais de l'unification de tous les arbitres qui peuvent entrer en rapport pratiques réciproques) »[3]; « car la volonté unilatérale qui est en elle-même contingente (de laquelle relève encore la volonté bilatérale qui n'en demeure pas moins volonté *particulière*) ne peut imposer d'obligation à personne (…) »[4]. On ne doit pourtant pas conclure ici, à l'inverse, que la volonté bilatérale, et du coup seulement particulière des partenaires du contrat, nécessiterait pour sa validité juridique la volonté universelle en question.

Le postulat juridique de la raison pratique était : « Il est possible à mon arbitre de prendre pour mien tout objet extérieur, c'est-à-dire qu'une maxime d'après laquelle, si elle faisait loi, un objet de l'arbitre devrait être *en soi* (objectivement) *vacant* (*res nullius*), est contraire au droit »[5]. Ni mon arbitre ni mon état ne sont *res nullius*, mais ils sont à chaque fois le mien intérieur. Par conséquent, comme on l'a montré plus haut, le postulat concernant les deuxièmes et troisièmes classes d'objet[6] est sans importance. En outre, un élément de l'acquisition originaire passe dans le postulat du § 2 au § 6 (à savoir, que l'acquisition est toujours celle d'une chose) : « … parce que nous avons été les premiers à les prendre en notre

1. AK VI, 274, 5-12 ; trad. OPh III, 531.
2. Kant n'emploie pas ici ce concept.
3. AK VI, 263, 21-23 ; trad. OPh III, 517-518.
4. AK VI, 263, 23-25 ; trad. OPh III, 518.
5. AK VI, 246, 5-8 ; trad. OPh III, 495.
6. AK VI, 248, 8-29.

possession »[1]; et d'autre part, il est fait usage dans la doctrine de l'acquisition originaire des choses dans la « deuxième section » de tel ou tel postulat semblable[2].

Cela n'est pourtant pas le cas dans le droit du contrat et dans le droit domestique qui, comme on l'a vu, formulent chacun leur postulat. La différence vaut aussi de l'opposition des possessions provisoire et péremptoires ; elle n'apparaît que dans la « première section » et dans le droit d'acquisition des choses, et non dans le droit d'acquisition de l'arbitre et de l'existence d'autres personnes – ni le droit du contrat ni le droit domestique ne son présentés dans la « deuxième section » comme étant provisoires ! Il faut en outre être attentif au fait que les trois sections de la doctrine de l'acquisition commencent chaque fois par la détermination du concept de possession ou de l'avoir d'une chose[3], de l'arbitre d'autrui dans le droit du contrat[4] et de la possession ou de l'avoir de l'état d'autres personnes dans le droit domestique[5], comme si une section préalable traitant exclusivement de l'avoir ou de la possession plutôt que de l'acquisition n'était absolument pas nécessaire.

Mais, pourrait-on objecter, cela ne vaut-il pas également pour Gottfried Achenwall ? Le droit du contrat purement personnel m'autorise en effet avant son accomplissement, il oblige chacun à renoncer au mien que j'ai acquis par le contrat. On lit chez lui :

> *Si factum pacto promissum nondum est praestitum ; acceptanti competit 1) ius personale in promissorem, ut id praestet faciendo, vel non faciendo, vel patiendo, ut ipse faciat, 2) ius in quemlibet tertium, ne promissorem vel impediat in faciendo, vel cogat ad committendem, quod contrarium est datae fidei*[6].

Il vaut la peine de suivre un peu cette objection afin d'éclairer encore une fois par contraste la pensée de Kant. Chez Achenwall, la personne est douée d'un droit de souveraineté naturel que l'on rencontre chez Kant dans

1. AK VI, 247, 6 ; trad. OPh III, 496.

2. *Cf.* AK VI, 258, 23-25 ; 262, 15-16 ; 264, 29-35 ; 268, 20-30. Le « postulat de la raison pratique » n'est pourtant pas constamment identique avec le postulat des § 2 à 6. En AK VI 258, 22-23, l'acte de l'arbitre de 246, 30 et de 247, 6 n'est précisément pas pris en compte comme postulat. La référence à un passage précédent, qui est unique dans la *Doctrine du droit*, en 262, 15-16, peut fort bien avoir été faite par le rédacteur, comme c'est souvent le cas dans l'*Anthropologie* de 1798 (voir mon *Kritischer Kommentar zu Kants Anthropologie*, Hamburg, 1999, Introduction). La « première section » n'a pas dû être rédigée avant la « deuxième section ».

3. AK VI, 260, 13-261, 25.

4. AK VI, 271, 4-10.

5. AK VI, 276, 19-26.

6. Gottfried Achenwall, *Ius naturae*, Göttingen, 1767, p. 168 (§ 187).

la forme du « mien intérieur » (et donc déjà dans une conception de la propriété). Sous le titre *De Iure cuiusvis respectu sui ipsius*[1], Achenwall parle du droit intérieur inné, *ius illud, quod natura cuique competit in se ipsum et in omnes actiones suas non iniustas* (…)[2]. Il ne reviendrait donc à personne de droit *substantia mea utendi, actiones meas iustas eodem modo determinandi pro sua voluntate (suo libero arbitrio), quemadmodum illud competit pro meo arbitrio* (…)[3]. Sous le titre *De iure circa res*, les choses et les personnes sont strictement distinguées : nous avons un droit inné à utiliser les choses ; les choses encore non utilisées sont *res nullius*[4]. Après cette explication préliminaire, il est question du droit de l'acquisition originaire des choses, puis de la possession (*De dominio*) des choses acquises (Kant placera, en revanche, la possession avant l'acquisition). Le droit personnel dans le contrat suit ce double traitement du droit réel, « De pacto »[5]. Le contrat n'est pas conçu en termes de possession juridique, comme l'avait fait de façon allusive Grotius et de façon complète Kant, mais comme *voluntas nimirum sufficienter declarata utriusque*[6], dans la mesure où chacun s'oblige (*sese obligat*[7]), (…) *acceptanti ex pacto nascitur ius in promissorem, ut praestet* (…)[8] Ce droit n'est pas *réel*, mais toujours un simple droit *ius personale*, en sorte que la possibilité d'éloigner, du fait de ce droit, un tiers de ce contrat, n'est pas, dans le droit d'exclusion, fondée dans la possession de l'arbitre d'un autre[9]. C'est précisément cela qui est chez Kant la conséquence inévitable de sa conception de la « première section ».

Avant d'expliquer l'intérêt que Kant peut prendre à cette fondation du droit privé (et du même coup aussi du droit public) qui contredit ses propres prémisses, revenons au traitement asymétrique déjà évoqué des trois classes d'objet d'une possession possible, telle qu'on la rencontre dans la « deuxième section », à savoir dans le droit d'acquisition. Premièrement, au § 10, le « principe universel de l'acquisition extérieure »[10] est officiellement présenté. En fait, seul le droit réel relatif à l'acquisition originaire est

1. *Ibid.*, p. 58 (« Titulus I »).
2. *Ibid.*, p. 61 (§ 68).
3. *Ibid.*, p. 61 (§ 68 ; cf ; aussi § 67 et § 168).
4. *Ibid.*, p. 88-90 (§ 106-§ 108).
5. *Ibid.*, p. 142-164 (§ 165-§ 181).
6. *Ibid.*, p. 145 (§ 166).
7. *Ibid.*, p. 151 (§ 171).
8. *Ibid.*, p. 167 (§ 186).
9. Achenwall pouvait fonder la nécessité de la formation d'une volonté générale pourvue d'un droit de contrainte dans le droit d'exclure un tiers, donc tous les autres de l'acquis par le contrat (cf. *infra* la citation d'Achenwall). Cela qui est acquis par contrat n'est pourtant pas chez lui l'arbitre d'autrui.
10. AK VI, 258, 4.

traité. Ainsi, la propriété domine toute la pensée et absorbe de même les deux autres classes d'objet pourtant autonomes du mien et tien extérieurs. Deuxièmement, il est question dans la « deuxième section » du droit personnel ou contractuel en général, mais le droit réel est encore là ce qui guide la plume. Kant se tourne en particulier vers l'aliénation d'une chose et désigne cela à tort comme le contrat, comme s'il n'y avait pas d'accord contractuel sur un simple *facere* : « La translation de sa *propriété* à un autre est *l'aliénation*. L'acte de l'arbitre unifié de deux personnes, par lequel en général le sien de l'un passe à l'autre, est le *contrat* »[1]. Dans la troisième classe d'objet, le droit personnel opérant sur le mode des choses, nous rencontrons une combinaison de droit réel et de droit contractuel, mais de telle sorte que le droit réel est présent doublement, à savoir de deux manières différentes. D'une part, il y a la forme de possession réciproque explicitement développée dans la « deuxième section », qui apparaît sous la forme du droit réel restreint à la personne des époux, qui est mutuel, et sous la forme *unilatérale* du droit réel restreint également des parents sur leurs enfants à l'intérieur de la maison et du maître sur le domestique, tous étant sous la protection d'une « loi permissive naturelle »[2]. Puisque la possibilité de la possession réelle de personnes dans le mariage est fondée en ce que les deux époux font mutuellement l'acquisition l'un de l'autre et peuvent de la sorte rétablir leur personnalité, que donc le rapport doit être strictement bilatéral, le droit réel relatif aux enfants et aux domestiques ne peut pas être possible car il n'est pas réciproque. Venons-en maintenant au deuxième aspect de la chose, qui ne réside pas dans un rapport interne, mais externe. Kant s'y réfère dans la « première section » :

> Je ne puis appeler mien une *femme*, un *enfant*, un *domestique* ni en général tout autre personne[3], pour la raison que je les commande actuellement comme appartenant à ma maisonnée ou parce que je les tiens en mon obédience et en mon empire et possession, mais je le puis si, quand bien même ils se seraient soustraits à ma férule et que je ne les possède donc pas (empiriquement), je peux cependant dire : je les possède de par ma seule volonté aussi longtemps qu'ils existent, quel que soit le lieu ou le moment, par conséquent d'une façon *purement juridique* ; ils ne font donc partie de mon avoir que si je puis affirmer ce dernier point et dans la mesure où je le puis[4].

Nous avons là le deuxième aspect de la chose, qui n'a rien à voir avec le premier, qui est interne. Le droit du maître de maison sur les trois classes de

1. AK VI, 271, 31-34 ; trad. OPh III, 528.

2. AK VI, 276, 32-33. Le rapport de cette loi permissive à la loi permissive exposé dans les paragraphes 2 à 6 (271) n'est pas expliqué par Kant.

3. Qui d'autre pourrait-ce encore être ?

4. AK VI, 248, 21-29 ; trad. OPh III, 498 ; cf. *infra* AK VI, 278, 18-22.

personnes est, conformément à la « première section », un droit exclusif, qui requiert en tant que tel une fondation dans le postulat juridique de la raison pratique. Quand des êtres mineurs, que se soient par nature (comme les femmes ou les enfants) ou par contrat (comme les domestiques) s'égarent, ils constituent alors une *res vacua* dont chacun peut s'emparer. Seul le postulat autorise le maître qui, conformément à cette logique, s'en est tout d'abord arrogé par un acte unilatéral de son arbitre le pouvoir d'« imposer à tous les autres une obligation qu'autrement ils n'auraient pas »[1], de s'abstenir de l'usage de ces êtres. Il est évident que, dans cette construction, on ôte aux trois classes de personnes ce qu'accordait l'« Introduction à la doctrine du droit » à tout homme comme étant son bien le plus intime : l'honneur, la propriété de son propre corps et le libre arbitre.

La théorie kantienne se défait donc ici : si l'on veut s'en tenir au statut juridique de l'homme en tant que personne et ne rapporter la loi permissive qu'au droit réel, le droit contractuel et le droit personnel réifié sortent du projet central de la « première section » et ne peuvent plus dès lors être intégrés à l'État; si on les subsume sous la loi permissive, on en retire le noyau véritable et l'on fait du droit personnel un droit réel.

Quel est l'intérêt qui a pu conduire son auteur à une telle construction ? Limitons-nous aux motifs internes à sa théorie. Kant réunit le droit personnel et le droit réel dans le droit de la propriété et de ce fait peut expliquer l'ensemble du droit à partir de ce concept[2]. Il va plus loin dans la « première section » et fait du droit de propriété un point de convergence. On se souvient de la théorie de Locke, qui a, à l'inverse, tendance à faire du droit réel un droit personnel, au moins dans la présentation que Kant fait de cette figure juridique : elle recouvre « l'illusion secrètement régnante … qui consiste à personnifier les choses et, comme si quelqu'un par le travail qu'il leur consacre pouvait les obliger à n'être au service d'aucun autre que lui, à s'imaginer avoir *immédiatement* un droit envers elle … »[3]. On peut en tirer un premier motif : la tentative kantienne de développer l'ensemble du droit privé à partir d'un concept unique et de ne pas laisser sans lien côte à côte le droit des personnes et le droit des choses.

1. AK VI, 247, 4-5 ; trad. OPh III, 496.

2. Cela n'est pas absolument nouveau. Il suffit pour s'en rendre compte de considérer par exemple la formulation suivante de Grotius (que nous citons ici sans en expliquer le contexte) : « … accedit signum volendi ius proprium alteri conferre : quae perfecta promissio est, similem habens effectum qualem alienatio dominii. Est enim aut via ad alienationem rei, aut alienatio particulae cuiusdam nostrae libertatis. Illuc pertinent promissa dandi, huc promissa faciendi. » (*De jure belli ac pacis,* II, 11, 1, 3). Celui qui reçoit la promesse est donc en possession temporaire d'une « particula » de la liberté d'arbitre d'une autre personne.

3. AK VI, 269, 6-9 ; trad. OPh III, 525 ; cf. aussi AK VI, 260, 19-23, contre un Robinson d'inspiration lockienne : 261, 17-21.

Deuxièmement, la « première section » a une fonction de jonction entre le droit privé, qui doit dans son ensemble être tel qu'il requière une (détermination et une) garantie du droit public, et le droit public, auquel est assigné dans son ensemble la réalisation du droit privé; dans cette tâche, l'État trouve sa compétence effective et sa limite; telle est la contribution de Kant au dressage du Léviathan. Il fallait donc concevoir l'ensemble du droit privé de telle façon qu'il s'accorde en idée au jeu du droit public, sans quoi apparaissent des enclaves juridiques qui appartiennent sans doute au droit privé, mais sans aucune responsabilité de l'État.

Troisièmement, l'idée fondamentale est que la volonté générale se montre comme nécessaire afin de résoudre les apories de l'état de nature. Il n'est pas difficile de nommer de telles apories dans le droit contractuel ou dans le droit domestique. On pourrait ainsi argumenter objectivement en faveur de la construction kantienne de la façon suivante: les accords contractuels – y compris dans le droit domestique – requièrent une entente par le moyen du langage. Dans l'état de nature, il n'y a pourtant pas de Larousse dans lequel on trouverait par exemple ce que signifie le mot « cheval ». Si A vend à B un être qu'il appelle « cheval » et s'il apporte, une fois reçu la somme convenue, un lapin (« chez nous, on a toujours appelé ces animaux des "chevaux" ») ou la photo d'un cheval (« est-ce que vous ne voyez pas de cheval ? »), on ne peut pas y redire dans l'état de nature, alors que l'État peut renvoyer à une langue codifiée et faire que B récupère son argent. On peut argumenter de la même façon à propos du droit domestique. Certes, le mariage est accompli naturellement, et la nature n'a pas fait dépendre la naissance des enfants de beaucoup de paroles, mais il se pourrait que le mot de « monogamie » soit pour l'un des deux conjoints par nature un mot étranger ou bien que les deux conjoints aient l'opinion erronée qu'ils ont librement voulu leur réunion et qu'ils peuvent *pour cette raison* aussi bien librement la supprimer. D'après la conception du mariage antérieure à l'époque postmoderne, cela est certes aussi décidé par contrat. Une autre instance (chez Kant: la loi, l'État) est présente; cette tierce instance empêche que la dissolution ne dépende du bon vouloir des époux [1].

1. Une explication de cet état de fait pourrait introduire l'argument que, avec une autre conception du mariage, ce n'est plus ni l'Église ni l'État qui garantissent le contrat de mariage, mais l'enfant. L'État serait alors l'institution juridique représentant le droit naturel de l'enfant à l'alimentation et à l'éducation par les *deux* partenaires, vis-à-vis d'eux. Je pense que c'est aussi la véritable raison de la construction traditionnelle du mariage. On voit par là qu'il est absurde de vouloir faire sortir le contrat entre homosexuels d'une préférence particulière partagée et d'y impliquer un tiers, par exemple l'Église ou l'État. Les développements précédents relatifs à une langue normée et faisant autorité reprennent le vieux thème des *verba certa* (cf. dans le *Corpus Juris Civilis*).

Kant a donc de bonnes raisons d'instaurer également pour les deuxièmes et troisièmes classes d'objets l'État avec sa fonction de détermination et de sanction. Mais la forme dans laquelle il a cherché à y parvenir avec le postulat des paragraphes 2 et 6 était une impasse.

Dans le postulat de la « première section », Kant conçoit la nécessité du *status civilis* de telle sorte que des actes juridiquement possibles de l'arbitre restreignent unilatéralement la liberté d'agir de tous les autres – ainsi la formulation principale du § 2 selon laquelle nous sommes autorisés à prendre quelque chose d'extérieur en notre possession et par là « d'imposer à tous les autres une obligation qu'autrement ils n'auraient pas, celle de s'abstenir d'user de certains objets de notre arbitre parce que nous avons été les premiers à les prendre en notre possession »[1]. La volonté générale n'est pourtant rien d'autre que la fondation d'une unité synthétique de l'acte singulier d'appréhension (d'appropriation) par une loi universelle. Avec ces lois de la volonté générale ou législative, tous restreignent (*i.e.* les possédants, qui ont accompli leur acte d'appréhension) leur propre liberté et sont ainsi eux-mêmes les auteurs de cette restriction de la liberté, d'abord unilatérale et dorénavant universelle. On comprend alors que Kant puisse dire : « Donc, si dans l'état de nature il n'y avait pas aussi, à titre provisoire, de mien et tien extérieur, il n'y aurait pas non plus de devoirs de droit à cet égard, il n'y aurait par conséquent non plus aucun commandement de sortir de cet état »[2]. De même qu'il n'y a pas d'unité synthétique de l'aperception dans la théorie transcendantale de la connaissance sans que cette unité exerce une fonction relativement à la sensibilité, de même la volonté générale est elle aussi liée à sa fonction originaire d'unité légale des actes singuliers de l'arbitre. Mais cela signifie que, inversement, le droit privé doit être déjà relié à la possibilité de l'unité synthétique dans des lois étatiques. On peut sans doute approfondir encore cette affinité systématique : en philosophie théorique, la catégorie est l'instance médiatrice représentant à la conscience de soi le divers de l'intuition comme nécessaire ; dans la doctrine du droit, c'est la « catégorie » de la possession (avec ses trois classes d'objet déterminées selon les catégories du mien et tien extérieur), qui représente le divers de l'appréhension provisoire comme étant nécessaire à la formation de la volonté du *status civilis*.

La difficulté de Kant que nous cherchons à faire ressortir réside dans la séparation du mien et tien intérieur et extérieur – s'il est évident que l'État est en fait et en droit aussi bien responsable du premier (que l'on pense au devoir de distinguer la mort naturelle de l'assassinat et de retarder

1. AK VI, 247, 4-6 ; trad. OPh III, 496.
2. AK VI, 313, 5-8 ; trad. OPh III, 577.

particulièrement la première), il n'acquiert cependant son statut qu'en vue du dernier. L'État de Kant n'est pas un Léviathan qui recevrait en sa protection les corps menacés des citoyens, mais il est conçu comme une articulation juridique libérale, qui se rapporte essentiellement et proprement à la seule réglementation unitaire de la propriété.

Nous pouvons cependant, indépendamment de cette difficulté, obtenir pour la théorie kantienne de l'État l'injonction du repli sur le droit privé et du même coup l'interdiction d'une subtantialisation de l'État au sens où la fonction législative serait l'instance complètement autonome de la formation réciproque de la volonté générale. La volonté ne serait plus alors que la *res volens*, qui ne se rapporte plus qu'à elle-même, sans avoir de contenu donné.

L'interprétation du droit étatique de Kant peut facilement céder à la tentation de détacher ce dernier du droit privé et de laisser la « volonté générale » rapportée à elle-même. La législation oublie pourtant selon Kant ses limites juridiques quand elle heurte le droit privé, par exemple si elle supprime la liberté de contracter, ou quand elle change le droit du mariage ou de l'enfantement, etc. Dans la « troisième section » du droit privé qui est rarement étudiée avec précision, Kant montre comment le « droit en soi » de la justice commutative peut et doit être modifié dans le monde phénoménal de l'État, mais de telle façon que seules les contraintes qui lui confèrent une existence soient efficientes, et non les intrusions arbitraires dans les acquis du droit naturel[1].

Il est important d'insister sur cet aspect anti-hobbesien et anti-rousseauiste, parce qu'il y a une grande quantité de commentateurs qui nient la dépendance du droit public vis-à-vis du droit privé, que l'on pousse Kant dans la proximité de Hobbes (Ebbinghaus)[2], ou que Rousseau serve de fil conducteur larvé (Maus)[3]. Les deux approches interprétatives

1. C'est là une interprétation bienveillante, qui plaide pour la cohérence d'ensemble de la théorie. On a le vertige quand on lit que Kant déclare que le serment, qui est pour lui une *tortura spiritualis* (AK VI, 304, 33-34) et « au fond injuste » (304, 37), est légitime en cas de besoin (*in casu necessitatis*) (304, 31-32). Qu'en est-il alors de la *tortura corporalis* ?

2. *Cf.* par exemple Julius Ebbinghaus, « Das Kantische System ». Ebbinghaus traite du « système kantien des droits fondamentaux » (1964), in *Gesammelte Aufsätze*, Darmstadt, 1968, p. 161-193 (175), mais ne revient pas au droit privé, demeurant entièrement dans le droit étatique. Les « Ebbinghausistes » actuels le suivent (parmi lesquels Geismann, Hüning, Oberer), qui renforcent l'axe Hobbes-Kant et considèrent Locke comme une régression derrière Hobbes. C'est en partant du constat que cette conception repose sur une mésinterprétation de Kant que j'ai rédigé *Eigentumstheorien von Grotius bis Kant* (Stuttgart, 1974).

3. I. Maus, *Zur Aufklärung der Demokratietheorie. Rechts- und demokratietheoretische Überlegungen im Anschluss an Kant*, Francfort, 1992. Il est surprenant que Wolfgang Kersting s'associe à cette lignée interprétative, cf. *Die politische Philosophie des Gesellschaftsvertrags*, Darmstadt, 1993, p. 202-207.

s'appuient sur un talon d'Achille du texte kantien et sans doute également de la théorie kantienne. Rien n'indique en effet comment s'établit en elle le rapport de la procédure législative et des préalables du droit privé. Pour étayer après coup une telle liaison de la législation au droit privé, on ne dispose ni d'une théorie, ni d'un texte; Kant a par exemple prévu un quatrième pouvoir censé veiller à ce que les lois soient conformes au droit naturel. Il est pourtant manifeste que Kant voulait ordonner le pouvoir législatif aux préalables du droit privé ou naturel, et voyait précisément là un surcroît de juridicité par rapport à Hobbes et à Rousseau. Aucun de ces derniers n'aurait pu écrire :

> Donc, si dans l'état de nature il n'y avait pas aussi, à titre *provisoire*, de mien et tien extérieur, il n'y aurait pas non plus de devoirs de droit à cet égard, il n'y aurait par conséquent non plus aucun commandement de sortir de cet état[1].

L'interprétation du pouvoir législatif kantien comme une institution de justice procédurale autonome est préparée par le Néokantisme qui interprète Kant dans ce sens : les préalables sont liquidés, comme en général tout ce qui est « donné », et la théorie de la connaissance devient une méthode purement *a priori*, donc un procédé qui *produit* (ou montre comment on produit) originairement la connaissance vraie (*mutatis mutandis*, des rapports justes). Dans la lignée de cette interprétation, il est possible de supprimer le droit privé en tant qu'instance contraignant la production du droit dans l'État, parce qu'il pose, en contradiction avec le système, avant l'organe proprement producteur de droit dans l'État, quelque chose qui ne provient pas de la procédure. Mais cela n'a rien à voir avec Kant.

Revenons à la « première section ». Le rôle particulier que joue le droit réel vis-à-vis des autres catégories du mien et tien est manifeste à tout lecteur. On accepte ce rôle dominant, à mon avis, pour deux raisons. Premièrement, le droit réel se prête bien au statut de modèle; Kant abrège ses présentations en suggérant au lecteur de procéder *mutatis mutandis* de la même façon pour le droit contractuel et domestique. Deuxièmement, la prédominance du droit réel est acceptée parce que le droit du sol constitue le fondement littéral des autres formes de possession; la substance précède nécessairement la causalité et l'action réciproque. Nos analyses ont montré que ces arguments ne sont pas faux, mais ne rendent pas justice à la fonction effective du postulat (§ 2 ou § 6) qui fonde à lui seul la possession des choses, et cachent un point essentiel. Kant subsume en effet les deux autres classes d'objet sous la possession des choses, et il a, comme on a vu, des raisons vitales de le faire. Par cette subsomption, il se heurte à ses propres

1. AK VI, 313, 5-8; trad. OPh III, 577.

prémisses, selon lesquelles il convient de distinguer strictement les choses des personnes.

Notre analyse du problème nous impose la tâche de vérifier si les déplacements textuels dans la « première section » [1] sont en rapport avec les problèmes systématiques. Il est évident que tant le texte déplacé de l'ancien § 6 que le postulat par lequel il faut peut-être le remplacer ne traitent que du droit réel. C'est de là qu'une édition critique des travaux préliminaires de la *Doctrine du droit* doit partir.

Hobbes et Kant

Les deux auteurs tentent de construire l'exigence juridique vis-à-vis des autres personnes et procèdent de telle façon que la différence entre personne et chose qu'ils présupposent se perd. Tous deux empruntent certains éléments de théorie à la tradition qui les précède et cherchent à les modifier dans le sens de leur propre visée théorique. En cela, la visée de Hobbes est exactement opposée à celle de Kant, et l'erreur de Kant peut partiellement s'expliquer par son anti-hobbesianisme.

Car à l'opposé de Hobbes, Kant veut contenir le Léviathan par un fort droit privé qui musèle et détermine rigoureusement ses compétences. On retrouve cette visée non seulement dans la *Doctrine du droit*, qui renforce le droit privé et vise à une dépotentialisation de l'État, mais aussi dans d'autres écrits. *Le Conflit des facultés* conçoit l'Université comme une corporation qui se dérobe aux interventions administratives par son architecture interne (quatre facultés et seulement quatre, avec des tâches déterminées *a priori*), renvoie explicitement l'État *extra muros* dès qu'il s'agit de science et de controverses scientifiques, et a, en outre, pour objectif de ramener la censure de l'État dans la corporation. Il en va de même pour l'organisation de l'Église : sa finalité est tournée vers la communauté éthique des hommes dans leur ensemble, l'Église proprement dite est une organisation cosmopolitique et non étatique. C'est ce qu'enseigne la

1. Le § 2 a été placé par Bernd Ludwig pour de bonnes raisons dans la lacune du § 6 produite par l'éloignement de la partie de texte reconnue par Gerhard Buchda comme étant une insertion. Mais il faut faire ici une distinction importante, que n'a pas encore faite Ludwig. Nous avons affaire d'un côté au concept bancal de Kant, qui l'a conduit à édifier la partie sur l'avoir à l'intérieur du droit de l'acquisition, ce qui a conceptuellement échoué, parce que ni le droit du contrat ni le droit domestique ne peuvent être fondés par le « postulat juridique de la raison pratique » ; nous avons affaire d'un autre côté avec des problèmes de mise en ordre du texte. Le problème théorique demeure dans la version du texte donnée par Ludwig, car le postulat y est aussi utilisé comme fondement ultime de la possibilité du mien et tien extérieur en général. *Cf.* G. Buchda, *Das Privatrecht I. Kants*, Diss. Iéna, 1929 ; F. Tenbruck, « Über eine notwendige Textkorrektur in Kants Metaphysik der Sitten », in *Archiv für Philosophie* 3, 1949, p. 216-220 ; et B. Ludwig, *Kants Rechtslehre* (*Kant-Forschungen*, Bd. 2), Hamburg, 1988.

Religion dans les limites de la simple raison (1793). Mais l'Université et l'Église sont les seules « institutions » à côté de l'État dont Kant fournisse une idée rationnelle[1]. L'Église globale a ainsi la charge de la disposition vertueuse universelle et, de par cette raison ecclésiale, ne peut opposer le goupillon au sabre de l'État terrestre. Dans les Universités également, l'État ne peut plus s'immiscer, en faisant par exemple du *Léviathan* (comme le recommandait Hobbes) ou de la *Métaphysique des mœurs* (comme Kant pouvait sans doute le souhaiter secrètement, mais ne pouvait le vouloir publiquement) une lecture obligatoire.

Reinhard BRANDT
Université de Marburg
(traduit par Denis Thouard)

1. *Cf.* R. Brandt, « Institution-Institution in Antike und Neuzeit-Institution bei Kant », *in* Petra Kolmer, Harald Korten (éd.), *Recht-Staat-Gesellschaft. Facetten der politischen Philosophie*, Freiburg-München, 1999, p. 69-111.

LE CHÂTIMENT DANS UNE PERSPECTIVE KANTIENNE

Existe-t-il une interprétation du rapport entre la politique et la morale de Kant qui puisse faire s'accorder la légitimité de la contrainte sur le plan politique avec la nécessité de traiter les personnes comme fins en soi ? Je vais suggérer que, bien que la contrainte ne soit jamais désirable, elle est parfois permise, quand elle supprime ce qui fait obstacle à l'autonomie. Cet obstacle peut être interne et pathologique, comme dans le cas d'une manie ou d'une dépendance que seule la violence est susceptible de briser, ou bien externe et lié à la mauvaise volonté évidente d'un agent dont l'égocentrisme entrave systématiquement la liberté d'autrui. Les lois coercitives et les institutions pénales dissuadent de limiter ainsi la liberté d'autrui en faisant prévaloir un intérêt égoïste. En particulier, elles s'opposent au type d'action agressive et purement intéressée que suscite la vie dans un état de nature, où chacun est seul juge de ce qu'il est juste de faire. Kant considère qu'il est permis de contraindre autrui à sortir de l'état de nature, car, lorsque chacun est seul juge de ce qui est juste, il n'existe pas de critère du juste, et par conséquent, pas de fondement de l'autonomie. Par le même moyen, il est permis d'utiliser la violence pour empêcher les hommes de revenir à l'état de nature. C'est à ce point qu'il faut faire intervenir la question des lois et des institutions pénales. Le châtiment, considéré dans le cadre de la théorie politique kantienne, est, c'est ce que je montrerai dans la deuxième partie, en accord avec l'éthique kantienne. Mais d'autres systèmes d'inspiration kantienne, peut-être, permettraient non seulement d'accorder les institutions politiques et le respect mutuel entre agents autonomes, mais présenteraient également des institutions pénales reflétant une conception de la justice pénale non rétributive. Cette possibilité sera envisagée, non sans de sérieuses réserves, dans la troisième partie. J'avoue en effet ne pas être convaincu par le caractère aisé, sinon désirable, d'une telle lecture. Pour dire les choses autrement, je ne suis pas convaincu que le kantisme puisse être considéré sans nuance comme un libéralisme. La raison de ce scepticisme tient en partie à l'importance que Kant accorde au jugement pratique erroné et à la mauvaise volonté. La contrainte est conçue par lui comme une compensation des impulsions mauvaises, tant psychologiques que sociales, qui induisent les mauvais choix. La justice rétributive définit seulement ce qui est passible des lois et des institutions pénales et ce à quoi s'engagent ceux qui sont partie prenante au contrat social.

LA POLITIQUE KANTIENNE COMME CONDITION D'UN MEILLEUR CHOIX HUMAIN

On trouve chez Kant une théorie de la nature humaine qui explique pourquoi les gens font de mauvais choix. On y trouve aussi une théorie de la potentialité humaine qui explique comment la faculté de choisir peut être dirigée vers des fins meilleures, ainsi qu'une philosophie de l'histoire qui nous enseigne comment un processus qui a produit le comportement humain et les institutions, tels qu'ils sont, pourrait amener la réalisation de possibilités meilleures.

La citoyenneté dans une république est pour Kant le principal moyen de réorienter les choix naturels des êtres humains vers des fins supérieures. La création d'une société civile est la condition de possibilité des principes publics de la justice, principes qui limitent ce que chaque homme peut faire dans la poursuite du bonheur. Dans la société civile, en effet, les gens peuvent faire ce qu'ils veulent, pourvu que ce qu'ils font soit en accord avec une loi universelle de leurs actions. Un tel principe d'universalisation s'oppose au fait de se prendre soi-même pour la loi, comme si le juste n'était que ce qui contribue à promouvoir le bien propre. Une maxime d'action qui fait de l'intérêt propre le fondement de la loi est de fait la caractéristique de la vie pré-politique. Avant l'institution de la société civile, il n'y a que désunion des volontés, dans un état de nature où l'on n'a pour seul guide que ses propres lumières. Comme, alors, chacun a le droit de rivaliser avec les autres pour la possession physique des choses qu'il ne veut pas partager, et comme chacun a, en outre, le droit de s'emparer de n'importe quelle chose à son gré, rien ne peut s'opposer à ce que la compétition ne devienne violente. Dans un tel état de violence, les conditions d'une propriété véritable, et du bonheur qu'elle autorise, ne sont donc pas réunies. Selon Kant, la propriété ne peut exister effectivement dans de telles conditions, bien que certaines personnes parviennent à défendre temporairement leurs possessions contre les assauts d'autrui. C'est la reconnaissance générale par le plus grand nombre du fait qu'il n'est pas légitime de s'emparer des possessions d'autrui qui seule peut transformer une possession de fait en droit de propriété. Cette reconnaissance générale, qui est la clef d'une poursuite véritable du bonheur, dépend à son tour de l'obéissance de tous à une loi universelle, ce qui n'est possible que dans la société civile.

Les mécanismes de formation d'une société civile, ainsi que les institutions qui établissent et font respecter la loi, rendent possible, et encouragent, le détachement à l'égard de l'intérêt personnel dans la poursuite du bonheur. On admet que ni le fait de désirer quelque chose ni le fait de la posséder ne contribuent au bonheur et ne sont une raison suffisante pour s'emparer de cette chose. Bref, on reconnaît que chacun a le droit de poursuivre le bonheur, mais pas par n'importe quel moyen. Ce détachement est important pour la formation morale humaine, mais un plus grand détachement est possible : on peut reconnaître que l'impulsion à poursuivre le bonheur est distincte du devoir, et on peut essayer d'agir simplement par amour du devoir, celui-ci étant séparé de la poursuite du bonheur. En d'autres termes, la culture de la vertu peut être reconnue comme une étape plus élevée dans le développement moral que la poursuite légale du bonheur. Faire ce qu'on doit, plutôt que faire ce que le bonheur nécessite, correspond à une sorte d'émancipation. La recherche légale du bonheur dans la société civile est précédée par une recherche du bonheur qui est réglée seulement par la succession des désirs personnels. Ces désirs et les moyens adoptés par divers agents pour les réaliser, peuvent être contradictoires. Tel est le désordre de l'état de nature. La reconnaissance de ce désordre produit les moyens d'harmoniser les actions par la soumission à la loi. Certaines actions sont interdites par les lois et certains désirs sont donc frustrés. Cependant, les actions en accord avec la loi sont possibles. Mais ces actions sont encore influencées par le désir. La véritable autonomie provient de l'adoption de fins indépendantes des désirs.

Il y a dans cette théorie une conception du choix erroné. Au niveau le plus bas de la formation morale – le niveau animal – le plaisir habituel détermine la gamme des choix. Dans ce cas, il n'existe pas de garde-fou contre l'excès, sinon la douleur qui peut l'accompagner, et peut-être l'agent n'a-t-il pas même conscience de l'excès *en tant que tel*, encore moins du besoin d'être prémuni contre lui. Il n'existe pas non plus de garantie à l'égard du conflit qui procède du fait que des individus n'agissent qu'en fonction du plaisir. Le seul signe qu'un choix est mauvais est la douleur. Au niveau animal, on ignore qu'une expérience peut être mauvaise même si elle donne du plaisir. On ignore que le plaisir ressenti maintenant peut être regretté par la suite. Pour faire de meilleurs choix, on doit reconnaître que la poursuite du bonheur ne produit pas le plaisir chaque fois qu'on agit. On doit aussi reconnaître que les expériences de la douleur peuvent contribuer à une vie qui est en général heureuse. Reconnaître ces choses, c'est passer du niveau animal au niveau de la prudence. À la place du plaisir du moment on poursuit un bonheur rationnellement évalué. Mais même si le bonheur est un but plus rationnel que le plaisir momentané, il est très difficile de parvenir à être heureux. En d'autres termes, selon Kant, il est très facile de se tromper sur les moyens du bonheur. Tant que le bonheur demeure la fin dernière, l'erreur de choix ne peut être facilement évitée, étant donné qu'il faut beaucoup d'expérience pour savoir ce qui peut nous rendre heureux [1].

Néanmoins, il y a au minimum un choix, qui selon Kant, est en accord avec la poursuite du bonheur sous n'importe quelle forme : c'est le choix d'entrer dans la société civile. Kant réinterprète les idée d'état de nature et de société civile, mais il suit Hobbes en affirmant que le choix en faveur de la société civile est un choix hautement rationnel. C'est en effet le choix qui autorise la contrainte légale, qui tout à la fois apporte aux hommes la sécurité, la propriété et la libre recherche du bonheur, et qui rend pensable des modes de vie qui vont au-delà du seul souci du bonheur. Jusqu'à un certain point, cette affirmation kantienne de la valeur de la société civile peut évoquer celle de Hobbes : la société civile selon Hobbes donne un sens à des termes comme « mien » et « tien », « bien » et « mal », sans tenir compte de l'importance accordée par chacun à son propre intérêt, ou aux moyens choisis pour le réaliser. Les critères publics du bien et mal ne sont pas taillés à la mesure des projets personnels de chacun, mais répondent à la nécessité de réduire les conflits entre les projets sans entraîner une réduction trop grande de la liberté des personnes. Se soumettre soi-même aux lois civiles, c'est montrer qu'on donne plus d'importance aux critères publics du bien et du mal qu'aux critères dictés par les intérêts personnels. Dans la société civile, le caractère gratifiant d'un acte ne constitue pas une raison suffisante pour qu'il soit permis. La permission tient, en l'occurrence, au fait qu'un acte ne fait pas obstacle aux projets d'autrui. Ainsi un bon choix n'est-il plus bon seulement parce qu'il me plaît.

Créer et contribuer à la conservation de la société civile est juste, selon Kant, pour une part tout au moins, parce que des mécanismes coercitifs impersonnels améliorent les conditions des choix personnels. Du fait que les institutions sont coercitives, que les lois disent « Ne faites pas cela ou vous subirez telle peine », il ne s'ensuit pas que les institutions ou les lois réduisent le choix. Beaucoup de personnes respectent la propriété d'autrui sans penser à la peine encourue par les voleurs. Leurs choix sont soumis aux lois coercitives sans que leur liberté en soit pour autant limitée. Ceux qui n'ont pas l'intention de voler ou de tuer ne se soumettent pas aux lois, par peur de la sanction pénale, mais parce qu'ils n'aiment pas l'idée de voler ou de tuer. Autrement dit, le fait qu'une loi stipule une peine pour un crime n'a pas d'incidence sur leur délibération. En revanche, ceux qui ont besoin d'avoir peur de la sanction pour s'abstenir de voler ou de commettre des agressions sont aidés dans leur délibération par l'ordre des peines. Il est vrai

1. *Métaphysique des mœurs,* AK VI, 215 ; voir *Fondements*, AK IV, 418 ; *Critique de la faculté de juger*, § 83.

que leur motivation n'est pas une motivation très morale, mais, en les dissuadant d'enfreindre la loi, et sans réduire l'éventail de leurs choix propres, elle a pour effet positif d'augmenter les choix de ceux qui, en l'absence de cette dissuasion, en auraient été les victimes. D'après moi, l'idée de choix erroné permet de réconcilier la coercition avec le fait de traiter les gens comme fins en soi, puisque la coercition corrige les inclinations qui entraînent les choix erronés.

Il convient, toutefois, d'examiner plus en détail la théorie kantienne du châtiment, et en particulier le lien établi par Kant entre les « crimes publics » et la violence, ainsi que le lien qui unit l'institution de la société civile et le rejet de la « violence ». Par « violence », il faut entendre des circonstances dans lesquelles n'importe quelle décision prise par n'importe qui – y compris une décision entièrement arbitraire – est légitime, car chacun est seul juge de ce qu'il peut faire. Dans la société civile, le crime public non puni est en quelque sorte l'équivalent de l'acte violent dans l'état de nature. De la société civile, les hommes attendent la fin de la violence, les lois interdisant en effet certains actes et menaçant de peines les malfaiteurs. Si les malfaiteurs sont arrêtés mais ne sont pas punis, l'on ne fait pas respecter les lois, et cela n'est pas plus tolérable qu'un retour à l'état de nature où les lois n'existent pas. C'est la raison pour laquelle les criminels doivent être punis, sauf si l'application du châtiment aurait pour effet de mettre fin à la société civile.

La société civile est établie par l'union des volontés. Le but de cette union est une sorte d'harmonie entre les gens qui ne peuvent s'empêcher d'agir conjointement et qui sont susceptibles d'entrer en conflit les uns avec les autres. En unissant leurs volontés, des individus forment un peuple, qui est la source de l'autorité de la loi [1]. Pour constituer un peuple, il faut, premièrement, que tout le monde renonce à la liberté d'agir comme bon lui semble et, deuxièmement, se contente d'une liberté compatible avec la soumission de chacun à la même loi universelle.

Si certains refusent de renoncer à la liberté de l'état de nature, ils agissent immoralement, parce que refuser, c'est approuver la violence [2]. Aussi Kant pense-t-il qu'on a le droit de forcer les réfractaires à entrer dans la société civile [3]. En outre, il est dans l'intérêt personnel des réfractaires d'y entrer, car s'ils demeurent hors de la société civile ils incitent à la violence contre eux-mêmes. De surcroît, ceux qui se joignent à la volonté générale législative ne peuvent se mettre en dehors de la loi déclarée par cette volonté. Chacun légifère pour tous. Plus précisément, chacun vote en

1. Kant, *Métaphysique des mœurs*, AK VI, 313-314.
2. *Ibid.*, AK VI, 307-308.
3. *Ibid.*, AK VI, 312.

faveur d'une législation qui soit applicable à tous. À l'inverse, le transgresseur renonce de fait à unir sa volonté à celle d'autrui, ce qui équivaut à se moquer de la législation, en particulier de la législation pénale, à laquelle il a pourtant contribué et à laquelle il a accepté de se soumettre. En outre, il profite de ceux qui sont respectueux des lois. Dans la société civile, le voleur peut jouir de ses bien mal acquis dans une relative sécurité et le meurtrier, même s'il est capturé, est protégé contre les mesures de rétorsion immédiates auxquelles il pourrait s'attendre dans l'état de nature.

Plus un acte perturbe l'harmonie des actes de tous ceux qui sont respectueux de la loi, plus il doit être découragé par la peine s'appliquant à cet acte. D'après Kant, la rébellion mérite une peine particulièrement sévère, parce qu'elle entraîne un retour à l'état de nature – c'est-à-dire un retour à des épisodes de dépossession et d'agression arbitraires –, que les gens veulent précisément éviter en échange de leur soumission à une contrainte légale. De ce point de vue, le vol et le meurtre ne sont pas des infractions ordinaires, car ils remettent en cause la propriété et la vie, que la société civile a pour but de protéger contre la violence. Comme la distinction kantienne entre les crimes privés et les crimes publics le suggère, plus un acte semble exprimer la volonté de retourner à l'état de nature, plus il ressemble à un acte de rébellion. Les crimes publics et les crimes privés correspondent, respectivement, aux cas jugés par les cours pénales et par les cours civiles[1]. Selon Kant, les crimes publics, qui comprennent la contrefaçon de la monnaie et le vol, sont ainsi nommés, parce qu'ils menacent non seulement l'individu mais aussi l'État[2]. Le vol menace l'institution de la propriété, comprise comme la possession stable des moyens assurant le bien-être, le tort commis par un voleur excédant le dommage causé à la victime. C'est pourquoi le souverain n'a pas seulement le droit, mais aussi le devoir, de priver le voleur du droit de propriété et de lui faire subir une sorte d'esclavage légal (les travaux forcés)[3]. En menaçant l'une des institutions qui permettent la libre poursuite du bien-être, le voleur s'exclut de cette institution. Le meurtre peut être compris de la même manière, comme une remise en question directe d'une condition du bien-être collectif. Non seulement un tel acte prive une personne de la vie, que Kant considère comme une condition du bien-être plus fondamentale que le désir lui-même, mais, en montrant que les institutions endurent une violence qu'elles sont supposées exclure, il expose ces institutions au mépris.

1. *Métaphysique des mœurs*, AK VI, 331.
2. *Ibid.*
3. AK VI, 333.

Bref, pour Kant, les crimes publics sont condamnables davantage parce qu'ils menacent l'unité de l'État que parce qu'ils sont dommageables aux individus. Il n'est donc pas étonnant de lire sous la plume de Kant que le pire acte qu'un souverain, à savoir le responsable public du châtiment, puisse commettre à l'encontre de ses sujets soit de gracier un criminel[1], se rendant par là même complice de son crime. Les crimes doivent être punis et le seul critère de détermination *a priori* de l'échelle des peines, autrement dit, le seul critère qui appartienne à la métaphysique des mœurs, est la loi de l'égalité du crime et de la peine. En défendant le principe d'une réparation compensatrice[2], Kant n'entend toutefois pas dicter aux juges leurs verdicts, ni même dire, d'un point de vue philosophique, que le seul châtiment qui convient dans le cas du meurtre ou de la rébellion serait la mort. Dans certains cas de rébellion, la peine de mort devrait être appliquée à un nombre de personnes si élevé qu'elle risquerait d'entraîner la dissolution de l'État[3], faisant ainsi du châtiment une menace même pour l'État. Dans d'autres cas, s'agissant de crimes privés, Kant précise que le choix du châtiment doit tenir compte également des circonstances, et que celles-ci peuvent rendre inappropriée la peine normalement applicable[4]. Ainsi Kant semble-t-il vouloir dire que, si dans un petit nombre de cas il est permis de s'écarter du principe de la réparation compensatrice, il n'existe pas d'autre critère *a priori* en matière de justice pénale que la réparation. Dans les cas qui semblent faire exception, ce ne sont pas les conséquences qui justifient une punition plus légère, mais la tension entre la vengeance stricte et le but qu'elle vise, à savoir la sortie permanente de l'état de nature.

DIFFICULTÉS LIÉES À LA THÉORIE KANTIENNE DU DROIT DE PUNIR ET DE L'ÉTAT

À mon avis, la théorie du châtiment de Kant est cohérente, mais défectueuse, en partie à cause de la conception de la société civile dont elle relève. Un premier problème tient à l'explication kantienne de la distinction entres crimes publics et crimes privés. Les crimes publics sur lesquels la théorie kantienne s'appuie – vol, meurtre, etc. – ne sont pas, comme le suppose la formulation de la distinction, des crimes commis contre l'État en tant qu'ils s'opposeraient à des crimes commis contre des individus : les

1. AK VI, 337.

2. Pour une position différente de celle défendue dans cet article, voir T. Hill, « Kant's Anti-Moralistic Strain », rééd. in *Id., Dignity and Practical Reason*, Ithaca N.Y., Cornell University Press, 1992, p. 176-195.

3. AK VI, 334.

4. AK VI, 332-333.

victimes d'un meurtre sont rarement inconnues de leur meurtrier, et les raisons pour lesquelles elles sont tuées proviennent souvent de la nature particulière des rapports personnels qu'elles entretiennent avec lui. Les meurtres commis par cupidité ou par jalousie ne sont probablement pas commis par des gens qui tueraient n'importe qui, de sorte que l'État n'est pas menacé dans ces cas-là comme il peut l'être par des tueurs en série ou des terroristes. Je ne veut bien évidemment pas dire que les meurtres dont on connaît les motivations particulières ne sont pas graves, mais que le principe qui doit déterminer la nature du châtiment doit tenir compte de la perte subie par les victimes, et non pas de la menace qu'ils sont censés représenter pour la société. La catégorie kantienne du crime public recouvre trop de réalités différentes, englobant à la fois des violations de la loi qui attentent effectivement à la sécurité publique, et d'autres qui relèvent de la sphère privée. On ne peut pas non plus répondre à cette objection que tout crime menace l'État en tant qu'il perturbe la coordination volontaire des activités libres qui est censée former la trame de la vie dans un État, car cette réponse risquerait de transformer tout crime en un crime public, vidant ainsi de son sens la distinction entre les crimes privés et les crimes publics.

J'insiste sur cette critique de la conception kantienne du crime public, parce que c'est par le biais de cette conception que l'argument qui fonde la nécessité de la société civile en vient à justifier également la peine de mort pour les meurtriers et les rebelles, et les travaux forcés pour les voleurs. On peut considérer plus acceptable de soutenir que le fondement rationnel de la société civile justifie l'existence d'institutions et de lois pénales en général, mais que des arguments supplémentaires sont requis pour déterminer la nature particulière des lois et des institutions pénales. La détermination de l'échelle des peines peut exiger que l'on tienne compte de la façon dont les différents crimes font du tort aux victimes, ainsi que d'une hiérarchisation des dommages subis. Cette manière d'aborder la justification du châtiment est en accord avec le principe kantien de la réparation compensatrice, sans impliquer pour autant que le voleur soit privé de tout droit de propriété, ou que les meurtriers subissent la peine de mort. Elle implique seulement que les crimes les plus graves – ceux qui font le plus grand mal – méritent les peines les plus graves, sans trancher la question de savoir s'il faut ou non recourir à la peine de mort.

La perspective que je viens d'indiquer, bien qu'elle soit différente de celle de Kant, est néanmoins une perspective kantienne. Elle est compatible avec l'argument kantien en faveur de la société civile et avec l'idée kantienne selon laquelle les gens sont libres dans une société civile quand leurs actions sont limitées par des lois universelles – les lois qui s'appliquent de la même façon à tous. Cette perspective est également compatible avec un ordre des peines qui tienne compte du respect de la personne humaine. Enfin, elle s'accorde avec la thèse selon laquelle ceux qui sont respectueux des lois sont trahis quand les criminels échappent à la punition. Toutefois, il est possible que l'argument par lequel Kant justifie la société civile soit lui-même un amalgame trop instable d'éléments empruntés à sa propre éthique et à des théories non kantiennes pour être acceptable. La justification du châtiment dépendant d'un argument plus général en faveur de la société civile, il se peut que l'argument général lui-même, et non pas seulement la justification particulière, nécessite une relecture critique.

Pour commencer, et comme des commentateurs récents l'on montré [1], il importe de rappeler que la théorie kantienne de la société civile comporte des distinctions contestables, comme, par exemple, la distinction du phénoménal et du nouménal. Kant y a recours pour expliquer qu'un auteur de la loi civile, un transgresseur, et un homme privé de sa citoyenneté parce qu'il a commis un crime, sont en un sens la même personne et en un autre sens plusieurs personnes. Le législateur est un être nouménal, le criminel un être phénoménal [2]. On trouve également un autre dualisme, ou peut-être une classe de dualismes, dans l'idée kantienne d'un acte externe. L'idée d'un acte externe n'est jamais libérée de toutes les associations qu'elle hérite de sa source, à savoir de l'idée hobbesienne d'un acte *in foro externo*. Hobbes distingue entre, d'un côté, les actes de la volonté, et, d'autre part, le comportement observable. La moralité des lois de nature nous oblige inconditionnellement à vouloir poursuivre la paix, pardonner aux transgresseurs, etc. Obéir à ces lois, c'est vouloir intérieurement les observer. La conformité intérieure aux lois de la nature est visible à nous-même et à Dieu, mais pas à autrui. D'autre part, quand nous nous montrons désireux d'obéir aux lois, notre moralité apparaît au grand jour, et nous nous exposons à devenir la proie de ceux qui ne veulent pas observer les lois morales. Comme notre comportement public peut nous exposer au danger, l'obligation de poursuivre extérieurement la paix, de pardonner extérieurement aux transgresseurs, etc., n'est pas absolue, mais conditionnelle. On n'est obligé de poursuivre publiquement la paix qu'à la condition qu'il existe un souverain susceptible de garantir notre sécurité. En d'autres termes, on est toujours obligé inconditionnellement d'obéir aux lois de la nature in *foro interno*, mais *in foro externo* on n'y est obligé que s'il existe une puissance souveraine.

L'idée kantienne d'acte externe provient de l'idée hobbesienne d'acte *in foro externo*. L'idée kantienne de *loi juridique* provient, quant à elle, de

1. Voir H. Williams, *Kant's Political Philosophy*, Oxford, Blackwell, 1983, en particulier, chap. 3 et A.D. Rosen, *Kant's Theory of the State*, Ithaca, N.Y., Cornell University Press, 1993, chap. 4.

2. *Métaphysique des mœurs*, AK VI, 335.

l'idée hobbesienne de loi civile. La loi civile hobbesienne exige que chacun s'abstienne de commettre des actes externes qui fassent du mal à un autre sujet, et requiert certains actes positifs. Par exemple, elle requiert qu'on paie ses impôts et que l'on pratique la religion selon certaines cérémonies. En d'autres termes, la loi civile est, pour Hobbes, la loi coercitive qui gouverne les actes *in foro externo,* de même que, pour Kant, la loi juridique est la loi coercitive des actes externes. Quant à la loi morale kantienne, elle est une loi qui prescrit l'adoption d'un certain type de maximes, de même que, pour Hobbes, la loi morale régit les actes observables. Le problème de la distinction entre les actes externes et l'adoption des maximes tient à mon avis au fait qu'elle s'avère être un principe aussi défectueux, pour distinguer la morale de la politique, que la distinction entre les actes *in foro interno* et les actes *in foro externo*. Pour Kant, la morale exige qu'il existe une compatibilité entre les lois universelles de la volonté d'une personne et les maximes, c'est-à-dire, les *prémisses* des syllogismes pratiques; la politique exige la compatibilité des *conclusions* des syllogismes pratiques – les actions de plusieurs personnes – avec les lois juridiques. Mais il est curieux de distinguer ainsi la morale et la politique à partir de la distinction entre les prémisses et les conclusions des syllogismes pratiques. L'essentiel est au contraire le contenu de la délibération représentée par les syllogismes. Si la délibération concerne un peuple ou une communauté, elle appartient à la politique. Il est plausible de dire que la morale comprend la politique. La morale concerne la conduite honorable et déshonorable en général, ou la délibération associée à cette conduite; la politique concerne la conduite honorable et déshonorable envers le public. La morale et la politique ne sont pas identiques, parce qu'une partie de la morale concerne la vie privée – la vie définie par les rapports avec la famille et les amis. Pour Kant la politique concerne les actions qui sont en public plutôt que les actions qui sont effectuées envers le public. Donc les devoirs juridiques ne gouvernent pas les affaires publiques dans le sens ordinaire des « affaires publiques » : au mieux ils coordonnent la poursuite simultanée et ouverte – la poursuite en public – de projets privés. Il est vrai que les institutions politiques appartiennent aussi à la politique et que Kant s'intéresse à la division des pouvoirs entre ces institutions. Il est vrai également que ceux qui poursuivent indépendamment des projets personnels jouent le rôle de législateur et de citoyen dans la société civile kantienne. Néanmoins, le problème qui est censé définir la philosophie politique – problème résolu par l'union des volontés – est le problème hobbesien qui consiste à prévenir le conflit entre ceux qui sont à la recherche du bonheur.

LE KANTISME N'EST PAS UN LIBÉRALISME

Il existe des conceptions de la tâche de la philosophie politique qui sont plus kantiennes que celle de Kant, parce qu'elles sont moins hobbesiennes que celle de Kant. On peut dire que la tâche distinctive d'une philosophie politique kantienne est de préciser les idéaux réalisables qui peuvent nous rendre plus proche de l'idéal d'un royaume des fins. En d'autres termes, la tâche consiste à nous dire comment nous approcher des circonstances dans lesquelles le plus grand nombre possible de gens seraient égaux, indépendants et autonomes, et où chacun accorderait la plus grande importance à ces dimensions de ses relations avec autrui. Peut-être la distribution des biens serait-elle sujette, dans une tel monde, à un principe de différence[1]; peut-être les institutions seraient-elles conçues pour minimiser le tort évitable[2]; peut-être les plus riches feraient-ils du bien aux plus pauvres par une redistribution des richesses que tous pourraient juger raisonnable[3].

S'approcherait-on du royaume des fins s'il y avait moins de lois pénales, et si le moyen d'harmoniser les actions des citoyens n'était pas la menace d'une peine, mais, par exemple, l'anticipation de la critique publique ou l'isolement non violent? De telles institutions pénales semblent être plus humaines que celles proposées par Kant lui-même, mais l'idée d'humanité est-elle à l'arrière-plan du royaume des fins? Je pense que non. Je pense que l'idée qui sous-tend l'idéal du royaume des fins, l'idée à laquelle une philosophie politique doit se référée si elle prétend être d'inspiration kantienne est celle d'autonomie, à savoir la soumission de chacun aux lois universelles faites par chacun, lois que personne ne pourrait rejeter avec raison. L'autonomie ainsi comprise rend superflue la loi pénale. Il en résulte qu'une philosophie politique qui décrirait les institutions susceptibles d'encourager l'autonomie serait une philosophie politique kantienne par excellence.

Dans la philosophie politique de Kant lui-même, on rencontre l'idéal d'une autorité législative produite par l'union des volontés. Comme ceux qui font les lois sont identiques à ceux qui doivent les observer, il n'est pas question d'un droit de transgresser les lois. D'autre part, dans les États qui étaient connus de Kant, les sujets n'en étaient que rarement les législateurs. Les lois de ces États n'étaient pas pour autant, selon Kant, illégitimes. Du moment qu'un peuple a la possibilité de se donner à lui-même des lois, celles-ci sont justes, indépendamment de la manière dont elles sont promulguées. Kant ne dit pas qu'une loi est juste à la seule condition qu'un

1. J. Rawls, *Théorie de la justice*, trad. fr. par C. Audard, Paris, Seuil, 1987.
2. O. O'Neill, *Towards Justice and Virtue*, Cambridge, CUP, 1996.
3. T. Nagel, *Equality and Partiality*, Oxford, OUP, 1991.

peuple l'approuve de fait, mais c'est la possibilité du consentement rationnel du peuple qui est importante. Le consentement rationnel dépend de la reconnaissance du fait qu'une loi est compatible avec la possibilité pour chacun de rechercher le bonheur, même si les individus particuliers croient que la loi les empêche de poursuivre le bonheur et pour cette raison ne consentiraient pas à se l'imposer à eux-mêmes. En d'autres termes, une loi peut être imposée à un peuple, même si, pour de mauvaises raisons, ce peuple refuse de se l'imposer à lui-même.

Une loi susceptible d'être adoptée par un peuple ne le serait que si les individus qui le composent pensent que leur bonheur a autant d'importance que le bonheur de n'importe quelle autre personne. S'ils pensaient que leur bonheur avait plus d'importance que celui d'autrui, ils seraient prêts à s'exempter eux-mêmes des lois, ce qui est contraire au principe d'autonomie, à savoir au fait de n'agir que selon des maximes universalisables. Comme il est vraisemblable que beaucoup feront passer leur propre bonheur avant le bonheur des autres, on peut se demander comment parvenir en pratique à faire respecter par chacun le bonheur de l'autre. Une solution à ce problème est que chacun s'expose à des peines sévères – au sens de douloureuses – pour les actes qui empêcheraient autrui de poursuivre son bonheur. En d'autres termes, quand on approuve les lois pénales, on témoigne son intérêt pour le bonheur d'autrui, ce qui est compatible avec l'autonomie de tous ceux qui aspirent au bonheur.

Comparons maintenant les institutions punitives conventionnelles avec des institutions moins punitives. Supposons, par exemple, que la peine prévue pour sanctionner l'agression ne soit pas l'emprisonnement, mais au contraire la critique solennelle et publique du criminel, au nom de la rupture du contrat social ainsi commise. Pas de chaînes, pas de murs de prison : uniquement la désapprobation publique et la calme expression de cette désapprobation. Une telle institution mettrait l'accent sur l'aspect antisocial du crime violent, et rappellerait au criminel la façon dont l'acte criminel va à l'encontre d'une loi publique. Le criminel est critiqué, il n'est pas méprisé. Et si l'institution exige que le criminel se critique lui-même, il ne joue pas un rôle tout à fait passif. Cette institution est-elle préférable aux institutions conventionnelles ? Aussi désagréable qu'elle soit – elle rappelle l'auto-critique pratiquée par les chinois sous le régime maoïste –, elle ne s'en prend pas au corps du malfaiteur. Cette loi serait-elle plus humaine que les précédentes ? Celui qui approuve une telle loi contre l'agression n'accorde pas autant de prix au contrat social que celui qui accepte de se soumettre à la peine d'emprisonnement. Plus sévère est la peine, plus grande est la chance de réintégration du criminel dans la société.

Indéniablement, un contrat social dans lequel chacun peut s'investir fortement dans la poursuite collective du bonheur est séduisant, et les régimes pénaux sévères sont effrayants. Mais l'investissement n'est pas nécessairement moindre lorsqu'il s'agit de se soumettre à un régime sévère – comme un gage d'adhésion au principe de la liberté d'action. Du point de vue de quelqu'un qui se soumet au contrat social, l'acceptation des peines sévères n'est que symbolique : il n'a pas l'intention de commettre un crime ; mais pour l'accusé innocent ou la personne qui dans un moment de faiblesse commet un crime pour la première fois, la menace d'une peine sévère est une indignité ou une disproportion. Kant écrit pour le citoyen qui respecte la loi et non pour l'accusé. Bien sûr, sa théorie implique que le fait de punir l'innocent soit toujours une injustice effrayante. Mais faudrait-il que la théorie de Kant, ou une théorie d'inspiration kantienne, prenne davantage en considération le bien-être des malfaiteurs ? Les malfaiteurs méritent-ils la même attention dans une théorie du châtiment que les citoyens respectueux de la loi ? Si oui, il n'est pas du tout évident qu'une théorie kantienne puisse satisfaire à cette condition. Donner tant d'importance au bien-être du criminel signifie refuser d'accorder suffisamment d'importance à l'autonomie du citoyen qui respecte la loi. Les lecteurs de Kant qui se plaignent de la sévérité de sa théorie du châtiment pensent souvent percevoir dans cette théorie une forme d'autoritarisme gratuit. Mais ce qu'ils voient en fait ce sont les conséquences du fait de privilégier l'autonomie et non pas le bien-être comme valeur morale ultime.

Il est possible qu'il y ait plus d'affinité entre l'idée d'autonomie et l'idée d'un système d'enseignement moral qui empêche le crime qu'entre l'idée d'autonomie et celle d'un système répressif. Si le but de l'enseignement est de permettre à quelqu'un de faire la distinction entre le bien et le mal et de développer en lui-même la faculté de choisir, l'enseignement peut créer les conditions de l'autonomie. Plus l'enseignement donne à chacun l'idée que ses buts sont acceptables du point de vue d'autrui, moins l'agent risque de devenir le jouet de ses appétits égocentriques. Mais la tâche qui consiste à esquisser une théorie de l'enseignement moral est moins exigeante que celle qui consiste à esquisser une théorie du châtiment. L'idée même d'enseigner aux autres – aux plus jeunes en particulier – à choisir librement comprend des aspects paradoxaux, et il est moralement discutable de prétendre rééduquer des gens plus âgés, mais anti-sociaux, sans parler des résultats d'une telle rééducation quand les résultats ne répondent pas à ce qui est attendu. Il est difficile de déterminer qui doit être tenu responsable d'actions qui reflètent un caractère façonné par autrui ou profondément déformé par autrui. Il est possible, après tout, que les difficultés propres à l'enseignement moral soient plus grandes encore dans une perspective kantienne. Quand l'enseignement réussit, le principe du choix en faveur du bien se situe hors de l'élève. De plus, l'enseignement peut contenir des éléments coercitifs, ce qui pose la question de savoir si les choix de l'élève sont vraiment libres.

La conclusion à laquelle on est conduit est que les théories organisées autour d'un principe d'autonomie présentent des difficultés assez sérieuses. Néanmoins, c'est l'autonomie qui explique comment le royaume des fins peut être un idéal. En se soumettant aux lois universelles, en respectant en nous-mêmes et en autrui la capacité à se gouverner soi-même, nous nous rendons libres, nous nous libérons de la tyrannie des impulsions et de l'anarchie de l'état de nature. La liberté au sens vrai du mot est une faculté de choix améliorée, parce qu'elle nous permet d'éviter les occasions d'erreur pratique produites par la nature humaine et par l'histoire. Il me semble que le thème du choix erroné, qui fonctionne pour Kant comme l'arrière-plan de la théorie de la réalisation de l'autonomie, est souvent négligé par ses lecteurs qui considèrent le royaume des fins comme l'expression des valeurs libérales. Les théories du choix erroné ne sont guère compatibles avec le libéralisme selon lequel les fins de chacun ne peuvent pas être critiquées si elles ne font de mal à personne. Kant n'approuvait pas un tel libéralisme. Et l'on peut se demander si une théorie vraiment kantienne peut être libérale dans ce sens. Une théorie du choix erroné donne une base pour critiquer également les choix privés et personnels qui n'affectent pas autrui. Ainsi Kant a-t-il pu critiquer la pratique de la masturbation.

Peut-on penser une philosophie morale et politique kantienne indépendamment d'une théorie du choix erroné ? J'en doute. Même si une telle théorie ne se fonde pas sur une faculté de la raison pratique pure ou sur une volonté nouménale, elle doit contenir une conception du raisonnement pratique défectueux, défectueux, parce qu'il donne trop d'importance au plaisir, par exemple, ou trop d'importance aux intérêts d'une personne en particulier. Une telle théorie est « réaliste » au sens technique du terme, en ce sens qu'elle présuppose la thèse selon laquelle les actions qui semblent être raisonnables ne constituent pas la source d'une obligation. Il en résulte que l'une des versions de cette thèse implique que certains projets ou certaines préférences individuelles, qui ne font de mal à personne, peuvent cependant être critiqués et contrecarrés. Cette implication n'est pas libérale. Mais il ne faut pas pour autant en conclure qu'elle est fausse.

Tom SORELL
University of Essex
(traduit par L. Foisneau et B. Han)

LA COMMUNAUTÉ CHEZ HOBBES ET KANT

Le thème de la communauté est central, tant pour la théorie politique que pour la pratique. Il s'agit d'un thème central pour la théorie politique, dans la mesure où ceux qui ont répondu à Rawls ne sont pas en majorité des libertariens et des utilitaristes, bien que ces derniers se soient également fait entendre, mais des communautariens, à savoir des défenseurs de la « communauté »[1]. Si ce point nous intéresse, c'est que les communautariens cherchent à nuancer la théorie politique de Rawls qu'ils considèrent comme kantienne, et que les positions de Kant, comme nous le savons, gagnent à être comparées avec celles de Hobbes. C'est la raison pour laquelle les conceptions de Kant sur la communauté, tout particulièrement quand on les rapproche de celles de Hobbes, me paraissent exiger un examen attentif.

Que Kant ait fort peu ressemblé au portrait qu'en ont fait les communautariens est de l'ordre de l'évidence[2]; il est de fait erroné de suggérer

1. Les écrits consacrés au communautarisme jusqu'en 1990 sont recensés dans Shlomo Avineri et Avner de-Shalit (éd.), *Communitarianism and individualism*, Oxford, Oxford University Press, 1992. Parmi les contributions parues depuis lors, on peut mentionner: Charles Taylor, « Cross-Purposed : the Liberal-Communitarian Debate » (1989), in *Philosophical Arguments*, Cambridge, Mass., Harvard University Press 1995; Chandran Kukathas, *The Fraternal Conceit: Individualist versus Collectivist Ideas of Community*, Saint Leonards, NSW, 1991; Stephen Mulhall et Adam Swift, *Liberals and Communitarians*, Oxford, Blackwell 1992, 1996; Simon Caney, « Liberalism and communitarianisms : whose Misconception ? », *Political Studies*, 41 (1993), p. 650-56; Elisabeth Frazer et Nicola Lacey, *The Politics of Community: A Feminist Critique of the Liberal Communitarian Debate*, Hemel Hempstead, Harvester, 1993; Will Kymlicka, *Multicultural Citizenship*, Oxford, Clarendon Press, 1995; Chandran Kukathas, « Liberalism, Communitarianism and Political Community », *Social Philosophy and Policy*, 13 (1996); Nicola Lacey, « Community in Legal Theory : Idea, Ideal or Ideology », *Studies in Law, Politics and Society*, 15 (1996); Jean Hampton, *Political Philosophy*, Boulder, 1997, chap. 5; Henry Tam, *Communitarianism*, Londres, 1998; Amitai Etzioni (éd.), *The Essential Communitarian Reader*, New York, 1998.

2. L'idée selon laquelle Kant se serait fait le défenseur de principes moraux dénués de contenu tient à une lecture biaisée, limitée aux *Fondements de la métaphysique des mœurs*, et, à la rigueur, à la *Critique de la raison pratique*, mais qui ignore le reste de ses écrits moraux,

comme le font ces derniers qu'il ait été radicalement opposé à Hobbes[1]. Je souhaiterais, pour ma part, développer une analyse plus fidèle à la vérité historique : il faut souligner en effet que le thème de la communauté joue non seulement un rôle central chez les deux penseurs, mais encore que l'examen conjoint de leurs philosophies attire notre attention sur un sujet souvent négligé dans les discussions philosophiques sur la communauté, bien qu'il en soit l'un des ressorts essentiels, à savoir la question des sources conceptuelles de la notion de communauté et des modalités de compréhension qu'elles impliquent.

La thèse principale des penseurs communautariens, selon laquelle les gens reçoivent sens et valeur en fonction de leur appartenance communautaire, est d'une certaine façon tout à fait juste. Le point qui demande à être analysé est la source d'où procède cette communauté elle-même. La « communauté » est souvent considérée aujourd'hui comme une chose allant de soi, comme s'il s'agissait là, confusément, d'une notion primitive, au principe des autres notions, mais ne requérant pas elle-même d'explication[2]. Il n'en fut pas toujours ainsi. Locke, pour ne citer que lui, considère que la loi définit la communauté, et, plus particulièrement, que la loi naturelle constitue un vecteur essentiel de la formation de la communauté : il en parle comme de cette « loi, qui est commune à tous les hommes », par laquelle « chacun *forme avec le reste du genre humain une communauté,* et tous forment une société unique, qui les distingue de toutes les autres créatures »[3]. Parallèlement, Hobbes avait une vue beaucoup moins réjouissante de la communauté, lorsqu'il déclare que « sans la loi humaine tout serait en commun, et que cette communauté de biens serait une cause d'empiè-

sans parler de ses écrits politiques. Pour une approche différente, voir notamment, Mary Gregor, *The Laws of Freedom*, Oxford, Blackwell, 1963 ; Jeffrie Murphy, *Kant : the Philosophy of Right*, Londres, Macmillan, 1970, reprint Macon, Georgia, 1994 ; Reinhard Brandt, « Das Erlaubnisgesetz, oder : Vernunft und Geschichte in Kants Rechtslehre », *in* Brandt (éd.), *Rechtsphilosophie des Aufklärung*, Symposium Wolfenbüttel, Berlin, 1981, p. 233-285 ; Bernd Ludwig, *Kants Rechtslehre*, Hambourg, 1988 ; Wolfgang Kersting, *Wohlgeordnete Freiheit : Immanuel Kants Rechts- und Staatsphilosophie*, Frankfurt-am-Main, 1993 ; Roger J. Sullivan, *An Introduction to Kant's Ethics*, Cambridge, Cambridge University Press, 1994.

1. Concernant la dette de Kant à l'égard de Hobbes, voir en général Otfried Höffe, *Politische Gerechtigkeit*, Frankfurt-am-Main, 1989 ; W. Kersting, *Wohlgeordnete Freiheit*, *op. cit.* ; Richard Tuck, *The Rights of War and Peace*, Oxford, Clarendon Press, 1999, chap. 7.

2. Échappe à cette critique, Raymond Plant, « Community : Concept, Conception and Ideology », *Politics and Society*, 8 (1978), p. 79-107. Concernant l'impact de la notion de communauté, voir Robert Nisbet, *The Quest for Community*, New York, 1953. Elizabeth Frazer, *The Problems of Communitarian Politics – Unity and Conflict,* Oxford, 1999, cap. « The Concept of Community ».

3. Locke, *Le second traité du gouvernement*, chap. 9, § 128, trad. fr. par J.-F. Spitz, Paris, P.U.F., 1994, p. 92.

tement, d'envie, d'assassinat, et de guerre continuelle de l'un contre l'autre »[1]. Je souhaiterais, pour ma part, développer une analyse apparentée, bien qu'un peu plus sophistiquée[2].

Lorsque nous considérons l'idée de communauté, nous remarquons que cette idée enveloppe un ensemble de considérations que les communautariens contemporains ont tendance à minimiser ou à ignorer. Ces considérations permettent de définir la communauté, et la façon dont elles le font détermine notre manière de la concevoir. Nous verrons, en particulier, que l'on ne peut pas se contenter de penser la communauté comme engendrée à partir d'un ensemble de principes, mais qu'il faut également penser les oppositions entre les différentes communautés à partir des différences qui séparent les principes qui les fondent, différences qui ont des implications considérables, parmi lesquelles la façon dont nous comprenons les communautés élargies, et notamment la communauté internationale[3].

Les étapes que suivra mon raisonnement sont les suivantes. J'examinerai tout d'abord ce que « communauté » veut dire, et je suggérerai que ce que nous comprenons par ce terme dépend de ces principes universels que les communautariens minimisent. Je montrerai, ensuite, que Hobbes et Kant pensent l'un comme l'autre une communauté d'action, et que la façon dont ils la pensent présente des ressemblances remarquables. Toutefois, et ce sera mon dernier point, l'un et l'autre conçoivent, au-delà de cette communauté d'action, une communauté éthique, qu'il leur faut accorder avec la première. Or, pour parvenir à ce résultat, les deux philosophes empruntent des voies radicalement différentes, qui sont liées à leurs différentes conceptions du rôle de la volonté à l'intérieur de la philosophie morale. Ces options différentes les conduisent à rendre compte de façon diverse de la communauté internationale.

1. Hobbes, *Dialogue des Common Laws*, section II, trad. fr. par L. Carrive, Paris, Vrin, 1990, p. 34.

2. En ce qui concerne le texte de la *Rechtslehre*, voir Thomas Mautner, « Kant's *Metaphysics of Morals*: A Note on the Text », *Kant-Studien*, 72 (1981), p. 356-9, et plus particulièrement l'édition de Bernd Ludwig (Hamburg, 1986), et son article, « The Right of a State in Immanuel Kant's *Doctrine of Right* », *Journal of the History of Philosophy*, 27 (1990), p. 403-415.

3. Dans cet article, nous nous limiterons à l'analyse de la communauté comprise comme *communio*, et nous omettrons, faute de place, sa compréhension comme *commercium*. Concernant ce dernier aspect, voir Susan Meld Shell, *The Embodiment of Reason*, Chicago, University of Chicago Press, 1996, chap. III.

RÉFLEXIONS SUR L'IDÉE DE COMMUNAUTÉ

La notion de communauté est une notion apparemment évidente, mais qui possède toutefois au moins trois sens qu'il faut distinguer. Elle désigne, premièrement, la qualité de ce qui appartient à tous en commun, et implique de ce fait des caractéristiques partagées ou une identité. Découlant de cette caractéristique, nous pouvons déduire, c'est le second sens, qu'elle désigne l'idée de choses partagées ou possédées en commun, ainsi que l'idée de personnes ayant en commun des caractères distinctifs ou des intérêts. Cette caractéristique peut à son tour, et c'est le troisième sens, trouver une illustration dans un corps organisé unissant des personnes, ou dans une propriété ou une capacité ou une personnalité partagée. Le but poursuivi par les communautariens est moins, cependant, de définir la communauté – ils ont rarement recours aux définitions – que de lui conférer le rôle de source de significations et de valeurs. Ils considèrent ainsi comme une idée erronée l'idée qu'un individu rationnel puisse choisir de manière autonome un mode de vie. Pour eux, la bonne façon de comprendre l'identité d'une personne est de la considérer d'un point de vue sociologique. À l'idée kantienne d'une personne choisissant des principes universels, ils opposent par conséquent la moralité propre de la communauté déterminée dont cette personne fait partie [1].

Une réflexion même rapide sur l'idée de communauté, réflexion dont on fait trop souvent l'économie, montre que cette dernière comprend bien davantage que l'idée de significations et de valeurs partagées. La signification première du terme communauté [1], à savoir ce qui appartient à tous en commun, comprend de toute évidence ces principes très généraux que les communautariens mettent en doute, dans la mesure même où, par définition, ces principes appartiennent à tous. Il convient d'ajouter à cela que la deuxième signification du terme communauté [2], à savoir une condition dans laquelle il y des choses partagées en commun, peut se comprendre aisément à partir de tels principes, de telle sorte que la résolution des problèmes débattus par les communautariens dépend précisément des considérations qu'ils rejettent.

De mon point de vue, par conséquent, on ne saurait penser la communauté sans prendre en compte ces principes universels. La lecture de Hobbes et de Kant permet non seulement d'illustrer cette perspective, mais

1. Concernant l'interprétation communautarienne de Kant, voir, notamment, Michael Sandel, « The Procedural Republic and the Unencumbered Self », *Political Theory*, 12 (1984), p. 81-96. Cette interprétation a elle-même une préhistoire : voir, notamment, Alasdair Macintyre, *A Short History of Ethics*, London, Routledge & Kegan Paul, 1967, p. 197-198, ou Jean B. Elshtain, « Kant, Politics, & Persons : The Implications of his Moral Philosophy », *Polity*, 14 (1981), p. 205-21.

montre également que des principes différents – à savoir, des conceptions différentes de la philosophie morale – conduisent à des conceptions différentes de la communauté. Ces différences à leur tour ont une incidence certaine sur la façon dont les membres d'une communauté se représentent le monde, et notamment sur la façon dont ils se représentent les autres communautés qui sont liées à la première. En d'autres termes, en m'appuyant sur ces exemples, je souhaite suggérer qu'il existe des considérations générales qui orientent la façon dont nous comprenons l'idée de communauté, et que ces considérations affectent la façon dont nous concevons ce qui est en partage dans ces communautés.

HOBBES, KANT ET LA COMMUNAUTÉ D'ACTION

Je souhaite commencer mon analyse par un point sur lequel Hobbes et Kant s'accordent. Les devoirs que Hobbes fait dépendre de la loi naturelle et que Kant considère comme des devoirs moraux ont des contenus parfois quasiment identiques. Cette proximité tient à ce que les deux philosophes ont des conceptions fort proches de la communauté d'action. Plus précisément, le contenu de nombreux devoirs hobbesiens concerne la réalisation extérieure des actions, tandis que les devoirs juridiques selon Kant, qui se bornent bien évidemment à cette sphère de l'extériorité, recouvrent très exactement le contenu des devoirs hobbesiens. Pour les deux penseurs, ces devoirs sont supposés avoir une portée universelle. Ainsi avons-nous là non seulement des principes universels applicables à tous (premier sens de communauté), mais encore ces principes nous fournissent un contenu déterminé pour guider notre action (ce qui satisfait notre seconde définition de la communauté). La même chose vaut pour notre troisième signification, en l'occurrence pour la communauté comprise comme organisation politique. Dans ces trois cas, nous avons donc affaire à une communauté d'action fondée identiquement sur des principes universels.

Mais ces ressemblances ne doivent pas nous faire oublier des différences très significatives. Lorsque nous nous tournons vers les conceptions hobbesienne et kantienne de la volonté et de la nature, choses que nous avons tous en partage, on s'aperçoit non seulement de la distance qui les sépare, mais encore que cette distance conduit à deux conceptions distinctes de la communauté.

Hobbes et Kant recommandent l'un et l'autre des actions qui incarnent la justice, la gratitude, le pardon et la conciliation, et rejettent l'un et l'autre les actions arrogantes, orgueilleuses, fausses, celles qui supposent de rompre des contrats, et, sans parler de la polygamie, l'homosexualité, les pratiques bestiales et le fait d'être juge et partie [1]. Certaines de ces recommandations et de ces interdits concernent autant la disposition à agir que l'action, et nous pouvons ajouter que les deux philosophes recommandent l'un et l'autre des devoirs qu'ils considèrent comme éthiques, y compris l'amour de Dieu et de notre prochain [2].

Je n'entend pas pour autant suggérer que Hobbes et Kant s'accordent en tout point en ce qui concerne la conduite morale – pas plus que je ne suggère que leurs pensées satisfont aux exigences du christianisme de leur temps [3]. Les différences philosophiques entre les thèses que Kant stigmatisait comme « empiriques » et celles qu'il reprenait à son compte sont trop évidentes pour que l'on s'y attarde. Mais il importe néanmoins de tenir compte du fait que ces différences peuvent devenir moins importantes dans l'ordre politique. Bien que Kant ait délibérément renoncé dans le domaine des principes éthiques à des principes « empiriques » tels que la coutume, l'éducation ou les lois civiles [4] ou même à la volonté de Dieu [5], il était conscient du fait que ces principes ont une incidence réelle sur la conduite des hommes. En particulier, il reprenait très précisément à son compte la description hobbesienne de l'état de nature :

> La thèse de Hobbes : *Status hominum naturalis est bellum omnium in omnes*, n'a qu'un défaut ; elle devrait, en effet, se formuler : *Est status belli*, etc. (...). La seconde thèse du même Hobbes : *Exeundum esse e statu naturali* est une conséquence de la première ; car cet état est une lésion continuelle des droits de tous les autres par suite de la prétention d'être juge en sa propre affaire, sans fournir aux autres hommes d'autre garantie quant à ce qui leur appartient si ce n'est son propre arbitre [6].

1. Voir notamment, en ce qui concerne Hobbes, *Léviathan*, XIV et XV. Pour Kant, voir, *inter alia*, *Métaphysique des mœurs*, II, § 32-33, AK VI, 454-456 (gratitude) ; *ibid.*, § 36, AK VI, 461 (pardon) ; *Leçons sur la philosophie morale* (1784-5 ; notes de Collins), AK XXVII, 453 (obligeance) ; *ibid.*, AK XXVII, 357-358 (arrogance) ; *Leçons sur la philosophie pratique* (1762-64 ; notes de Herder), AK XXVII, 41 (orgueil) ; *D'un prétendu droit de mentir par humanité*, AK VIII, 423-30 (mensonge) ; *Métaphysique des mœurs*, I, § 18-34, AK VI, 271-94 (contrats) ; *Leçons sur la philosophie morale*, AK XXVII, 641-642 ; *Métaphysique des mœurs*, I, § 24, AK VI, 277 (homosexualité et bestialité).

2. À propos de la règle d'or selon Hobbes, voir *Léviathan*, XV, p. 157 ; *Elements of Law*, II, X, 7, p. 188. Selon Kant, voir *La religion dans les limites de la simple raison*, IV, 1, 1, AK VI, 157-163 ; OPh III, 187-194.

3. Sur ce point, voir mon livre, *The Mind of John Locke*, Cambridge, CUP, 1994, 1998 [2], p. 87-91.

4. Kant, *Leçons sur la philosophie morale*, AK XXVII, 253.

5. Kant, *Critique de la raison pure*, A819/B847 ; voir aussi *Leçons sur la philosophie morale*, AK XXVII, 274-279.

6. *La religion dans les limites de la simple raison*, IIIe partie, I[e] section, II, note, AK VI, 97 ; OPh III, 117 (trad. mod.). Les références du texte de Kant renvoient à *De Cive*, I, XII, H. Warrender (éd.), Oxford, 1983, p. 96.

Rien de surprenant dès lors à ce que les contours de l'ordre politique coïncident chez les deux auteurs. Ils conçoivent l'un et l'autre la nécessité d'un gouvernement civil, ont des idées semblables sur sa genèse et sur ses fonctions[1]. Pour tous les deux, le gouvernement est une instance chargée de garantir la propriété privée, et, comme ils conçoivent ce gouvernement comme un moyen nécessaire de protection[2], ils sont opposés au droit de résistance[3]. Bien sûr, on sait que Kant prit Hobbes pour cible dans *Théorie et pratique*, insistant plus particulièrement sur le droit à la liberté civile, sur l'égalité devant la loi et sur l'indépendance des citoyens qu'elle requiert, choses qui, en tant que droits naturels, ne se retrouvent pas à l'évidence dans la thèse hobbesienne selon laquelle « la seule loi fondamentale dans toute république est d'obéir aux lois ». En outre, nos deux auteurs avaient des conceptions différentes du contrat qui sous-tend le gouvernement civil[4]. Toutefois, je souhaiterais mettre l'accent ici sur un autre aspect. Nous avons vu que des descriptions semblables du devoir induisent des conceptions semblables de la communauté d'action.

Cette communauté est ainsi, d'abord et avant tout, une communauté d'action. Les présupposés plus généraux qui accompagnent les devoirs dont nous avons parlé diffèrent significativement chez Hobbes et Kant. À cet égard, il est nécessaire de revenir à la distinction kantienne entre devoirs éthiques et devoirs juridiques, et de comparer cette distinction avec le modèle hobbesien de la loi, qui l'ignore. Cela peut paraître curieux étant donné que la dimension juridique est de toute évidence requise pour la détermination de nombreuses lois civiles dont le contenu éthique est nul,

1. Sur l'origine du gouvernement selon Hobbes, voir *Léviathan*, XIV et XV ; selon Kant, *Métaphysique des mœurs*, I, § 42, AK VI, 307. En un sens différent, voir également *Conjectures sur les commencements de l'histoire humaine*, AK VIII, 107-123, note et *Idée d'une histoire universelle d'un point de vue cosmopolitique*, AK VIII, 15-31, propositions 4 et 5. Sur certaines similitudes de leur pensée de l'*international*, voir Tuck, *Rights of War and Peace*, p. 207-14.

2. Concernant la théorie politique de la propriété privée selon Hobbes, voir *Léviathan*, XV, p. 143-144 ; selon Kant, voir *Métaphysique des mœurs*, I, § 11, AK VIII, 261.

3. Concernant l'idée de Hobbes selon laquelle la résistance est inutile au sens où elle ne peut modifier la nature de la république *stricto sensu*, voir *Léviathan*, XVIII, p. 183. Concernant les positions de Kant sur ce sujet, voir *Théorie et pratique*, II, en particulier la conclusion, AK VIII, 289-307. Voir également Glenn Burgess, « Hobbesian Resistance Theory », *Political Studies*, 42 (1994), et P. P. Nicholson, « Kant on the Duty Never to Resist the Sovereign », *Ethics*, 86 (1976), p. 214-230.

4. Voir Kant, *Théorie et pratique*, II, AK VIII, 289-307 ; Hobbes, *Béhémoth*, dialogue IV, F. Tönnies (éd.), Londres, Frank Cass, 1969², p. 158 ; dialogue I, p. 44 ; trad. fr. par L. Borot, Paris, Vrin, 1990. Sur la différence entre le contractualisme de Hobbes et de Kant, voir Patrick Riley, *Will and Political Legitimacy*, Cambridge, MA, Harvard University Press, 1982 et Karlfriedrich Herb et Bernd Ludwig, « Naturzustand, Eigentum und Staat : Immanuel Kants Relativierung des "Ideal des Hobbes" », *Kant-Studien*, 84 (1993), p. 283-316, en particulier, p. 310-314.

comme c'est le cas du code de la route. La philosophie de la loi de Hobbes, comme chez tant de philosophes, est orientée en fonction d'enjeux substantiels. Sa présupposition est que la forme de loi la plus élevée est la loi de Dieu[1]. Comme le Dieu chrétien exige non seulement l'obéissance, mais aussi la foi, il lui était facile de supposer que la loi, correctement comprise, implique non seulement la prise en compte de la conduite extérieure, mais encore la prise en compte de la disposition intérieure. Hobbes ne considère pas l'obéissance à la loi naturelle comme le chemin du ciel[2], mais considère que la loi naturelle, tout comme la loi divine positive, possède une dimension qui excède la conformité extérieure. Aussi aborde-t-il la question du caractère intérieur et extérieur de la loi naturelle[3]. Étant donné que Kant ne met pas une divinité au fondement des lois universelles éthiques et juridiques, il est libre de maintenir une séparation conceptuelle entre elles, séparation que la distinction intérieur/extérieur présuppose.

J'insiste sur cette différence, car elle laisse pressentir une différence dans les relations entre les communautés, différence dont nous parlerons tout de suite après. Si le devoir juridique est une catégorie distincte du devoir éthique, il est envisageable que leurs contenus entrent en conflit dans certains cas. La question est la suivante : quel rapport y a-t-il entre les deux sortes de devoirs ? Lorsqu'ils s'opposent, est-il possible de surmonter leur opposition ? La réponse est qu'il existe bien une possibilité de conflit, qui est liée au fait que Kant préfère les idées de la raison aux idées empiriques, au fait également qu'il préfère un exercice de l'esprit indépendant de la volonté d'autrui et à sa conception de la finalité de l'État. Pour comprendre ces différents points, il nous faut commencer par étudier l'idée d'une communauté éthique chez Hobbes et Kant.

LA COMMUNAUTÉ ÉTHIQUE

Le devoir moral est conçu en des termes différents par Hobbes et par Kant[4], différence qui correspond à leurs philosophies morales respectives et à la place de la volonté, singulièrement dans sa forme théologique, dans

1. Sur le Dieu de Hobbes comme souverain des souverains, voir *Léviathan*, XXXIII, p. 403 ; sur les souverains comme unique source de la loi, voir *Léviathan*, XXVI, p. 283.

2. Hobbes, *Léviathan*, XV, p. 147-148.

3. Sur le caractère intérieur ou extérieur des obligations à la loi naturelle selon Hobbes, voir *Léviathan*, XV, p. 158.

4. Étant donné que la conception hobbesienne de la loi de nature et de la loi divine positive présuppose dans son sens le plus plein une disposition appropriée au principe de l'action, elle ne peut faire sa place au concept de l'éthicité en un sens kantien. Toutefois, il ne fait pas de doute que Hobbes soit en mesure d'en comprendre le contenu. Sur ce point, voir *Léviathan*, XXX, p. 364-365.

la pensée de chacun. Les deux hommes conçoivent la moralité en termes de loi, mais présupposent un type de législateur différent et, par conséquent, développent une conception distincte de la communauté éthique.

Hobbes conçoit l'éthique comme une disposition intérieure consistant à s'efforcer de réaliser les actions prescrites par la loi naturelle. L'ensemble repose sur une conception historiquement déterminée, ou comme Kant le dirait, sur une conception positive, de la religion. En un sens plus précis, faire le bien selon Hobbes présuppose non seulement que l'on respecte les termes de la loi, mais également que l'on rende un culte à Dieu de tout son cœur, ce culte étant compris non seulement comme un culte naturel, mais aussi, dans certains cas, comme un culte spécifiquement chrétien[1]. Le lien entre morale et religion réside dans le postulat hobbesien d'un législateur omnicompétent, à savoir dans la divinité. Somme toute, Hobbes suppose que la volonté est une caractéristique de toute loi, comme cela apparaît clairement dans sa distinction célèbre entre la loi et le conseil ou le précepte[2]. Kant comprend l'éthique comme une disposition à faire le bien qui s'accorde, sans s'identifier à elle, avec de nombreux devoirs que Hobbes aurait reconnus comme tels, ainsi que nous l'avons vu auparavant. Mais, comme on le sait, le caractère formel de la législation kantienne est différent : il s'agit d'une législation autonome fondée sur la raison.

Dans les deux cas, il existe une possibilité d'antagonisme entre la communauté politique et la communauté éthique. Hobbes et Kant considèrent l'un comme l'autre la disposition de l'agent au bien comme un fondement de la vie éthique, que celle-ci provienne de l'amour de Dieu, comme c'est le cas chez Hobbes, ou du respect pour le devoir qui prend sa place chez Kant. Dans de nombreux cas pratiques, ils sont partisans d'une communauté d'action, et corrélativement, conçoivent l'État comme un arbitre des actions extérieures. En même temps, Hobbes et Kant sont conscients du fait qu'une vie à proprement parler éthique est une chose désirable, et qu'il se pourrait que le projet d'une telle vie soit difficile à mettre en œuvre.

Chacun des deux situe l'origine de la difficulté en fonction de sa propre conception de la vie éthique. Hobbes ressent le besoin d'accorder la perpétuation de l'ordre civil avec les exigences de la vie religieuse. Kant, ainsi que la huitième proposition de son *Idée d'une histoire universelle au*

1. Sur le culte naturel de Dieu selon Hobbes, voir *Léviathan*, XXXI, p. 384; pour l'idée selon laquelle l'Alliance sauve, voir XV, p. 146, et pour ce qui est du culte dans l'« Église », voir chapitre XLV, p. 662-663, ainsi que le chapitre XLIII, qui fait le point sur les conditions en fonction desquelles un culte peut être dit prudent ou imprudent.

2. Sur la volonté comme partie intégrante de la loi hobbesienne, voir, en particulier, *Léviathan*, XXVI, p. 282. Concernant les conséquences de la souveraineté divine dans l'œuvre de Hobbes, voir Luc Foisneau, *Hobbes et la toute-puissance de Dieu*, Paris, P.U.F., 2000, en particulier la deuxième partie consacrée à la politique de Hobbes.

point de vue cosmopolitique nous le rappelle, considère comme un obstacle les conditions politiques de la vie éthique à son époque[1]. Mais leurs vues divergentes sur ce sujet se prolongent en une analyse divergente de la meilleure manières de surmonter ces difficultés. Leurs conceptions différentes de la volonté dans les domaines éthique et théologique les conduisent à proposer des réponses différentes à cette question, et à envisager différemment la communauté élargie, à savoir la communauté internationale.

La différence qui sépare les conceptions hobbesienne et kantienne de la communauté éthique tient à leur divergence sur la place de la théologie. Les idées d'une divinité et de la vie après la mort sont des postulats « logiques » pour Kant, c'est-à-dire que ce sont des présupposés requis pas sa philosophie morale afin de donner sens à un certain fait qu'il ne peut pas expliquer autrement. Hobbes, pour sa part, souhaite intégrer la notion de Dieu et celle de vie après la mort dans son schéma explicatif général. Nous ne voulons bien évidemment pas dire que la doctrine théologique de Hobbes serait une doctrine courante en son temps ou que Kant serait un athée. Nous voulons seulement suggérer que la théologie joue un rôle différent dans la pensée de ces deux auteurs.

La théologie développée par Hobbes ne correspond précisément à aucune de celles des théologiens de son temps, et la place qu'il accorde à Dieu était considérée comme singulière par ses contemporains. Nonobstant cela, les données sur lesquelles Hobbes s'appuie sont celles du christianisme, et les solutions qu'il recherche visent à intégrer la disposition éthique, sous la forme d'une vie spirituelle, à la communauté d'action qu'il a théorisée, car il considère qu'« il n'est pas au pouvoir de l'homme de supprimer le pouvoir de la religion »[2]. Hobbes élabore sa théorie dans le cadre d'une description historiquement déterminée de la religion, à savoir la description fournie par la Bible. Les éléments qu'il a puisés à cette source lui permettent toutefois, sur un mode inhabituel, d'intégrer sa conception de la vie éthique à une conception de la communauté comprise en terme d'action plutôt que de croyance, et de soumettre la vie éthique à la régulation politique de la croyance.

Hobbes part des données de la vie chrétienne, et montre que l'exigence de croyance, aussi contraignante qu'elle soit, peut s'accorder avec les règles qui régissent les actions extérieures. La doctrine acceptée par les Églises était que Dieu recevrait au ciel ceux qui avaient suffisamment foi en

1. *Idée d'une histoire universelle*, thèse huitième, AK VIII, 7-8.

2. *Béhémoth*, dialogue II, trad. fr. par L. Borot, Paris, Vrin, 1990, p. 122. Pour une analyse de la place de la religion dans le *Léviathan*, voir Tom Sorell, « Le Dieu de la philosophie et le Dieu de la religion », *in* Luc Foisneau (éd.), *Politique, droit et théologie chez Bodin, Grotius et Hobbes*, Paris, Kimé, 1997, p. 243-264.

Lui et en ses Œuvres, en dépit du fait que même les plus sincères d'entre les fidèles sont incapables de réaliser parfaitement les actions extérieures qu'Il exige. En ce sens, Dieu prend l'intention pour l'action. L'argument de Hobbes est judicieux. Il soutient que l'article de foi nécessaire au salut est l'article qui dit que Jésus est le Christ. Cet article, poursuit-il, ne saurait être renié par aucun roi chrétien; et un souverain non chrétien ne trouverait rien à objecter à la foi chrétienne ainsi définie, dans la mesure où elle n'affecte en rien l'obéissance civile, et où la foi, dans tous les cas, est invisible[1]. Qu'il en soit ainsi, que la foi soit invisible, et non reflétée dans le culte ou les œuvres, renvoie à une attente plus générale de Hobbes: que Dieu ne s'attende pas à ce que les gens accomplissent des actions, ce terme renvoyant non seulement aux actions morales mais aussi aux actions rituelles, qui pourraient mettre leur vie en danger. De fait, la première loi de nature exige de chacun qu'il se conserve lui-même, et la loi de nature est la loi de Dieu[2]. Comme c'est Dieu lui-même qui exige en général ces actions, comment quelqu'un pourrait-il être sauvé s'il était dangereux de les accomplir? La réponse est là encore, selon Hobbes, que Dieu prend l'intention pour l'action, et justifie ceux qui ont foi en Lui et qui souhaitent accomplir de telles actions même s'ils en sont empêchés. Ce mode de justification vaut également pour la loi naturelle elle-même. Bien que celle-ci ait en tout temps obligé en conscience, *in foro interno* pour utiliser le vocabulaire de Hobbes, elle n'a pas toujours obligé à réaliser l'action, *in foro externo*, dans une situation de danger. Il en résulte que la conscience la plus délicate, la disposition éthique la plus sensible, est du point de vue de Hobbes parfaitement compatible avec le fait de s'abstenir d'une action lorsque celle-ci s'avère être dangereuse. Par conséquent, il n'y a pour lui aucun conflit nécessaire entre les exigences de la vie extérieure et les exigences de la vie intérieure. En bref, la croyance trouve sa place dans une communauté d'action avec laquelle elle pouvait de prime abord sembler en totale contradiction.

Il est hautement improbable que la plupart des chrétiens puissent se satisfaire d'une telle solution, et de fait, la formule de Henry Hammond

1. Voir *Léviathan*, XLIII, en particulier, p. 610-616. Ainsi que Richard Tuck me le rappelle, les chrétiens ont la possibilité de choisir le martyre, s'ils le souhaitent: « ils jouissent de la même licence que Naaman, et n'ont pas besoin de s'exposer au danger pour celle-ci. S'ils le font néanmoins, ils doivent attendre leur rétribution au ciel, et ne pas se plaindre de leur souverain légitime, et encore bien moins lui faire la guerre. » (p. 620). Voir également Mark C. Murphey, « Hobbesian Conscientious Disobedience », *Archiv für Geschichte der Philosophie*, 77 (1995), p. 263-282, et sur la religion comme une forme de la vie intérieure, voir Patricia Springborg, « Hobbes on Religion », *in* Tom Sorell (éd.), *The Cambridge Companion to Hobbes*, Cambridge, CUP, 1996, p. 346-380.

2. *Léviathan*, XV, p. 160.

traitant le *Léviathan* de « méli-mélo de l'athéisme chrétien » n'est, parmi beaucoup d'autres, que la critique la plus *mémorable*[1]. Toutefois, en ce qui concerne notre propos, il nous suffit d'avoir établi que les éléments sur lesquels Hobbes s'est appuyé, et la façon dont il les a élaborés, lui ont permis de réconcilier la vie intérieure avec une communauté d'action solidement fondée[2]

Il en va autrement chez Kant, dont les pensées poursuivent un autre but. Le corollaire de l'autonomie de l'agent gouverné par la raison est que dans la vie morale l'homme ou la femme n'est gouverné par la volonté de personne d'autre que la sienne propre. Cela vaut pour la volonté de Dieu, et par là même pour n'importe quelle forme historique de religion. L'activité de la raison ne connaît pas juridiquement de supérieur au sens le plus fort du terme. Cette caractéristique prive la religion kantienne du recours, autorisé par le christianisme hobbesien, à la réserve de conscience. Nulle possibilité pour la divinité kantienne de prendre l'intention pour l'action à la manière hobbesienne, car elle n'est pas le législateur.

Kant conçoit le contenu de la religion comme une sorte de supplément conceptuel à la vie éthique. Pour réaliser ce tour de force, il lui faut tout d'abord réduire l'élément historique, qui sans aucun doute fait référence à la *volonté* de Dieu. Kant reconnaît avec Lessing que les témoignages historiques en faveur du christianisme sont d'un intérêt secondaire, et privilégie en revanche l'éducation morale qui peut en être tirée : « le but principal de la lecture des Écriture ou de la réflexion sur leur contenu est de rendre l'homme meilleur », observe-t-il, « mais l'élément historique, qui ne contribue en rien à ce but, est quelque chose qui est en soi-même totalement indifférent, et nous pouvons en faire ce que nous voulons ». Il affirme ainsi que Jésus est un professeur de moralité, et repousse l'idée qu'il aurait pu avoir un but en ce monde. Son dessein était purement moral, et consistait à rejetter l'autorité des prêtres dont l'activité avait obscurci la finalité éthique

1. S. I. Mintz, *The Hunting of Leviathan*, Cambridge, CUP, 1962, reste l'étude de référence sur la réception de Hobbes. Concernant certains des textes originaux eux-mêmes, voir G. A. J. Rogers (éd.), *Leviathan. Contemporary Responses to the Political Theory of Thomas Hobbes*, Bristol, Thoemmes Press, 1995.

2. Que la pensée de Hobbes fasse place à la vie intérieure et que, plus généralement, elle puisse s'accorder avec l'exigence de tolérance est sans doute vrai, mais il n'en demeure pas moins que le droit d'étendre la tolérance ou de la restreindre dépend entièrement de la volonté du souverain. Il suffit de rapprocher la remarque de Hobbes selon laquelle le souverain est le juge des opinions et sa thèse que la plupart des libertés civiles dépendent du silence de la loi (*Léviathan*, XLII, p. 564, XXI, p. 224). Concernant l'activité du souverain dans l'instillation de ces opinions, voir Geraint Parry, "The Sovereign as Educator. Thomas Hobbes's National Curriculum", *Paedagogica Historica*, n.s., 34, 3 (1998), p. 711-730. Sur la conformité extérieure dans un autre contexte, voir Tom Sorell, *Hobbes*, London, Routledge and Kegan Paul, 1986, p. 117-118.

de la religion[1]. Ainsi se trouve ouverte la voie d'une interprétation de l'œuvre du Christ comme représentant de l'éthique kantienne. La religion comprend l'idée de Dieu comme créateur moral du monde, et l'idée de l'immortalité. Il s'agit là, dit Kant, d'une idée de la raison, et tous les hommes peuvent se convaincre de sa vérité. C'est là ce que Jésus a enseigné, et Il fut le premier à le faire. La doctrine chrétienne, semble-t-il, se distingue nettement de la religion juive, qui se caractérisait selon Kant par des cérémonies extérieures procédant d'une contrainte extérieure et non par une disposition éthique. L'exigence implicite que la religion se caractérise par une pure disposition peut nous faire souvenir de la conception kantienne du devoir moral. Le Jésus de Kant proclame qu'un homme devient acceptable aux yeux de Dieu non pas en raison d'une observance extérieure des cérémonies religieuses, mais en raison d'une pure disposition éthique. Il est vrai que Jésus entend conserver la loi juive, mais il est non moins vrai que la religion de la raison doit être l'interprète de cette dernière, car si la loi juive était prise à la lettre elle contredirait l'enseignement de Jésus. La doctrine chrétienne n'a pas apporté d'informations qui auraient été autrement indisponibles. Kant suggère que la raison aurait pu découvrir le contenu de la révélation par elle-même, ajoutant même qu'une fois effectuée cette découverte les livres qui la contiennent pourraient être oubliés sans qu'il en résulte la moindre perte pour la religion révélée[2].

Le contenu de l'éthique du Christ entretient une relation étroite avec l'éthique kantienne. Son enseignement se résume en deux préceptes : Aime Dieu par-dessus tout, ce qui signifie « accomplis ton devoir pour nul autre motif que par respect immédiat pour le devoir lui-même » ; et Aime ton prochain comme toi-même, ce qui signifie « contribue à son bien en fonction de ta seule bonne volonté ». On a là, écrit Kant, une religion qui pourrait être proposée de façon convaincante à l'humanité tout entière sur la base de sa seule rationalité. Cette religion fut certes introduite sur le théâtre du monde par l'exemple de Jésus, mais l'autorité de ce dernier et la véracité de son enseignement n'exigeaient aucune confirmation extérieure, dans la mesure précisément où ses prescriptions coïncidaient avec les conclusions de la raison. Certains passages de son ministère peuvent sembler surprenants, mais cela tient uniquement au fait que sa prédication devait être développée en fonction des convictions des tenants de la religion juive[3]. Le christianisme, correctement compris, est la religion qui complète l'éthique kantienne.

1. Kant, *La religion dans les limites de la simple raison*, III, 6 ; III, 2, AK VI, 109-14, 96-8.
2. *Ibid.*, IV, 1, AK VI, 154-168.
3. *Ibid.*, IV, 1, 1 (à propos de Jésus) ; II, 2 ; III, 2 (à propos des Juifs) ; IV, 1, 1 (pour les autres) ; AK VI, 159-160 ; 79-83, 125-129 ; 157-163.

C'est d'ailleurs pour cette raison que cette religion ne peut pas être utilisée pour résoudre le conflit de la vie éthique et du monde extérieur, comme c'est le cas chez Hobbes. Nous avons vu que la religion kantienne n'est pas celle de la volonté divine. Corrélativement, cette religion n'est pas soumise à la volonté du législateur civil compris comme représentant de Dieu. De fait, sa définition suffit à montrer qu'elle ne peut pas l'être. Alors même que la religion de Kant reconnaît le besoin d'une Église pour encourager la pratique de la vie éthique, une telle communauté n'est pas soumise à la discipline extérieure de l'État. C'est l'inverse qui est vrai : Kant s'appuie sur « le droit fondamental de la raison humaine elle-même », et souligne que son autorité « ne doit pas être restreinte ». C'est dans cette perspective que prend sens le soupçon qu'il jette sur les finalités de l'autorité souveraine, ainsi que sa dénonciation sans surprise de la papauté médiévale[1].

L'exigence d'une traduction de la religion en action est renforcée par le lien intime qu'elle entretient avec l'éthique de Kant. De la même façon que le modèle hobbesien de la loi s'est constitué autour de la volonté divine, de même l'individu autonome kantien se reproduit lui-même (si l'on veut bien nous pardonner cette expression) dans les sphères extérieures à celle de l'éthique qui se définissent par l'usage public de la raison[2]. Lorsque l'on passe des préoccupations célestes aux préoccupations terrestres, le libre usage de la raison devient impératif. Kant considère de toute évidence que le fait de cultiver sa raison est un devoir, comme il apparaît clairement dans son affirmation déterminée selon laquelle le mépris pour les capacités rationnelles revient « à violer et à fouler aux pieds les droits sacrés de l'humanité ». Sa *Métaphysique des mœurs* suggère sur un ton plus détaché, mais de façon plus définitive encore, dans la *Doctrine de la vertu*, qu'il est du devoir fondamental de l'homme, dans la mesure où sa perfection est

1. En ce qui concerne l'opinion de Kant selon laquelle la vie éthique ne devrait pas être soumise au contrôle de l'État, voir *Critique de la raison pure*, A752/B780. Concernant son jugement sur la papauté médiévale, voir *La religion dans les limites de la simple raison*, III, 2, AK VI, 130-131. À propos de l'idée selon laquelle Kant aurait eu besoin de recourir à la notion de communauté pour penser une conduite morale réussie, de telle sorte que sa philosophie de la religion fait partie de sa philosophie sociale, voir Allen W. Wood, *Kant's Moral Religion*, Ithaca, Cornell University Press, 1970, p. 187-200 et *Id.*, « Rational Theology, Moral Faith, and Religion », *in* Paul Guyer (éd.), *The Cambridge Companion to Kant*, Cambridge, CUP, 1992, p. 407-408.

2. Sur ce point, voir Onora O'Neill, « The Public Use of Reason », *Political Theory*, 14 (1986), p. 523-551, et *Id.*, *Constructions of Reason*, Cambridge, CUP, 1990. Voir également J. C. Laursen, « The Subversive Kant : the Vocabulary of "Public" and "Publicity" », *Political Theory*, 14 (1986).

concernée, de cultiver ses capacités propres afin de promouvoir les fins que « la raison met en avant »[1].

Comment ce devoir s'accorde-t-il avec la conception kantienne de l'État? Kant est célèbre pour avoir repris à son compte l'adresse de Frédéric II à ses sujets, leur enjoignant de « raisonner autant qu'ils veulent, mais d'obéir »[2]. On peut comprendre ce propos comme une forme de conciliation entre l'activité intellectuelle des Lumières et les exigences politiques de l'obéissance. L'expérience personnelle en matière d'autorité était relativement superficielle, et son différend avec Frédéric Guillaume II sur la religion anecdotique[3]. Mais bien qu'il ait eu à peine à souffrir de la tyrannie, n'y a-t-il pas là la possibilité d'une grave tension entre le devoir moral et le devoir juridique? Il existe indéniablement une tension entre le devoir moral de contribuer aux Lumières et le devoir juridique d'obéir aux souverains.

Si le devoir moral de promouvoir les Lumières est écrit noir sur blanc dans l'œuvre de Kant, il en va de même de l'idée correspondante selon laquelle l'État devrait autoriser les penseurs à poursuivre leur tâche. En une occurrence, il déclare qu'il est « évident » que les savants « ne doivent en aucun cas être entravés par le bras séculier dans l'usage public de leur investigations et de leurs découvertes ». Cependant, le devoir juridique d'obéissance aux gouvernants semble contredire cet idéal des Lumières, étant donné la pratique effective des gouvernants du temps et la conception kantienne du contenu des Lumières. Les gouvernants, quant à eux, organisent leurs États en vue de la guerre, comme Kant le reconnaît lui-même. En 1784, il écrit ainsi que « tout a toujours été prévu d'avance pour la prochaine guerre », et, en 1795, il ajoute que les chefs d'État « n'en ont jamais assez de la guerre »[4]. Cette affirmation s'accorde assez mal avec la

1. Kant, *Qu'est-ce que les Lumières ?,* AK VIII, 40; *La métaphysique des mœurs*, II, introduction, VIII, AK VIII, 391. Il ne devrait plus être nécessaire aujourd'hui de rappeler que *La métaphysique des mœurs* contient des devoirs substantiels, mais si tel n'est pas le cas, voir E. Hill, *Dignity and Practical Reason in Kant's Moral Theory*, Ithaca, 1992.

2. *Qu'est-ce que les Lumières ?,* AK VIII, 41. Pour une réévaluation de la place de Kant dans la Prusse de Frédéric II et de Frédéric-Guillaume II, voir T. J. Hochstrasser, *Natural Law Theories in the Early Enlightenment,* Cambridge, CUP, 2000, chap. 6, et son intervention "Kant, Frederick the Great and the Age of Prussian Reform, 1763-1786", au Early Modern Seminar de l'Université de Leicester (11 November 1998).

3. Sur ce point, voir Ludiger Lutkenaus, « Karl Friedrich Bahrdt, Immanuel Kant und die Gegenaufklärung in Preussen (1788-1798) », *Jahrbuch des Instituts für deutsche Geschichte*, 9 (1980) et Steven Lestition, « Kant and the End of the Enlightenment in Prussia », *Journal of Modern History*, 65 (1993), p. 57-112.

4. Sur la liberté d'action des penseurs, voir *La religion dans les limites de la simple raison*, III, 1, 6, AK VI, 113; III, 2, AK VI, 133. Sur les inclinations des législateurs, voir l'*Idée d'une histoire universelle*, AK VIII, 29, et la *Paix perpétuelle*, AK VIII, 341. Sur les conséquences non-kantiennes de cette question, voir Alain Ruiz, "Aux Origines de la

constitution civile parfaite dont Kant recommande l'adoption dans la huitième proposition de *L'idée d'une histoire universelle*. Or Kant, on le sait, pense qu'une telle constitution est une condition préalable à l'exercice achevé du devoir moral. Ainsi le devoir moral et le devoir juridique semblent-ils se contredire.

Comment Kant résout-il ce problème ? La réponse – en raison d'une continuité réelle de sa pensée par delà les différences formelles – est que ses écrits politiques lui permettent de résoudre cette difficulté. Kant postule un ensemble de développements qui doivent rendre possible en pratique la réconciliation de la communauté éthique et de la communauté d'action.

La communauté internationale et les conditions matérielles de la communauté éthique

Hobbes n'a pas besoin de recourir à de telles considérations. Sa conception de la loi et de la communauté s'accordent d'une façon qui détermine la compréhension de la communauté internationale, mais qui ne requiert pas que cette dernière joue un rôle spécifique dans l'économie générale de sa pensée. Sa conciliation de la vie éthique et de la vie juridique s'inscrit dans le cadre du *Commonwealth*, en partie en raison des postulats sur lesquels il s'appuie, et en partie à cause de la naïveté avec laquelle il envisage une telle conciliation. Ainsi considère-t-il que les relations extérieures des États sont commandées par les obligations de la loi naturelle, dans la mesure où cette loi est la loi de Dieu et où les souverains sont tenus d'obéir au Tout-Puissant. En ce sens, la communauté civile et la communauté internationale ne constituent pour lui qu'une seule communauté d'action, de sorte qu'il peut conclure que « la loi des nations, et la loi de nature, est une seule et même chose » [1]. Kant, à l'inverse, a besoin d'harmoniser les contenus du devoir moral et du devoir juridique en s'appuyant sur les ressources rendues disponibles par la théorie du droit international.

Parmi les différences qui séparent Hobbes de Kant, la plus fondamentale pour notre propos est peut-être que Kant ait développé une téléologie de la nature, qui fait défaut chez Hobbes. Pour Hobbes, la nature est

Légende Jacobine de Kant en France. Le Traité vers la Paix Perpétuelle traduit et commenté dans la Presse Parisienne en 1796", *Cahiers d'Histoire Littéraire Comparée* publiés par l'Université de Metz, 8/9 (1985), p. 205-22.

1. Sur les relations internationales selon Hobbes, voir *Léviathan*, XXX, p. 377. Sur ce point, voir M. C. Williams, « Hobbes and International Relations : a Reconsideration », *International Organization*, 50, 2 (1996), p. 213-236. Cet article contient de nombreuses références bibliographiques sur le sujet. Pour une interprétation générale de la théorie des relations internationales chez Hobbes, voir Noel Malcolm, *Aspects of Hobbes*, Oxford, Clarendon Press, 2002, chap. 13.

l'instrument de Dieu et Dieu ne poursuit pas de buts : bien que la nature « soit l'art par lequel Dieu a créé et gouverne le monde », cependant « Dieu n'a pas de but »[1]. Pour Kant, la nature a des desseins, et ces derniers jouent un rôle essentiel pour comprendre la destinée humaine[2].

La première finalité de la nature concernant les personnes réside dans la perfection de la raison humaine[3]. Il ne s'agit pas là seulement d'une question d'effort individuel, mais d'un effort collectif pouvant prendre plusieurs générations[4]. Ce dessein concerne également la finalité des institutions. La constitution civile et la communauté éthique sont identiquement requises pour la réalisation de cette fin, et de la même façon proposent des finalités souhaitables plutôt que des idéaux réalisables tôt ou tard[5]. Ainsi la téléologie naturelle de Kant est-elle finalisée par l'espoir plus général d'un progrès possible.

Le présupposé substantiel qui sous-tend cet espoir est que la nature humaine – plus particulièrement, son « insociable sociabilité » – donne lieu à conflits, que le conflit international en particulier soit le moteur qui, en raison de sa négativité même, facilite l'advenue de la constitution civile parfaite que Kant exige afin de produire les conditions extérieures requises par la vie éthique.

La philosophie de l'histoire de Kant et sa conception de l'organisation internationale vont de pair, bien qu'on les considère généralement séparément. La philosophie de l'histoire, exposée dans *L'idée d'une histoire universelle* et dans les *Conjectures sur les débuts de l'histoire humaine*, rend compte de la nature humaine et de ses perspectives, auxquelles répondent non seulement les institutions présentées dans *Vers la paix perpétuelle,* mais aussi les institutions d'un ordre quelque peu distinct présentées dans la première partie de la *Métaphysique des mœurs*. Kant propose une philosophie de l'histoire dans laquelle il décrit la nature en marche vers l'accomplissement des facultés humaines. La nature agit à travers ce qu'il nomme l'insociable sociabilité – à savoir, la tendance au conflit qui se manifeste

1. Sur la nature considérée par Hobbes comme un artifice divin, voir *Léviathan*, introduction, p. 1. Sur l'absence de finalité en Dieu, voir XXXI, p. 385.

2. Sur la téléologie dans la pensée de Kant en général, voir J. D. McFarland, *Kant's Concept of Teleology*, Edinburgh, Edinburgh University Press, 1970.

3. Sur les progrès de la raison selon Kant, voir *L'idée d'une histoire universelle*, AK VIII, 17-20.

4. Sur la durée du processus, voir *L'idée d'une histoire universelle*, AK VIII, 18-19, deuxième proposition.

5. Sur le fait que l'Église et l'État suggèrent l'une et l'autre un espoir téléologique plutôt qu'une perspective de réalisation, comparer *La religion dans les limites de la simple raison*, III, 1, 4, AK VI, 100-101, avec *L'idée d'une histoire universelle*, sixième proposition, AK VI, 23. On relèvera tout particulièrement une commune comparaison de l'humanité avec un bâton tordu.

chez les hommes dès qu'ils forment des sociétés[1]. On peut mettre fin à un conflit privé, déclare-t-il, en instituant un gouvernement civil, mais le conflit entre les gouvernements est d'une nature différente[2]. Ici, l'inventivité sans cesse croissante de l'intelligence humaine (qui s'exerce en développant des armements et des tactiques), ainsi que les instincts expansionnistes des gouvernants sont les indices d'un accroissement du fardeau écrasant de la guerre et de la préparation militaire[3]. Le résultat devrait être une condition pacifique, soit sous la forme d'une fédération[4], soit, de façon plus limitée, sous la forme d'une coalition plus lâche d'États[5]. Quelle que soit la forme institutionnelle de la paix, Kant fait confiance aux États pour adopter une attitude visant à l'instauration et au maintien de la sécurité extérieure et pour développer des conditions plus favorables à la liberté civile[6], afin de faciliter la pratique de la moralité telle qu'il la conçoit[7].

Kant envisage ainsi la communauté internationale comme une sphère de conflit susceptible de se transformer en un espace de développement propre à fournir les conditions matérielles pour la réalisation d'une communauté éthique, à savoir pour la réalisation d'une constitution civile parfaite. En bref, les écrits de Kant dans le domaine international s'inscrivent très précisément dans la continuité des buts poursuivis par ses écrits moraux et juridiques[8]. Il faut souligner, plus particulièrement, que sa philosophie de

1. Voir *L'idée d'une histoire universelle*, AK VIII, 22-29, 34.

2. Sur la conception kantienne de l'institution historique de l'État, voir notamment *Conjectures sur les débuts de l'histoire humaine*, AK VIII, 107-123.

3. Voir *Théorie et pratique*, AK VIII, 310 *sq.* À propos des tendances expansionnistes des gouvernants, voir *L'idée d'une histoire universelle*, AK VIII, 29 et *Vers la paix perpétuelle*, AK VIII, 341.

4. Voir *Vers la paix perpétuelle*, AK VIII, 341-386.

5. *Métaphysique des mœurs*, I, § 54, 61, AK VIII, 344, 351.

6. *Théorie et pratique*, AK VIII, 290-297; *L'idée d'une histoire universelle*, AK VIII, 22.

7. Il en résulte que *L'idée d'une histoire universelle* et *Vers la paix perpétuelle* doivent être considérés ensemble, contrairement à l'habitude qui a été prise de les considérer séparément. Pour une telle approche de la philosophie kantienne de l'histoire, voir, notamment, Yirmiahu Yovel, *Kant and the Philosophy of History*, Princeton, Princeton University Press, 1980 (trad. fr. par J. Lagrée, Paris, Klincksieck, 1989) et Jonathan Haslam, *No Virtue like Necessity*, New Haven, Yale University Press, 2002, p. 85-8. Pour une analyse, selon ces principes, de *Vers la paix perpétuelle*, voir, notamment, Georg Cavallar, *Pax Kantiana. Systematisch-historische Untersuchung des Entwurfs « Zum ewigen Frieden » (1795) von Immanuel Kant*, Vien, 1992, ainsi que son livre *Kant and the theory and practice of international right*, Cardiff, University of Wales Press, 1999; Howard Williams et Ken Booth, « Kant: Theorist Beyond Limits », *in* Ian Clark et Iver B. Neumann (éd.), *Classical Theories of International Relations*, London, Macmillan 1996, p. 71-98; Charles Covell, *Kant and the Law of Peace*, London, Macmillan 1998; and Antonio Franceschet, *Kant and Liberal Internationalism*, Basingstoke, Palgrave, 2002. Pour un traitement de style different, voir Janna Thompson, *Justice and World Order*, London, Routledge, 1992, chap. 2.

8. La thèse que nous défendons s'oppose à l'argument de Lucien Goldmann selon lequel le penchant humain au conflit ne saurait s'accorder en définitive avec la paix universelle. Voir

l'histoire sous-tend sa théorie de l'organisation internationale dans son ensemble : les écrits qui exposent cette conception, si souvent décrits comme des écrits mineurs, constituent une contribution à part entière au problème de la réalisation des ambitions de la morale kantienne [1].

La pensée de Kant est une pensée de la transformation de la communauté internationale. Alors même que ses conceptions conservent aujourd'hui encore toute leur pertinence, et ont ainsi reçu une attention particulière dans la dernière décennie [2], peut-être peut-on ajouter, avant de conclure, une réflexion d'ordre général. La pensée de Kant montre comment le mouvement qui conduit, dans beaucoup de pensées occidentales, de doctrines considérant Dieu comme un vecteur d'intelligibilité du réel à des doctrines qui n'y font plus référence donne une signification forte à la notion de progrès considéré comme un moyen de répondre à des exigences conceptuelles. À des présuppositions relatives aux surnaturel succèdent ainsi des postulats relatifs au futur.

CONCLUSION

Les principes universels, loin d'être sans pertinence pour le thème de la communauté, le sous-tendent de part en part. L'idée de communauté repose sur des principes philosophiques universels. Nous avons vu non seulement qu'il existait chez Hobbes et Kant une convergence entre certains modèles de communauté d'action, mais aussi une divergence quant à la façon de

L. Goldmann, *Immanuel Kant* (1945), trad. anglaise R. Black, London, 1971, en particulier, p. 149.

1. Il en résulte que ces œuvres doivent être considérées comme ayant contribué au succès de la pensée kantienne en tant qu'elles sont partie prenante de cette pensée, et non pas simplement comme des jalons dans l'histoire de la politique internationale. Concernant les derniers développements de la lecture internationaliste des écrits kantiens sur l'histoire, voir James Bohman et Matthias Lutz-Bachmann (éd.), *Perpetual Peace. Essays on Kant's Cosmopolitan Ideal*, Cambridge, MA, MIT Press, 1997. Pour une critique de la conception selon laquelle Kant tendrait directement à un projet de réforme internationale, voir Thomas W. Pogge, « Kant's Theory of Justice », *Kant-Studien*, 79 (1988), 407-33, et Antonio Franceschet, *Kant and Liberal Internationalism*, Basingstoke, 2002.

2. Sur l'idée que la démocratie, correctement comprise, constitue un corrélat de la paix, voir M. Doyle, « Kant, Liberal Legacies and Foreign Affairs », *Philosophy and Public Affairs*, 12 (1983), p. 205-235, p. 323-353, et *Id.*, *Ways of War and Peace : Realism, Liberalism, and Socialism*, New York, Norton, 1997 ; mais pour une critique décapante, voir l'essai remarquable de Jessie Owen, 'Kant and Liberal Peace Theory', M.A. thesis, University of Leicester, 2001 ; pour une approche plus concrète, voir F. H. Hinsley, « Immanuel Kant and the Pattern of War and Peace Since his Time », *in* Helmut Berding et al. (éd.), *Vom Staat des Ancien Regime zum moderne Parteienstaat*, München, 1978, p. 91-101, que l'on peut comparer avec Andrew Hurrell, « Kant and the Kantian Paradigm in International Relations », *Review of International Studies*, 16 (1990), p. 183-205.

concevoir la communauté éthique. Nous avons vu également que ces principes philosophiques ont une incidence sur la façon dont nos deux auteurs conçoivent la communauté en général, et plus particulièrement la communauté internationale. En d'autres termes, la façon dont on conçoit la communauté dépend précisément de ces principes universels que d'aucuns voudraient exclure du champ de la réflexion contemporaine.

Ian HARRIS
Université de Leicester
(traduit par Luc Foisneau)

LES FONDEMENTS RATIONNELS DU DROIT POLITIQUE SELON HOBBES ET SELON KANT

Dans le texte bien connu de 1793 communément désigné par *Théorie et pratique*, Kant ne cache pas son désaccord avec Hobbes puisque la seconde section de cet opuscule porte en sous-titre « Contre Hobbes ». En outre, si, dans le corpus d'ensemble de son œuvre, Hobbes a, de son propre aveu, privilégié la philosophie politique ou, comme il dit, la « science politique », Kant, bien que pénétré de l'esprit du droit et très attentif à la question du droit politique, ne leur a pas, dans sa carrière, consacré une place cardinale. Dès lors, on peut se demander si l'antagonisme des penseurs et la dissymétrie des œuvres ne suffiraient pas à rendre insolite la recherche, chez les deux philosophes, des fondements rationnels du droit politique.

Il n'en est rien pourtant. En effet, il est frappant que Hobbes et Kant, dans leur problématique de la condition civile, recourent, pour l'essentiel, aux mêmes concepts catégoriels afin de rendre compte de l'émergence, de la nature et de la finalité de l'ordre politique dans le monde des hommes. Ce schéma épistémologique dans lequel les puissances de la rationalité trouvent leur lieu d'excellence et expliquent l'institution et l'institutionnalisation de l'État semble assigner à leurs philosophies politiques respectives un dénominateur commun que l'on peut désigner comme étant le fondement rationnel du droit politique. Par conséquent, même si, entre Hobbes et Kant, se glissent l'ombre troublante de Pufendorf et celle, bien encombrante, de Rousseau, les deux philosophes pourraient sembler, lorsqu'ils s'interrogent sur les racines du droit politique, se rapprocher l'un de l'autre.

En vérité, cette proximité, que paraît justifier la capacité fondatrice qu'ils reconnaissent l'un et l'autre à la raison, est illusoire. Ce ne sont d'ailleurs ni Pufendorf ni même Rousseau qui éloignent Kant de Hobbes : c'est, par-delà toutes les influences, sa manière propre de philosopher et, en l'occurrence, tout ensemble, la manière dont il pose le problème du droit politique et, corrélativement, fouille et examine les pouvoirs de la raison afin de trouver en eux les conditions qui rendent possible et légitime la constitution de l'État. Or, de l'institution de l'État et de son droit à la

Constitution et à l'institutionnalisation qui commandent le droit de l'État, ne s'accomplit rien de moins qu'une « révolution » dans l'acte de philosopher. Il ne serait pas inutile de se demander si, de cette révolution philosophique, Kant est absolument le pionnier et l'on verrait assurément, en cette question, se dessiner la silhouette de Rousseau. Quoi qu'il en soit, afin de rendre compte de la métamorphose que, de Hobbes à Kant, connaît l'idée des fondements rationnels du droit politique, je rappellerai brièvement dans une première partie, la place qu'assignent les deux philosophes aux *catégorèmes* qui forment la charpente de l'ordre juridico-politique. Dans une seconde partie, je considérerai les différences que présentent ces maîtres-concepts dans les deux philosophies en insistant, notamment, sur la *critique* que dirige Kant contre Hobbes. Enfin, en un troisième moment, je m'interrogerai sur le *traitement philosophique de la rationalité fondatrice* qui permet à Kant de s'opposer à la construction hobbienne de l'État-Léviathan.

LES CATÉGORÈMES DE L'ORDRE JURIDICO-POLITIQUE

La raison n'est, ni dans la philosophie de Hobbes ni dans la philosophie de Kant, « l'adversaire le plus opiniâtre de la pensée »[1]. C'est au contraire en termes de rationalité que Hobbes pense l'institution et, par voie de conséquence, le fonctionnement de l'État-Léviathan, et c'est par référence à la normativité de la raison que Kant pense la possibilité et la validité du droit public (ou, comme l'on dit en son siècle, du « droit civil »), qu'il s'agisse du droit interne à l'État ou, aussi bien, du droit cosmopolitique. Il apparaît même que, chez les deux philosophes, ce sont les mêmes notions, en quelque sorte érigées en catégorèmes, qui jalonnent le trajet que parcourt la raison; ce sont aussi, semble-t-il, ces mêmes notions que scrute le regard philosophique en se posant sur la condition politique des hommes.

En vérité, le recours de la pensée à ces concepts catégorématiques n'a, par soi seul, rien de bien original. Ils sont couramment utilisés par les jurisconsultes et par les philosophes de la pensée politique des dix-septième et dix-huitième siècles que l'on qualifie de « moderne ». Aussi n'est-il pas surprenant que Hobbes, puis Kant – comme Pufendorf ou Rousseau, Burlamaqui ou Achenwall – y aient recours. L'un et l'autre, premièrement, adossent leur concept du droit politique à celui d'un *état de nature* anarchique; deuxièmement, ils en trouvent les racines dans un *contrat social* d'où, troisièmement, naît dans l'État législateur le *rapport spécifique de la souveraineté à la citoyenneté*. Seulement, le point fort

1. Heidegger, *Chemins qui ne mènent nulle part*, trad. fr. par W. Brokmeier et F. Fédier, Paris, Gallimard, 1962, p. 322.

des analyses de Hobbes et de Kant est de placer ces trois catégorèmes, beaucoup plus intensément que Pufendorf et même que Rousseau, sous le signe de la raison. En ces notions, les puissances et le travail de la rationalité se manifestent si puissamment que les deux philosophes reconnaissent expressément à la raison une capacité fondatrice.

L'état de nature

Lorsque Kant, dans la *Doctrine du droit,* écrit : « Il faut sortir de l'état de nature en lequel chacun n'en fait qu'à sa tête »[1], il ne fait guère de doute qu'il approuve Hobbes montrant, dès les *Elements of Law* et le répétant dans le *Léviathan,* que les contradictions mortifères de la condition naturelle des hommes sont intolérables à la raison.

La nature humaine étant composée, selon Hobbes, des « deux ingrédients » que sont la passion et la raison[2], le silence de la raison – qu'elle ne soit point encore éveillée, comme chez le jeune enfant ou chez les primitifs d'Amérique, ou qu'elle ait dégénéré au point de se taire, comme dans la guerre civile qui, en 1640, mine l'Angleterre –, condamne les hommes à une condition naturelle quasi-animale en laquelle « l'inférence tirée des passions »[3] signifie déficience, misère et mort prochaine. Le fait que Hobbes, à partir du *De Cive*, préfère considérer l'état de nature comme une fiction à vocation méthodologique plutôt que comme une conjecture proto-historique ne change rien à l'affaire : si la condition des hommes est privée des pouvoirs de la raison, elle demeure naturelle, c'est-à-dire proche de celle des bêtes, et peut-être pire qu'elle. Sortir de l'état de nature consistera donc à construire un état de sécurité, de paix et de bonheur.

La position de Kant est assurément plus complexe. Il situe en effet « l'insociable sociabilité » qui caractérise l'état de nature[4] non point au niveau des individus dans leurs singularités insulaires, mais au niveau de l'espèce humaine en son entier. Mais, selon lui, il y a une « ruse de la nature » qui « a voulu que l'homme tire entièrement de lui-même tout ce qui dépasse l'agencement mécanique de son existence animale, et qu'il ne participe à aucune autre félicité ou perfection que celle qu'il s'est créée lui-même, indépendamment de l'instinct, par sa propre raison »[5]. En excluant l'usage abusif que font certains commentateurs du cliché que constitue l'expression « ruse de la nature », il convient néanmoins de remarquer que

1. Kant, *Doctrine du droit,* § 44, AK VI, 312 ; trad. J. et O. Masson, OPh III, 576.

2. Hobbes, *Elements of Law,* Première partie *De la nature humaine*, trad. fr. par D'Holbach, rééd., Paris, Vrin, 1971.

3. Hobbes, *Léviathan,* traduction F. Tricaud, XIII, p. 125.

4. Kant, *Idée d'une histoire universelle du point de vue cosmopolitique*, 4e proposition, AK VIII, 20 ; trad., L. Ferry, OPh II, 192.

5. *Ibid.*, 3e proposition, AK VIII, 19-20 ; OPh II, 190-191.

« la nature ne fait rien en vain » ; le « dessein de la nature » est tel qu'elle n'a pas voulu que l'homme fût « gouverné par l'instinct » et qu'en conséquence, elle l'a doté de la raison afin qu'il pût « tirer tout de lui-même ». Autrement dit, contre la misologie de Rousseau, Kant soutient qu'il appartient à la raison de redresser, même si cela est difficile, le bois noueux et tors dont l'homme est naturellement fait : c'est le seul moyen qu'ait la créature humaine d'accomplir sa fin dernière qui est la liberté. Voilà pourquoi l'homme, en combattant par la raison l'irrationalité des conflits qui déchirent sa condition naturelle doit s'arracher à elle et entrer dans l'état civil[1] afin d'y gagner la liberté.

Le contrat social

La notion de contrat social se dessine chez Hobbes et chez Kant comme l'instrument rationnel dont la vocation opératoire permet cet arrachement à la condition naturelle. Comme Hobbes, Kant prend place dans la puissante vague des théories contractualistes qui, depuis le seizième siècle, traverse la doctrine et la philosophie politiques. L'insistance avec laquelle ils soulignent l'un et l'autre, plus radicalement que La Boétie ou les Monarchomaques et même que Pufendorf ou Locke, la rationalité du contrat, pourrait, au premier regard, les rapprocher. C'est bien là ce que cette insistance semble signifier si l'on s'arrête sur le rôle instrumental du pacte nécessaire à l'avènement de la société civile ou politique.

Hobbes, dès les *Elements of Law*, présentait le contrat qui permet aux individus de sortir de l'état de nature comme un calcul (*computatio*) de la raison ; le *De Cive* et le *Léviathan*, plus précis et incisifs, font de cet artifice qui répond aux conseils de la loi de nature qui est la raison elle-même[2] un calcul téléologique d'intérêts apte à résoudre dans le monde humain un problème mécanique d'équilibre des forces. Le raisonnement du philosophe est simple et clair : si chacun abandonne l'exercice de son droit de nature sur toutes choses d'où naît la guerre universelle, et si tous en font

1. Dans la suite du texte de 1784, il y a quelque difficulté à concilier les thèses des cinquième et sixième propositions. Ce n'est pas ici notre problème. Bornons-nous à préciser que les « points de vue » – l'on sait l'importance de cette notion dans la philosophie kantienne – ne sont pas les mêmes : pour réaliser « une société civile administrant le droit de façon universelle », la 5e proposition trouve dans « l'insociable sociabilité », en un sens quasiment mécanique, le moteur de l'histoire ; la 6e proposition, quant à elle, en appelle à la « bonne volonté », évidemment problématique en l'homme, pour que les hommes acceptent, sous la férule d'un « maître » (qui est, lui aussi, un homme : et c'est là la difficulté), la constitution de la société civile. C'est donc, dans le texte de Kant, le rapport de la Nature et de la Liberté en l'homme qu'il convient d'éclaircir pour concilier ces deux points de vue.

2. « Il ne peut y avoir aucune autre loi de nature que la raison » (*De la nature humaine*, XV, § 8 ; XVIII, § 1).

autant en le confiant à une unique personne publique – homme ou assemblée –, cet acte calculé fait naître le pouvoir politique[1].

Les perspectives nouvelles dessinées par Rousseau ont, à coup sûr, amené Kant à ne pas penser le contrat comme l'artifice qui explique la formation de l'État, mais plutôt à voir en lui le fondement normatif et légitimant de la société civile[2]. Il reste que, selon Kant comme selon Hobbes, non seulement il est impératif que les hommes quittent l'état de nature qui est un état d'injustice et de violence, mais il faut que la contrainte civile, nécessaire pour que l'homme échappe à l'injustice (*injuria*) de la condition naturelle, et rendue possible par le contrat social (*pactum unionis civilis*), trouve son ressort dans le pouvoir pratique de la raison. Celle-ci détermine en effet la volonté à sortir de l'état de nature de sorte que « la causalité de la raison », qui n'est autre que le principe de la liberté, rend compte de l'effectivité et de l'efficacité du contrat. Le « concept universel d'un être raisonnable en général »[3] produit l'intérêt – évidemment, selon Kant, *supra*-sensible et, comme tel, opposé à toute violence – qui porte les hommes à quitter l'état de nature sans justice et sans loi pour entrer dans un état juridique[4]. Ainsi, Kant ne considère pas l'État comme institué historiquement par le contrat social (d'ailleurs, il est vain de rechercher les origines historiques, donc empiriques, de la société civile[5]), mais il fait du *pactum unionis civilis* qui est au principe de la Constitution civile et de la contrainte étatique, l'expression de la volonté législatrice de la raison[6].

Qu'il y ait en cela un nœud de difficultés, Kant le sait. Sa polémique avec Hobbes, dont il est loin d'accepter le concept *more geometrico* du pacte social, le montre avec évidence. Pourtant, lors même qu'il s'oppose à Hobbes, il aborde, comme lui, dans le pas politico-juridique de la raison, la problématique du rapport entre souveraineté et citoyenneté.

Souveraineté et citoyenneté

Sur ce point encore, on pourrait penser de prime abord que Kant suit les voies tracées par la doctrine moderne : depuis Jean Bodin et Charles Loyseau en effet, la philosophie politique fait de la souveraineté, en tant qu'elle est puissance suprême ou *plenitudo potestatis*, le caractère essentiel de la République ou État. Et comme, en une République, il n'est pas de

1. Hobbes, *De la nature humaine*, XV, § 8 ; *De Cive*, V, § 8 ; *Léviathan*, XIV, trad., p. 129.

2. Kant, *Reflexionen*, R. 7708 (1773-1775), trad. fr. par M. Castillo, in *Kant et l'avenir de la culture*, P.U.F., 1990, p. 277.

3. Kant, *Fondements de la métaphysique des mœurs*, AK IV, 392 ; trad. fr. par V. Delbos, revue par F. Alquié, OPh II, 249.

4. Kant, *Doctrine du droit*, § 42 et § 44, AK VI, 307 et 312 ; OPh III, 573 et 576.

5. *Ibid*, § 52, AK VI, 339 ; OPh III, 611.

6. *Ibid.*, § 47, AK VI, 315 ; OPh III, 581.

souverain sans citoyens, le rapport qui s'instaure entre eux est philosophiquement de prime importance.

Selon Hobbes, l'État-Léviathan est la personne publique (*persona civitatis*) du Souverain dont la génération contractuelle donne une justification rationnelle nécessaire et suffisante. En conséquence, selon la logique rigoureuse dont l'auteur du *Léviathan* ne se départit jamais, la souveraine puissance, dans la machine politique, est « le pouvoir commun et un », indivisible et inviolable. Le Souverain – qui désigne non pas le monarque comme le disent tant de lecteurs trop pressés, mais le pouvoir ou la puissance (*potestas*) dont est investie, par sa génération, la *persona civilis* du *Commonwealth* ou *Res publica* – est « le seul législateur »[1] (mieux vaudrait dire « le seul jurislateur ») : entendons que, seul, il a compétence pour édicter les règles du corpus normatif de l'État. La souveraineté, en son omnipotence et son omnicompétence, est donc, selon Hobbes, un pouvoir fonctionnel de décision et d'exécution : *Sic volo, sic jubeo, sit pro ratione voluntas*. En toute logique, les citoyens qui, par le *covenant*, ont institué ce pouvoir sont, sous peine d'entrer en contradiction avec eux-mêmes, « tenus d'observer »[2] les lois civiles, dans les limites, il est vrai (Hobbes le répète inlassablement), qu'autorisent les lois de nature. Dans le rapport de commandement à obéissance qui atteste la rationalité du gouvernement de la République, s'exprime de la sorte une raison active, dont l'activité a pour unique finalité de contenir et d'éliminer les forces multiformes de la destruction qui sont autant de sursauts de la nature.

La question de la souveraineté n'est pas traitée par Kant avec une parfaite clarté. Mises à part les difficultés de la traduction, il faut reconnaître quelque flottement dans l'emploi que fait Kant des termes *souveraineté* et *souverain*. Cependant, il ne fait point de doute que la souveraineté désigne, dans l'État, le législateur suprême (*summum imperans, Beherrscher, Oberhaupt*) et que sa capacité législatrice émane du peuple[3] en raison de l'acte par lequel le peuple s'est lui-même constitué en État – par ce que Kant nomme le « contrat originaire » et qu'il vaudrait mieux, pour éviter toute équivoque, appeler le « contrat fondateur ». Le pacte social s'avère être la règle d'après laquelle tout sujet, dans la mesure où il veut être « citoyen »[4], donne son suffrage à la capacité législatrice de la volonté générale. Il en résulte que si tous (*omnes et singuli*) ont « abandonné leur liberté sauvage et sans loi », ils acquièrent, par leur

1. Hobbes, *De corpore politico*, I, § 14 ; *Léviathan*, XXVI, trad., p. 283.
2. Hobbes, *Léviathan*, XXVI, trad., p. 281.
3. Kant, *Doctrine du droit*, § 47, AK VI, 315 ; OPh III, 581.
4. Kant, *Théorie et pratique*, AK VIII, 290 ; trad. L. Ferry, OPh III, 270 *sq*.

subordination aux lois de l'État, une autre liberté, juridique celle-là, qui est celle des citoyens dans leur dépendance légale [1].

Donc, pour Kant comme pour Hobbes – et, aussi bien comme pour Pufendorf –, le rapport de la souveraineté à la citoyenneté est rationnellement compris dans l'émergence et la constitution mêmes de l'État : l'obéissance des citoyens à la loi est le corrélat nécessaire de la puissance législatrice suprême qu'ils ont voulue en accomplissant l'acte du contrat social.

Il apparaît donc au premier regard que, en leurs lignes générales, les philosophies politiques de Kant et de Hobbes ont recours, dans leur effort pour analyser et comprendre l'avènement de la condition civile, aux mêmes catégorèmes – ceux-là s'imposant au demeurant chez la plupart des jurisconsultes et des philosophes comme les concepts clefs de la pensée juridico-politique des dix-septième et dix-huitième siècles. Seulement, un examen plus minutieux provoque l'effritement de cette apparente similitude : les fondements rationnels du droit politique recèlent, chez Hobbes et chez Kant, des raisons profondes jusqu'au secret qui, en faisant éclater la rationalité fondatrice, dressent Kant contre Hobbes.

L'ÉCLATEMENT DE LA RATIONALITÉ FONDATRICE

Remettons sur le métier les trois catégorèmes qui, dans l'étude du droit politique, sont communs aux philosophies de Hobbes et de Kant.

L'amphibologie du concept d'état de nature

Si, dans l'œuvre des deux philosophes, le concept d'état de nature possède la même signification générale et connote la condition sauvage et sans loi où, dans un univers sans justice, règne la force brute, il n'a pas pour Hobbes et pour Kant le même statut épistémologique. Certes, le concept d'état de nature se place, pour les deux philosophes, sous le signe de la négativité puisqu'il correspond, pour les deux philosophes, à un état défectif de la condition des hommes. Mais, sur ce point, bien des nuances, qui sont de franches différences, éloignent Kant de Hobbes.

La notion liminaire d'état de nature s'inscrit pour Hobbes dans le contexte individualiste et mécanistique de sa philosophie. Chacun possède un droit sur toutes choses et, comme la nature a fait les hommes égaux quant aux facultés de corps et d'esprit qui sont les leurs, leur égalité signifie leur rivalité : chacun est ennemi de tout autre ; c'est la guerre de tous contre tous.

1. Kant, *Doctrine du droit,* § 47, AK VI, 316 ; OPh III, 581.

Seulement, déclare Hobbes, « il n'en a jamais été ainsi » [1]. Aussi l'idée de « la condition naturelle des hommes » acquiert-elle, du moins à partir du *De Cive*, le statut méthodologique d'une fiction opératoire. Tandis que les *Elements of Law* accordaient une réalité empirique à la misère qui rôde en une telle condition, la fiction opératoire que forge Hobbes dans le *De Cive* et dans le *Léviathan* laisse imaginer « le genre de vie qui prévaudrait s'il n'y avait pas de pouvoir commun à craindre » [2]. Elle sert donc à justifier, *a contrario*, la contrainte qui, dans la condition civile des hommes, caractérise les lois de l'État et oblige les sujets à la paix.

Pour Kant, le concept d'état de nature, quoique primordial, revêt une signification plus feutrée et plus complexe, ce qui laisse déjà mesurer la prise de distance du philosophe par rapport à Hobbes. Il faut d'abord spécifier que, selon Kant, l'état de nature (*Naturzustand*) ne s'oppose pas, comme dans l'individualisme de Hobbes, à l'état social (*der gesellschaftliche Zustand*) car il existe des sociétés naturelles ; il s'oppose à l'état civil (*der bürgerliche Zustand*) que caractérise l'existence de lois publiques (*öffentliche Gesetze*) [3]. Ensuite et surtout, il convient de souligner que l'homme à l'état de nature ne désigne pas, selon Kant comme selon Hobbes, la fiction de l'individu ou du sujet insulaire égal en forces à tout autre en ses pouvoirs (*potentiae*) du corps et de l'esprit. Rien, d'ailleurs, n'est moins subjectif que le sujet kantien. L'homme en l'état de nature ne se peut caractériser que par le type de rapport qu'il entretient avec ce qui lui est « extérieur » : autrement dit, il ne se peut comprendre qu'à travers la catégorie de la « possession ». Or, celle-ci, qui signifie la possibilité, pour tout arbitre (*Willkür)*, de prendre pour sien un objet extérieur, présuppose l'idée de *res nullius* qui est, dit Kant, « le postulat juridique de la raison pratique » [4]. Nous avons ainsi affaire, en l'état de nature, à la notion, totalement ignorée par Hobbes, de « loi permissive » de la raison pratique (*lex permissiva* ou *Erlaubnisgesetz*) [5], c'est-à-dire à un *a priori* de la pensée pure pratique qui rend possibles formellement les concepts d'un ordre de droit. Nous voici, il faut en convenir, très loin de la philosophie mécanistique en laquelle s'inscrit l'État-Léviathan de Hobbes, et même si le « droit naturel » trouve place, selon Kant et selon Hobbes, dans « l'état de nature », il est clair que son concept n'a pas le même sens pour les deux philosophes.

1. Hobbes, *Léviathan*, XIII, trad., p. 125.
2. *Ibid.*, XIII, p. 124.
3. Kant, *Doctrine du droit*, Division de la doctrine du droit, AK VI, 242 ; OPh III, 493.
4. *Ibid.*, § 2, AK VI, 246 ; OPh III, 495.
5. *Cf.* Kant, *Projet de paix perpétuelle*, AK VIII, 347 ; trad. fr. anonyme revue par H. Wismann, OPh III, 339 ; *Doctrine du droit*, § 2, AK VI, 46 ; OPh III, 495.

Selon Hobbes, le droit naturel – mieux vaut dire d'ailleurs le « droit de nature » (*jus naturae*) – est assimilable en l'individu à une force (*strength)* : il est le pouvoir (*power* ou *potentia*) qu'a chacun d'user de tout ce dont il a besoin pour se perpétuer en sa vie. Selon Kant, il faut, pour lever toute « équivoque », en appeler à une « subtilité » [1] d'après laquelle le « droit » de l'homme en l'état de nature (*natürliches Recht*) est à distinguer du droit naturel (*Naturrecht).* Le premier (*natürliches Recht*) désigne ce que, dans l'état de nature, Kant appelle « le droit privé », lequel, juridiquement parlant, n'est qu'un « droit provisoire » ou, mieux, « par provision », donc, à la fois riche d'une présomption de juridicité mais encore dépourvu par soi de la garantie que, seul, peut, sous la Constitution civile (*bürgerliche Verfassung*), lui apporter « le droit public ». Le second (*Naturrecht*) est, par-delà l'état de nature et le « droit provisoire » qui le caractérise, aussi bien que par-delà l'état civil et le « droit statutaire » dont il est le lieu, un concept *a priori* relevant de la législation pure de la raison ; il est, en tant que « simple Idée », « purement » juridique dans la mesure où il répond aux exigences transcendantales de la raison [2] et sert de norme ou de règle à tout ordre juridique statutaire (ou positif) de droit public.

Cette prise de distance par rapport à Hobbes est formellement déclarée dans la seconde section de *Théorie et pratique* à propos du contrat social. Elle est définitive à telle enseigne que la *Doctrine du droit* ne la répète pas et la considère comme acquise une fois pour toutes dans le système du droit.

Deux conceptions irréductibles du contrat social

Kant n'ignore pas les vieux quartiers de noblesse de la notion de contrat (le *synallagma* des Grecs, le *nexum* de la Loi des Douze Tables [3], plus tard le *contractus* et ses formes multiples exposées par le *Digeste* [4]). Il sait le

1. Kant, *Reflexionen*, R. 7084 (1776-1778), *in* M. Castillo, *op. cit.*, p. 275. Voici le texte de Kant : « L'usage de l'expression "droit naturel" étant si équivoque, il nous faut recourir à une subtilité pour éviter cette équivoque. Nous distinguons *Naturrecht* et *natürliches Recht.* Le premier s'oppose à la fois au droit universel et au droit arbitraire (*willkürliches Recht*) ; le second a aussi son principe dans la nature, mais désigne soit le droit naturel privé, soit le droit naturel public ».

2. Un tel concept du « droit naturel » situe Kant, à l'évidence, très loin des théories jusnaturalistes qui tiennent tant de place dans la doctrine juridique de son époque. Cela ne suffit pas, bien entendu, à faire de Kant le maître à penser des doctrinaires du positivisme juridique. Sur ce problème, nous renvoyons à notre livre *La philosophie du droit de Kant,* Paris, Vrin, 1996, p. 110 *sq.* et à notre article « Le fondement du droit dans la doctrine kantienne : du "droit provisoire" au "droit péremptoire" », *in* S. Goyard-Fabre, *Droit et vertu chez Kant* (IIIe congrès de la société internationale d'études kantiennes de langue française, Athènes), Paris, Vrin, 1997, p. 12-23.

3. *Loi des Douze Tables*, 5. 1. 1.

4. *Digeste,* Paul, 5. 1. 20.

retentissement du *Vertrag* chez Wolff et les juristes allemands, en particulier chez Achenwall[1]. Mais, surtout, il trouve singulièrement déficiente l'analyse que donne Hobbes du contrat. Sans doute l'a-t-il lue très – trop – vite et sans tenir compte des différences entre les *Elements of Law* et le *Léviathan*. Il reste qu'il dénonce dans l'analyse de Hobbes une triple faute : premièrement, elle ne distingue pas l'exécution du contrat du principe de son édification; deuxièmement, elle passe sous silence la spécificité du *pactum unionis civilis* par rapport aux contrats ordinaires[2] qui sont des contrats d'affaires; troisièmement, elle ne mentionne même pas la « caution » sans laquelle il est impossible d'accorder la moindre « assurance » à l'acceptation de la promesse.

Parmi ces trois reproches, le second nous intéresse ici tout spécialement. Le contrat social, dit Kant, n'est pas, comme le pense Hobbes, un *pactum associationis* faisant naître une société par l'union de la pluralité des individus; il existe, en effet, selon Kant, des sociétés naturelles[3] et le philosophe, une fois de plus, met en accusation la postulation individualiste, voire élémentariste et mécanistique dont Hobbes a fait le socle de son étude du contrat. En conséquence, le *pactum unionis civilis* ne saurait être confondu avec un contrat ordinaire (*Vertrag*), qui est un contrat d'affaires dont les racines sont psycho-anthropologiques et dont la finalité est utilitaire. Le contrat social qui établit la Constitution civile repose, dans le principe de son institution, sur des exigences rationnelles *a priori* et n'a pas de finalité empirique. Autrement dit, tandis que la raison, dans le *covenant* pensé par Hobbes, résulte d'un calcul d'intérêts psychologiques, la raison, dans le *pactum unionis civilis*, indique la règle pure – la norme – qui permet d'opposer à l'état de nature non pas l'état social mais l'état civil[4]; en même temps, elle permet de penser, sous la catégorie du « droit public » que caractérise la justice distributive[5], « l'être commun » de la République (*gemeines Wesen*)[6]. Le tort de Hobbes est d'avoir confondu la règle et l'objet. Il a commis la déplorable « amphibologie transcendantale » qui occulte la différence entre le point de vue théorique pur où se découvre le principe régulateur de l'état civil, et le point de vue pratico-empirique qui n'en laisse percevoir que l'axiome constitutif.

1. Achenwall, *Jus naturae*, Göttingen, 1763.
2. Kant, *Théorie et pratique*, II, AK VI, 289; OPh III, 269.
3. Kant, *Doctrine du droit*, Division de la doctrine du droit, AK VI, 242; OPh III, 492-493.
4. *Ibid.*, AK VI, 242; OPh III, 493.
5. *Ibid.*, § 41, AK VI, 306; OPh III, 573.
6. Kant, *Critique de la faculté de juger*, § 60.

De l'erreur de Hobbes il résulte que sa philosophie – voulût-elle mettre en évidence les « principes rationnels » du Pouvoir civil[1] – est totalement aveugle au caractère « principiel », c'est-à-dire pur et *a priori* du pacte qui impose aux hommes le « devoir », c'est-à-dire « l'action à laquelle chacun est obligé »[2], de s'arracher à l'état de nature et de se placer sous l'unité rationnelle d'une Constitution civile. Selon Kant, le contrat social n'a de sens qu'en Idée ; il est une « simple Idée de la raison »[3]. Comme tel, il a non point la dimension de l'acte instituteur de la société politique, mais la valeur d'une norme qui sert de fil conducteur à l'unification d'une République[4].

Dans la marge qui sépare irréductiblement le constructivisme de Hobbes et le normativisme de Kant, le rapport de commandement à obéissance n'a pas, ici et là, la même résonance. Aussi la critique kantienne de la conception que se fait Hobbes de la rationalité politique éclaire-t-elle – du moins partiellement – les divergences relatives au rapport de la souveraineté à la citoyenneté dans les systèmes des deux philosophes.

De la soumission du citoyen à sa liberté

Kant, qui refuse aussi bien la postulation individualiste que le schéma mécaniste de la philosophie de Hobbes, ne peut souscrire à la construction *more geometrico* de la puissance souveraine du Léviathan. Il en résulte – et c'est là le point intéressant – que si la relation de la souveraineté à la citoyenneté s'explique bien pour lui, comme pour Hobbes, en faisant appel aux capacités rationnelles, la raison qui en est le principe n'est pas pour Kant la raison théorique et calculatrice dont parle Hobbes.

En effet, pour le philosophe anglais, la raison édifie dans la société civile un nouvel équilibre des forces : dans l'état de nature, les forces et pouvoirs des individus sont égaux ; dans la société civile, le souverain Léviathan rassemble en lui, ainsi que le montrent les frontispices des grands traités politiques de Hobbes, tous les droits et pouvoirs dont l'exercice lui a été confié par le *covenant* ; en conséquence de quoi les citoyens, qui ne sont devenus tels que par le transfert et la délégation de leurs droits individuels, sont des sujets voués, mathématiquement, à l'obéissance. S'ils sont encore égaux, c'est que, dans la machine politique ainsi instituée, ils ne sont rien puisque le Léviathan est tout.

1. Hobbes, *Léviathan,* XXX, trad. cit., p. 358-359.
2. Kant, *Métaphysique des mœurs*, Introduction générale, AK VI, 222 ; OPh III, 469.
3. Kant, *Théorie et pratique,* II, Corollaire, AK VI, 297 ; OPh III, 279.
4. Kant, *Doctrine du droit,* § 45, AK VI, 313 ; OPh III, 578.

Pour Kant, la souveraineté, conformément à la norme pure de la raison, émane de la « volonté unifiée » d'un peuple[1] de telle sorte que, dans « l'union civile », il n'y a pas, entre le chef et le sujet (*imperans* et *subditus)*, de « lien de compagnie » ou de coordination, mais seulement un rapport de subordination. Celle-ci s'analyse *logiquement* : en tout État, dit Kant, la volonté unifiée d'un peuple réside dans la *trias politica* faite des trois pouvoirs en l'État[2] : le législatif, l'exécutif et le judiciaire. Parler des trois pouvoirs en l'État semble banal et, pourtant, ne l'est point. En effet, ces trois pouvoirs sont « comme les trois propositions d'un syllogisme de la raison pratique » : la majeure contient la *loi* de la volonté publique ; la mineure contient le *commandement* de se conduire selon la loi (c'est-à-dire selon le principe de la subsomption sous la majeure) ; la conclusion contient l'*arrêt* (la sentence) prononçant ce qui, dans une espèce, est « de droit ». Le problème est donc ici celui, fondamental pour la philosophie politique, de l'accord du pouvoir législatif, expression de la *liberté*, et des pouvoirs exécutif et judiciaire, qui doivent répondre à une exigence d'*ordre*. Dès lors, il apparaît que l'idée de citoyenneté correspond expressément à la synthèse de la liberté et de l'ordre ; plus précisément, s'opère en elle, « formellement », la synthèse de la liberté de chacun comme homme et de l'égalité de tous comme sujets[3]. Dans le rapport de la souveraineté législatrice à la citoyenneté, chacun, égal à tout autre, accède à son autonomie (*sibi sufficientia, Selbstständigkeit*). Sans doute le texte kantien est-il en ce point fâcheusement obscurci par la distinction qu'accepte Kant entre le citoyen (*Staatsbürger*) et le bourgeois (*Stadtbürger*)[4] – le premier ne sert que l'État tandis que le second peut servir à la fois l'État et un membre de l'État – qui contrevient à l'exigence d'égalité de tous les sujets[5]. Mais, sous la loi qui émane de « la volonté collective d'un peuple », le citoyen atteint à l'indépendance civile[6]. Dans l'État en Idée (*in der Idee*) que l'on conçoit tel qu'il *doit être* selon les normes de la raison[7], la liberté du citoyen est sa dépendance légale.

On voit ainsi combien la relation que pense Kant entre la souveraineté et la citoyenneté – donc, entre celui qui commande (*imperans)* et celui qui obéit (*subditus*) – est éloignée en sa substance et en son sens de la soumission mathématico-mécanique qu'établissait Hobbes entre le

1. *Ibid.*, § 46, AK VI, 313 ; OPh III, 578.
2. *Ibid.*, § 45, AK VI, 313 ; OPh III, 578.
3. Kant, *Théorie et pratique*, II, AK VIII, 290 et 294 ; OPh III, 270 et 276.
4. Kant, *Doctrine du droit*, § 46, Remarque, AK VI, 314 ; OPh III, 579.
5. Kant a conscience du paradoxe, *Théorie et pratique*, II, note *in fine* ; AK VIII, 295 ; OPh III, 277.
6. Kant, *Doctrine du droit*, § 46, AK VI, 314 ; OPh III, 579.
7. *Ibid.*, § 45, AK VI, 312 ; OPh III, 576.

souverain et les sujets (même s'il le faisait avec beaucoup plus de nuances que ne le croit Kant).

Après le *constat* des divergences que laisse éclater le traitement philosophique des notions cardinales communes auxquelles recourent Hobbes et Kant dans leurs théories politiques respectives, il convient de se demander *pourquoi* ces fondements rationnels du droit public ne possèdent pas ici et là le même statut. Nous allons voir, dans la dernière partie de cet exposé, que, lors même que les deux philosophes assignent au droit politique des fondements rationnels, la raison, dans l'architectonique de leurs systèmes, ne fonctionne pas de la même manière.

LES DEUX STATUTS FONCTIONNELS DE LA RATIONALITÉ FONDATRICE

La rigueur logique de la pensée de Hobbes a été maintes fois signalée : son rationalisme strict produit, dans le pas de la raison raisonnante, un système unitaire jusqu'au monolithisme. Quant au rationalisme de Kant, il s'impose si fortement par delà la philosophie de la « méthode » qu'inaugure la première *Critique*, qu'il marque – on l'a dit bien souvent – un nouvel âge de la philosophie. Dans le domaine du droit politique que nous avons parcouru, cette mutation de l'interrogation philosophique est particulièrement sensible puisque les concepts catégorématiques mêmes qu'utilise la science hobbienne prennent sous le regard de Kant une autre dimension et une autre signification. La métamorphose de la rationalité fondatrice n'implique rien de moins que la transformation de la vocation de la raison dans deux registres philosophiques qui caractérisent deux âges de la philosophie : de Hobbes à Kant, la raison a parcouru le chemin qui va du dogmatisme au criticisme.

Une raison dogmatique

La philosophie politique de Hobbes a suscité de nombreux commentaires et de nombreuses interprétations, qui, d'ailleurs, oscillent entre autoritarisme et libéralisme ; mais on s'est peu interrogé sur la pente épistémologique qu'elle a suivie. Or, la politique de Hobbes, qui ne s'inscrit pas dans son système philosophique comme le projet d'une idéologie militantiste destiné, comme certains l'ont cru, à faire l'apologie du régime absolutiste, est avant tout scientifique et explicative. Le droit politique de l'État-Léviathan est une figure de l'art rationnel et la « science du politique », qui est synonyme pour son auteur de « philosophie politique », consiste à appliquer dans le domaine socio-politique la démarche résolutive-compositive que requiert la connaissance de l'universel mécanisme.

La raison qui est au principe de la condition politique des hommes est une raison spéculative et la science politique s'élabore comme une construction métaphysico-déductive : à partir du principe premier qu'est l'universel mécanisme, la causalité nécessitante prend en l'homme la figure du calcul et du raisonnement (*computatio, ratiocinatio*) dont nous avons rappelé comment il s'exprime par le processus contractuel, générateur, dans la condition des hommes, d'une nouvelle balance des forces. Ainsi, en adossant la politique à son axiomatique anthropologique[1], Hobbes en appelle aux évidences intellectuelles qu'apporte la raison en utilisant des idées claires et distinctes et en suivant la voie de la démonstration hypothético-déductive. En vertu du mode de fonctionnement de la raison, la science politique, par le mouvement même de sa constitution en laquelle tout fonctionne selon le schème de la causalité productrice et se traduit selon des figures géométrico-mécaniques, atteint à la certitude : elle est donc une connaissance infaillible.

Il faut ajouter aussitôt que, dans ce cheminement qui consiste à aller des prémisses du système aux effets qu'elles produisent, la fondation rationnelle du droit politique – que l'on retrouve jusque dans la nature et la déduction des lois naturelles puisque celles-ci sont des théorèmes ou des conclusions de la raison – n'est autre que le socle sur lequel repose une spéculation dogmatique : dogmatisme superbe que couronnent l'unité du savoir et sa parfaite homogénéité.

Or, ce rationalisme dogmatique est justement ce que combat Kant de manière délibérée et qu'il considère, aussi bien au principe du droit politique que dans l'usage de ses catégorèmes les plus prégnants, comme un gigantesque malentendu.

Une raison critique

Il serait téméraire et incongru de soutenir que Kant, en s'opposant à la théorie politique et juridique de Hobbes, se veut anti-rationaliste : il est, lui aussi, le porte-parole des puissances de la rationalité. Mais, selon lui, ces puissances appartiennent à une raison anti-dogmatique, c'est-à-dire critique et réflexive. L'idée, replacée dans le contexte de l'histoire de la philosophie occidentale moderne, pourrait paraître banale. Elle mérite cependant d'être scrutée de près tant elle est importante notamment pour la compréhension du droit politique.

1. Dans tous ses ouvrages politiques, Hobbes fait précéder son étude de la condition civile par une analyse de la nature humaine.

L'audace méthodologique de Kant est – probablement parce qu'il est le lecteur le plus perspicace de Rousseau – de rejeter dans le droit politique (comme dans la connaissance ou la morale, mais ce n'est pas ici le problème) la dogmatique qui, au fond, caractérise la tradition philosophique de la raison. Pour destituer le rationalisme dogmatique, il démonte notamment, comme nous l'avons vu, la mécanique contractualiste sur laquelle Hobbes édifie sa théorie politique. Mais Kant ne se borne pas à une critique négative du rationalisme que Hobbes adosse à sa vision anthropologique ; cela risquerait de l'incliner vers le scepticisme qui, à tout prendre, n'est qu'une figure du dogmatisme. La philosophie criticiste qu'inaugure Kant enseigne, tout spécialement en sondant de manière réflexive l'univers du droit politique, que la raison y fonctionne comme un régulateur.

Aussi bien le fondement rationnel du droit politique ne rend-il nullement compte, selon Kant, de sa genèse psychologique mais des conditions de sa possibilité. La démarche criticiste se déroule donc tout au rebours du pas hypothético-déductif qu'accomplit Hobbes : mettant en œuvre une démarche qui, comme en un prétoire, est une quête de légitimité (*Quid juris ?*), elle remonte de la réalité objective du droit politique – les Constitutions, les lois et les codes – jusqu'à ce qui permet d'en penser l'unité principielle et la validité. Le problème étant alors de savoir ce qui, du point de vue des exigences pures *a priori* de la raison pratique doit être (*Sollen*) institué dans la société des hommes, il ne s'agit pas davantage pour Kant de subsumer le donné particulier – la pluralité des règles de droit – sous des concepts généraux que de déduire les cas particuliers de concepts généraux ; il s'agit, en soumettant les dispositions du droit *hic et nunc* au tribunal de la raison, de trouver les canons qui servent à déchiffrer et à comprendre le sens de leur ordonnancement. Autrement dit, au rebours de ce que Kant estime être la « naïveté » de la philosophie juridico-politique traditionnelle dont Hobbes, qui a versé dans le dogmatisme anthropologique et ontologique et suivi les voies du déductivisme logique, n'a pas su se débarrasser, l'entreprise d'une fondation criticiste du droit cherche à remonter en lui, par la réflexion transcendantale, à ce qui est « le principe universel du droit »[1]. C'est donc dans les implications de la question *Quid juris ?* que Kant recherche le fondement ultime du droit politique. Sa démarche critique, qui va de l'ordre objectif du droit à ce qui en fait la juridicité, ne trouve son accomplissement que dans la rencontre du *canon de la raison.* Dans la systématicité de la philosophie critique kantienne, le fondement rationnel du droit politique en est donc l'*a priori* pur et universel qui indique en quoi sa possibilité (*Möglichkeit*) et sa légitimité (*Geltung*) en font la validité. La réflexion transcendantale met ainsi en lumière le statut

1. Kant, *Doctrine du droit,* Introduction, § C, AK VI, 230 ; OPh III, 479.

méthodologique des Idées de la raison dont l'universalité et l'exigibilité s'imposent comme fil conducteur de la « métaphysique du droit ».

*

Kant, en lisant Hobbes – l'eût-il lu sans fouiller les subtilités, qui sont aussi les difficultés, de son magistral système –, a surtout été troublé par la cécité du philosophe anglais aux ferments de crise qui habitent la conscience naturaliste et dogmatique. C'est Hume, dit-il, qui l'a réveillé de son sommeil dogmatique. Sans manier le paradoxe, on pourrait également dire que, par les erreurs méthodologiques et épistémologiques qu'aux yeux de Kant il a commises, Hobbes a joué le rôle d'éveilleur de la pensée réflexive et critique : en effet, Hobbes n'a pas su assimiler la raison philosophique à la raison juridique et poser, notamment lorsqu'il s'agit de fonder le droit politique – et, dans son orbe, le droit tout entier – la question *quid juris ?* La discipline de la raison était pour lui, comme elle le fut encore pour Christian Wolff, Hufeland et Achenwall, hypothético-déductive. Or la méprise fatale est, selon Kant, d'avoir mal entendu cette « déduction », c'est-à-dire de l'avoir pensée, dans la description et l'explication de la réalité juridico-politique, comme axiomatiquement démonstrative, alors que, comme la déduction des juristes, lorsqu'au tribunal, ils traitent une espèce, elle cherche le principe fondateur et légitimant du droit et, singulièrement, du droit politique, et tire ses arguments des requêtes universelles *a priori* que sont les exigences pures de la raison pratique. La divergence méthodologique engendre donc un divorce philosophique : tandis que le fonctionnement de la raison, sur les bases dogmatiques du système hobbien, est instituteur du droit politique, il a, selon la réflexivité de l'architectonique kantienne, un usage régulateur. Kant, dans son idéalisme, a retourné l'échafaudage géométrico-dogmatique du *Léviathan* et, posant la question transcendantale de la légitimité (ou, si l'on préfère, de l'objectivité) du droit politique, il en a trouvé le fondement pur dans le pouvoir régulateur et dans les limites mêmes des Idées de la raison. Si l'historien de la philosophie peut, à coup sûr, lui faire grief d'une lecture quelque peu rapide et réductrice de la philosophie politique et juridique de Hobbes, il ne peut sous-estimer le retentissement de la « révolution » par laquelle la philosophie a pris, avec le criticisme, de nouveaux chemins qui sont loin de ne mener nulle part.

Simone GOYARD-FABRE
Université de Caen

TROISIÈME PARTIE

CRITIQUER

CONTRAT SOCIAL, CITOYENNETÉ ET SOUVERAINETÉ SELON KANT

La critique kantienne de Hobbes dans la deuxième section de l'essai *Sur le lieu commun : il se peut que ce soit juste en théorie, mais en pratique cela ne vaut rien* [1] modifie radicalement la conception de la citoyenneté telle que Kant la trouve dans la tradition de la philosophie politique qui remonte à l'Antiquité. Dans cette tradition, la citoyenneté désigne l'appartenance à un *status civilis* réglé par des lois et se distinguant en cela du *status naturalis*. Le terme *politès* désigne l'habitant de la Polis. Celle-ci étant en même temps l'État, Aristote ne se contente pas du critère de la résidence et définit la citoyenneté, dans le Livre III de la *Politique*, comme participation à l'exercice de la puissance publique : « Un citoyen au sens absolu ne se définit par aucun autre caractère plus adéquat que par la participation aux fonctions judiciaires et aux fonctions publiques en général » [2]. Le citoyen jouit donc des droits et remplit les devoirs liés à son appartenance à un État. Le paragraphe suivant (§ 3) définit en retour l'État comme « une communauté d'un certain genre (...), une participation de citoyens à un gouvernement » [3]. Cette conception se maintient jusqu'au dix-huitième siècle ; ainsi, dans les *Principes du droit de la nature et des gens* (1758), Wolff dit encore : « V. Les particuliers, ou membres, qui composent les États, sont appelés citoyens. Et à leur égard, ceux qui n'appartiennent pas au même État, se qualifient étrangers. VI. Outre les citoyens, il y a les habitants ; ce sont ceux auxquels il est permis de vaquer à leurs affaires dans un pays dont ils ne sont pas citoyens » [4].

Tout en reprenant pour l'essentiel ces données générales Kant va chercher à les fonder sur la notion de *contrat*. Car il s'agit bien de savoir *de quel droit* le citoyen participe à l'exercice de la souveraineté et donc aussi

1. Désigné ci-après sous la forme abrégée : *Théorie et pratique*.
2. Aristote, *Politique*, § 1 2, (« Définition du citoyen »), 1275.
3. *Ibid.*, 1276b.
4. *Ibid.*, VIII, chap. 1.

sur quoi repose cette dernière. Ce faisant, il va rompre radicalement avec la façon dont Hobbes fonde le Droit et le contrat social et couper court par là aux hésitations et aux ambiguïtés qui caractérisent la recherche d'un fondement ultime du droit et de la souveraineté lors du passage du droit naturel chrétien au droit naturel rationnel. Rappelons rapidement quelques aspects de ce problématique passage.

LA QUESTION DU CONTRAT DANS LES THÉORIES DU DROIT NATUREL RATIONNEL

Le premier enjeu consistait à couper le cordon ombilical entre le fondement du Droit et la religion. Ce pas décisif fut l'œuvre de Grotius dans son *De jure belli ac pacis* (1625). Pour Grotius la *lex naturae* et la *lex divina* concordent ; toutefois les commandements de la nature conserveraient leur validité même s'il n'y avait pas de Dieu. Le premier, Grotius rompt donc la liaison thomiste entre le droit naturel et le Décalogue et il émancipe par là même la raison de la religion. Le *jus naturale* est un *dictatum rectae rationis* et non plus un commandement divin. « Tout comme Galilée proclame et défend l'autonomie de la physique mathématique, Grotius combat pour l'autarcie de la science juridique »[1]. S'opposant de l'intérieur au luthéranisme et au calvinisme (c'est-à-dire à la théorie de la prédestination et de la grâce élective), Grotius affirme la liberté humaine contre le serf arbitre. La loi est posée comme statuant originaire (*ordo ordinans*). Elle présuppose certes un commandement s'adressant à la volonté individuelle, mais, à la différence des commandements luthériens et chrétiens en général, ce commandement ne *crée* pas l'idée de Droit ; il lui assujettit l'individu en commandant à ce dernier de la mettre à exécution. Il est donc second par rapport à elle et le Droit ne tient donc pas sa légitimité de Dieu.

À cet égard la deuxième percée décisive fut le *Léviathan* de Thomas Hobbes en 1651. Elle rend manifeste le deuxième problème majeur qui se pose dès lors qu'on renonce au fondement divin du Droit : sur quoi le fonder ? Hobbes affirme la primauté du politique en établissant sa spécificité *entre* une référence exclusive à Dieu et une référence exclusive à l'homme. « Les analyses anthropologiques », résume Simone Goyard-Fabre, « ne sont qu'une propédeutique tandis que, d'autre part, les réflexions sur la religion se veulent une justification »[2]. La spécificité du politique tient à ce qu'il accomplit la médiation entre ces deux ordres. Il l'accomplit en renversant la primauté du fondement théologique, même si

1. E. Cassirer, *La philosophie des Lumières*, trad. fr. par P. Quillet, Paris, Fayard, 1966, p. 246.

2. S. Goyard-Fabre, introduction à Hobbes, *Le citoyen*, Paris, Flammarion, 1982, p. 17 *sq.*

dans un troisième moment, selon une démarche courante chez les penseurs du droit naturel rationnel naissant, il s'agit de montrer que ce dernier ne contredit pas le droit divin. Il faut sans nul doute voir dans cette conception une étape décisive de la sécularisation, car elle pose que la source du droit est dans l'individu alors que ce dernier n'avait auparavant d'autre choix que le devoir de s'intégrer à l'ordre de domination voulu par Dieu. Mais Hobbes, du même coup, doit engager une modernisation du fondement du droit associant une approche anthropologique à une démarche rationaliste déductive. Le passage suivant du *De Cive* reflète ce défi :

> On ne saurait mieux connaître une chose qu'en bien considérant celles qui la composent (...) Ainsi, en la recherche du droit de l'État et du devoir des sujets, il la faut (...) considérer comme si elle était dissoute, c'est-à-dire il faut bien entendre quel est le naturel des hommes, qu'est-ce qui les rend propres ou incapables de former des cités, et comment c'est que doivent être disposés ceux qui veulent s'assembler en un corps de république [1].

Tandis que Grotius postule un *appetitus socialis* qui pousse les individus isolés à se regrouper d'abord en société puis à créer des États, pour Hobbes la nature de l'homme est mauvaise et l'état de guerre perpétuel qui en résulte dans l'état de nature (*bellum omnium contra omnes*) contraint les hommes à aliéner leur liberté naturelle pour pouvoir simplement survivre. Ce fondement physique du droit naturel va devenir la pomme de discorde des théories du droit naturel. Car sa radicalité moderne refonde en fait une légitimité absolue et quasi-divine du « dieu mortel » – le « Léviathan », l'État. Il s'agit de savoir si le contrat social, et donc l'idée même de Droit, résulte d'un effet purement mécanique de la nature humaine (que Hobbes conçoit du reste selon le modèle de la mécanique) ou s'il possède une valeur morale et peut le cas échéant s'appuyer sur un optimisme anthropologique. En Angleterre même s'opposent à cette conception le traité *De legibus naturae disquisitio philosophica* de l'évêque anglican Richard Cumberland (1672), et surtout les *Deux traités sur le gouvernement* (*Two Treatises on Government*) de John Locke, qui, en 1690, un an après la révolution anglaise, constituent la première théorie libérale du droit naturel.

Chez les précurseurs allemands du droit naturel rationnel on assiste à une sorte de ballet autour des deux enjeux – le rapport entre droit divin et droit rationnel d'une part, le fondement du droit rationnel d'autre part. Pour Pufendorf le droit naturel est encore l'expression de la volonté de Dieu. Selon lui seuls les jugements, mais non les contenus, du Droit ont leur source dans la raison humaine; les « entités » juridiques proviennent d'une

1. Hobbes, *Le Citoyen ou les fondements de la politique*, *op. cit.*, préface, p. 71.

impositio Dei. On peut estimer que le pas qui mène du droit naturel chrétien au droit naturel rationnel est franchi, mais tout à fait dans l'esprit du courant des « harmonisateurs », lorsque Leibniz et Wolff remplacent la volonté de Dieu par la *raison* divine. Dans les *Principes du Droit de la nature et des gens*, la formule de Wolff est la suivante : « L'institution des États n'a rien que de conforme à la loi naturelle; et l'on peut dire par la même raison, qu'elle s'accorde avec la volonté divine »[1].

Quant au second problème, Althusius et Pufendorf se tirent d'affaire en distinguant deux contrats successifs, l'un « tacite », qui rassemble les hommes isolés dans une société, l'autre « exprès », qui constitue l'État et par lequel ils confient le gouvernement de l'État naissant à certains d'entre eux. Pufendorf s'inspire à la fois de Hobbes et de Grotius, la conception libérale de Grotius s'appliquant aux petites communautés constituées par l'instinct de sociabilité tandis que les communautés plus vastes naissent de l'égoïsme et de la nécessité de l'endiguer. L'origine de l'État est bien dans les libertés naturelles mais, une fois constitué, l'État jouit d'un pouvoir sans partage dans tous les domaines « de la sécurité et du salut communs » (Pufendorf, *De officio hominis et civis*). On retrouve cette théorie des deux contrats chez Wolff, sous une forme un peu modifiée : le premier *pactum unionis* crée déjà des États puisque Wolff traduit le terme latin *civitas* par le terme allemand *Staat*; mais il distingue néanmoins entre *civitas* et *civitas ordinata* (en allemand : *gemeines Wesen*) qu'il nomme aussi *respublica*.

Kant, si l'on y regarde bien, ne fait rien d'autre que tenter d'échapper à ces arguties en renonçant à distinguer (comme le fera encore Rousseau) entre petits et grands États et en cherchant un fondement universellement valable du Droit. Or, et c'est pour notre propos absolument décisif, il le fait néanmoins en redoublant son approche et en conjuguant la téléologie et la morale. La *téléologie* coupe court à l'alternative entre l'hostilité hobbesienne et l'*appetitus socialis* de Grotius – qu'elle réunit dans la fameuse formule de « l'insociable sociabilité » – mais elle ne revendique nullement la qualité de fondement et sa validité dépend de sa convergence avec les fins morales posées *a priori*. On verra ici comment s'articulent téléologie et morale dans *Théorie et pratique*. Bien évidemment, si tant est qu'il faille le signaler, Kant, rompant avec tout fondement physique du contrat et du Droit, ne saurait souscrire à celui que va affirmer la philosophie populaire des Lumières : le bonheur. Nul doute que ce refus constitue un des liens implicites entre la réfutation de Garve dans la première section du traité *Théorie et pratique* et celle de Hobbes dans la seconde. On pense en

1. Ch. Wolff, *Principes du Droit de la nature et des gens*, traduit par J.-H.-S. Formey, édition d'Amsterdam, 1758, rééd., Caen, Centre de philosophie politique et juridique de l'Université de Caen, 1988, troisième volume, livre huitième, chap. I, § XIV, p. 141.

l'occurence notamment à Christian Thomasius, qui, renonçant en 1705, dans les *Fundamenta juris naturae et gentium* au fondement du droit naturel dans les dix commandements, qu'il défendait encore en 1687 dans son *Fundamentum iuris naturae et gentium,* remplace le fondement chrétien du droit par un fondement séculier, enraciné dans la nature humaine elle-même. À l'hostilité naturelle de Hobbes et à l'*appetitus socialis* de Grotius Thomasius substitue l'aspiration au bonheur, laquelle peut prendre la forme de la peur et du besoin lorsqu'elle est entravée.

DE « L'INSOCIABLE SOCIABILITÉ » À *L'IDÉE* DU DROIT

Kant renverse les prémisses de Hobbes. Hobbes avait entrepris dans son *Léviathan* une remontée à l'origine du contrat comme fondement de toute constitution civile. Pour lui le seul droit naturel inconditionnel est le droit à la vie. Tous les droits et devoirs de la société civile autant que du souverain découlent de ce droit qui appartient à l'origine à l'individu[1]. Le contrat est l'acte par lequel il en confie la « gestion » à l'État. L'individu abdique sa liberté en même temps qu'il conclut le contrat et ce dernier – le *pactum societatis* – est un *pactum subjectionis*. « Le contrat d'esclavage », résume Cassirer, « est la source de toute vie sociale »[2].

Pour Kant en revanche le contrat social a d'autant moins pour enjeu la liberté *naturelle* – la liberté comme droit naturel – que celle-ci n'est justement pas un droit à l'état de nature. Liberté et égalité sont des droits naturels *rationnels*, c'est-à-dire qu'ils ne sont acquis que lorsque l'homme quitte « le giron de la nature » et accède en même temps à la raison et à la coexistence avec d'autres hommes[3]. Le fondement du Droit ne peut donc être établi sur une base physique, comme chez Hobbes; il est d'ordre rationnel. La différence essentielle entre Kant et Hobbes est que le contrat ne *fonde* pas la vie en société; il intervient entre des individus « qui ne peuvent faire autrement que d'entrer dans des rapports d'influence réciproque »[4] – le passage de l'état de nature à l'état social, au *status civilis*, s'accomplit sans, ou plus précisément, en dépit de leur volonté, malgré elle. Pour Kant, l'état social est le point de départ inévitable – comme résultat de fait de l'insociable sociabilité par laquelle s'accomplit téléologiquement la liberté et se réalise donc le postulat moral de la liberté. Le contrat, qui chez

1. L. Strauss, *Droit naturel et histoire* [1953], trad. fr. par M. Nathan et E. de Dampierre, Paris, Plon, 1954, p. 195 *sq.*

2. E. Cassirer, *La philosophie des Lumières*, trad. cit., p. 258.

3. *Cf.* les *Conjectures sur les débuts de l'histoire humaine.*

4. *Théorie et pratique*, AK VIII, 289; trad. fr. par F. Proust, *Théorie et pratique. D'un prétendu droit de mentir par humanité. La fin de toutes choses*, Paris, Flammarion, 1994, p. 63.

Hobbes faisait de la *res publica* le résultat d'un calcul, se révèle chez Kant être l'effet d'une évolution téléologique inéluctable. Il n'en est pas moins rationnel que le *dictamen rationis* hobbesien.

Paradoxalement, en effet, cette socialisation « extorquée », comme dit Kant dans *Idée d'une histoire universelle d'un point de vue cosmopolitique*, ouvre véritablement *l'interrogation sur le fondement rationnel du Droit*. Quoique acquise à l'insu, voire contre la volonté des individus, la coexistence en société ouvre une perspective téléologique qui instaure un décalage décisif entre l'ordre physique et l'ordre moral. Car la téléologie manifeste les dispositions morales de l'être humain, alors même qu'il n'en a encore qu'une conscience rudimentaire. L'individu développe à son corps défendant des facultés de jugement supérieures et il finit même par accéder au sens des distinctions morales :

> Il trouve en même temps en lui le caractère d'insociabilité qui le pousse à vouloir tout diriger dans son sens ; et, de ce fait, il s'attend à rencontrer des résistances de tous côtés, de même qu'il se sait par lui-même enclin à résister aux autres. C'est cette résistance qui éveille toutes les forces de l'homme, le porte à surmonter son inclination à la paresse et, sous l'impulsion de l'ambition, de l'instinct de domination ou de cupidité, à se frayer une place parmi ses congénères, qu'il supporte de mauvais gré mais dont il ne peut se passer. L'homme a alors parcouru les premiers pas qui, de la grossièreté, le mènent à la culture dont le fondement véritable est la valeur sociale de l'homme ; c'est alors que se développent peu à peu tous les talents, que se forme le goût, et que, cette évolution vers les lumières se poursuivant, commence même à se fonder une forme de pensée qui peut avec le temps transformer la grossière disposition naturelle au discernement moral en principes pratiques déterminés [1].

Bien qu'introduit sur le mode téléologique, le décalage entre l'ordre physique et l'ordre moral est évidemment décisif. Il reprend en effet à nouveaux frais l'équation *jus / justum*. Lorsque Kant affirme que le Droit se fonde sur la liberté, il entend la liberté rationnelle, la liberté de l'être moral (et non de l'individu naturel) : non seulement le Droit doit être aussi le juste mais l'instance que fonde, fût-ce de façon téléologique, le décalage est ce qu'on peut appeler une *conscience du contrat*. Même si elle est encore en gestation, elle existe en germe et constitue en tant que moment moral *l'Idée* du Droit. C'est en ce sens que la deuxième section de *Théorie et pratique* montre que le contrat public est, par opposition au contrat de droit privé, d'une nature particulière. Débordant l'ordre physique, il ne saurait faire l'objet ni d'une physique comme chez Hobbes, ni d'une mathématique

1. *Ibid.*, AK VIII, 21 ; trad. cit., p. 74 *sq.*

comme chez Leibniz[1] ou Wolff. Il relève d'un *principe moral* : c'est une fin à laquelle chacun *doit* souscrire. Un tel contrat n'est, du même coup, pas originaire en un sens temporel, au sens d'une antériorité empirique. Son originarité est de nature transcendantale et se traduit, dans la théorie kantienne de la république, par des principes *a priori* de la constitution civile. Elle est par là liée non seulement à la morale mais, de manière dynamique, à la publicité des maximes et à « l'usage public de la raison » (*Öffentlichkeit*) comme vecteur d'une authentique volonté générale.

FONDEMENT DE L'IDÉE DU DROIT : LE CITOYEN, SUJET DU JUGEMENT SYNTHÉTIQUE *A PRIORI*

Le véritable fondement du droit est donc la liberté, mais une liberté dont le statut est – réaffirmons notre ligne de lecture[2] – « téléologico-moral » : elle est à la fois le choc des libertés individuelles selon la téléologie (à laquelle renvoient les « rapports extérieurs des hommes entre eux »)[3] et le postulat de la liberté morale. Il serait tout aussi faux de gommer la dimension téléologique de sa constitution que de ne faire valoir, comme on le fait du reste généralement, que la dimension morale. Tout comme ce serait, à l'inverse, une erreur grossière que de confondre téléologie et expérience empirique. Téléologique ne veut pas dire tiré de l'expérience; le principe ou, si l'on veut, l'Idée du Droit découle d'un *jugement synthétique a priori*. À divers endroits, par exemple dans *Vers la paix perpétuelle*, Kant lui donne un statut logique : ce problème « doit » (*muß*) être soluble. La liaison qui fonde l'État, le *pactum unionis civilis*, est une liaison *a priori* et *nous devrons voir dans la volonté générale la forme politique du jugement synthétique a priori*. C'est précisément pourquoi elle est universelle et nécessaire, ne contient aucune détermination empirique, ou « pathologique » mais est une fin en soi; elle est formelle[4] et, étant conforme au

1. « Il y a des exemples assez considérables de démonstrations hors des mathématiques (...). On peut dire que les jurisconsultes (...) raisonnent en effet d'une façon qui approche fort de la démonstrative et souvent est démonstrative tout à fait » (*Nouveaux Essais*, livre IV, chap. II); Kant déclare en revanche dans une note de la *Critique de la raison pure* A 731/ B 759 : « La philosophie fourmille de définitions défectueuses, surtout de définitions qui contiennent bien, réellement, certains éléments de la définition sans les contenir tous encore (...). Dans la mathématique, la définition a rapport à l'*esse*, dans la philosophie au *melius esse*. Il est beau, mais souvent très difficile d'y arriver. Les jurisconsultes cherchent encore une définition pour leur concept de droit » (AK III, 479; trad. fr. par A. Tremesaygues et B. Pacaud, Paris, P.U.F., 1971, p. 503).

2. Raulet, *Kant. Histoire et citoyenneté*, Paris, P.U.F., 1996.

3. « äußeres Verhältnis der Menschen zueinander » (*Théorie et pratique,* AK VIII, 289; trad. cit., p. 64).

4. « formale Bedingung, *conditio sine qua non* » (*ibid.*, AK VIII, 289; trad. cit., p. 63 *sq.*).

caractère formel de la morale, est appelée « devoir ». Le principe de la constitution civile correspond dans la critique kantienne de Hobbes à une unité synthétique *a priori* de la liberté et de l'ordre. C'est pourquoi la liaison qui fonde l'État, malgré son caractère formel, n'en est pas moins tout à fait efficace pratiquement. C'est même grâce au statut de sa fondation que la République va pouvoir assurer le passage de la nature à la moralité et que sa détermination comme fin en soi va se révéler en accord avec les fins de la nature : on va pouvoir faire ainsi de la République la finalité de la réunion des hommes[1]. En effet, les principes de la constitution civile qu'énonce ensuite Kant – liberté de l'Homme, égalité des sujets soumis à la loi, indépendance du citoyen –, ces principes, qui découlent de la construction *a priori* du Droit, ne sont parfaitement accomplis que dans la République :

Alexis Philonenko a proposé une traduction logique incontestablement pertinente de ces trois principes : « Si une division n'est pas simplement analytique (A opposé à non-A), elle doit comprendre trois termes : la condition, le conditionné et le concept qui dérive synthétiquement de leur union (…). L'homme correspond à la condition, le sujet indique le conditionné, le citoyen est le terme synthétique »[2]. On peut dire encore que l'Homme est le sujet transcendantal – le *Ich denke* – de la raison pure spéculative et de la morale ; il est du côté de la théorie. Il est doublé d'un sujet empirique (*Untertan*) qui se situe pour sa part dans l'ordre d'une pratique uniquement empirique ; le citoyen, quant à lui, est l'expression de la synthèse *a priori*, l'expression de la volonté générale, et en tant que tel il est l'union de la théorie et de la pratique. La citoyenneté est aussi l'accomplissement du droit naturel rationnel en ce qu'elle réunit le droit naturel (le principe de la liberté donné avant toute loi) et le droit positif (le principe de l'égalité devant la loi). En vérité elle fonde le véritable droit naturel, car ce n'est que comme citoyen que l'homme peut accomplir vraiment sa liberté. On retrouve ici un moment de pensée décisif des *Conjectures sur les débuts de l'histoire humaine* : le « droit naturel » n'est pas à proprement parler un droit de nature, mais un droit qui ne prend réalité qu'avec la vie en société – laquelle coïncide avec l'affirmation de la Raison.

Terme synthétique, expression de la synthèse *a priori*, le citoyen peut être vu sous l'angle de sa dépendance comme de son indépendance. Il y a dans ce flottement apparent des trois principes une dynamique – celle qui

1. Si l'on voit les choses ainsi, on comprend aussi qu'il n'y a nullement, contrairement à ce qu'affirme Alexis Philonenko (*Théorie et praxis dans la pensée morale et politique de Kant et Fichte en 1793*, Paris, Vrin, 1968, p. 30), « séparation du problème de la République et de celui du Règne des fins » ; de même que la réconciliation de la vertu et du bonheur s'accomplit dans le règne des fins, ordre et liberté s'accordent dans la constitution civile républicaine.

2. A. Philonenko, *Théorie et praxis…*, *op. cit.*, p. 36 *sq.*

fait du citoyen le *passage*. Philonenko a raison de rapprocher cette conception de la *Critique de la faculté de juger*, mais tort d'en tirer la conclusion que la synthèse échoue :

> En même temps se dégage le critère essentiel qui devra être retenu dans l'appréciation de la cohérence générale de la philosophie politique de Kant en 1793. Ce critère sera constitué par la question de savoir si cette philosophie réalise le passage – l'*Übergang* pourrait-on dire en songeant à la *Critique de la faculté de juger* – de l'homme au citoyen. Si l'on suppose que Kant ne parvient pas à établir cette synthèse, il sera alors bien clair que la doctrine deviendra contradictoire et que le conflit de l'ordre et de la liberté, dont la résolution commande la possibilité de l'unité de la théorie et de la praxis, loin d'être dépassé, sera bien plutôt la conclusion de la tentative kantienne. En effet la condition – l'homme – et le conditionné – le sujet – s'opposeront[1].

L'écrit de 1793 est bien consacré à cette démonstration que théorie et pratique ne sauraient se contredire ; mais en ne voyant pas que le statut de la liberté est *à la fois téléologique et moral*, Philonenko rouvre de façon fichtéenne un conflit qui est chez Kant *a priori* résolu du fait que le principe de la République se révèle *la vérité du contrat qui a été de toutes façons conclu et qui ne pouvait pas ne pas l'être*.

LE CITOYEN ET LE SOUVERAIN SONT-ILS DEUX ?

L'État étant soudé par des *Zwangsgesetze*, des lois de contrainte universellement valables, chacun de ses membres exerce à travers la loi une contrainte sur chacun des autres, sauf le « Souverain », qui en est « excepté » (*ausgenommen*). Faut-il voir là une contradiction avec la sixième proposition de l'*Idée d'une histoire universelle d'un point de vue cosmopolitique* ? Deux précisions l'excluent. D'abord le sens qu'il faut donner au terme « souverain », ensuite la définition de son pouvoir comme « permission de contraindre » (*Befugnis zu zwingen*). Ces deux précisions font toute la différence entre Kant et Hobbes. C'est chez Hobbes, on l'a vu, que le « pouvoir » devient pour la première fois explicitement l'objet de la réflexion politique. Or ce terme recouvre chez lui à la fois la *potentia* et la *potestas* (*jus, dominium*), le pouvoir physique et le pouvoir légal. Chez Kant *potestas* est traduit par *Befugnis* – la permission, l'autorité conférée par la loi. De là découle le sens de Souverain : la seule souveraineté découle de la loi ; il ne saurait s'agir d'un droit divin. Le Souverain en est soit le

1. *Ibid.*, p. 37.

créateur, soit le garant (*Schöpfer oder Erhalter*). La difficulté ne disparaît pas pour autant. Kant la désigne même dans les Réflexions 7719 et 7953 comme une difficulté *ontologique* :

> L'état civil est la soumission aux lois, en tant que sujet. Celui qui s'est placé le plus haut, auquel tous les autres sont soumis, n'est pas sujet, donc il est en dehors de l'état civil. D'où résulte que sa responsabilité juridique et son domaine d'action sont absolument libres. En ce cas, ce qui est premier se laisse tout aussi peu concevoir que dans l'ontologie (R. 7719).
>
> Ici réside toute la difficulté, comme en métaphysique à propos de l'absolument nécessaire : comment est possible une volonté supérieure qui détermine ce que doit être le droit et comment peut être légitime en elle-même une autorité irrésistible, bien qu'elle ne soit nullement limitée de l'extérieur, même par les droits des autres, car autrement il aurait fallu faire appel à une autorité supérieure (R. 7953).
>
> En tout cas, ce n'est pas une « autorité supérieure », divine, qui fonde la légitimité du Souverain et la rend irrésistible en la sortant des rapports réciproques de limitation que sont les contraintes légales – *Zwangsgesetze*. Dans la *Doctrine du droit* – là où il aborde la question du droit de résistance, sur lequel on va revenir –, Kant la définit encore comme « impénétrable du point de vue pratique » (*in praktischer Absicht unerforschlich*)[1] – et c'est précisément pourquoi elle ne peut être controversée.

Loin de nous dérouter, ces précisions sur l'autorité doivent au contraire nous permettre d'en comprendre le statut rationnel. Il est comparable à celui de la cause première (en d'autres termes Dieu) ; elle est donc d'ordre métaphysique et non physique. Or le traitement philosophique, non religieux, de la métaphysique est du ressort de la raison pratique *ou de la téléologie.* L'autorité correspond à *l'Idée du Droit*, qui est une idée de la raison pratique ; elle n'est pas postulée comme donnée de toute éternité mais peut être pensée *a priori* ; elle correspond à la déduction transcendantale du Droit comme synthèse *a priori*. Le Souverain est la synthèse *a priori* et en ce sens il crée l'État ou le maintient uni. Il est, précise une note[2], la « loi personnifiée », ce qui revient cependant à dire que son autorité est un pouvoir impersonnel (« la loi »), invisible (*unsichtbar*). La Réflexion 1398 dit clairement : « Le vrai souverain (*Oberherr*) de l'État, *c'est l'Idée de la société tout entière* et celui qui lui procure de ce fait le pouvoir (*Gewalt*), Dieu, c'est celui qui réalise et personnifie cette Idée »[3]. L'État se rapporte à

1. *Doctrine du droit*, « Remarque générale sur les effets juridiques résultant de la nature de l'union civile », AK VI, 318 ; trad. fr. par A. Renaut, *Métaphysique des mœurs*, Paris, Flammarion, 1994, t. II, p. 134.

2. *Théorie et pratique*, AK VIII, 294 ; trad. cit., p. 69.

3. C'est nous qui soulignons.

la réalité de la Société comme le transcendantal à l'empirique. En franchissant un peu prématurément une étape du raisonnement, on peut encore dire que le Souverain représente la société tout entière mais que son statut d'*Idée* de la société exclut que son autorité soit tirée de l'expérience, de la société empirique.

La conséquence décisive est la séparation de l'autorité souveraine et du peuple, c'est-à-dire la séparation des pouvoirs. Hobbes avait du reste déjà clairement distingué, dans le chapitre XVI du *Léviathan*, entre l'auteur de la loi – le peuple qui a transféré au Léviathan son autorité, et l'acteur de la loi – le souverain qui agit en tant que représentant des citoyens. La façon dont Kant reprend cette distinction exclut cependant tout abandon du pouvoir législatif lors de la conclusion du contrat. S'il dit plus loin à propos de la souveraineté qu'« ils ne peuvent pas être deux », il n'entend certes pas qu'il se réduisent à un seul. C'est tout le problème.

Il semble qu'il ait par là pris la mesure du problème que pose la refondation de la souveraineté dès lors qu'on la sécularise. Pas question pour lui d'accepter les conséquences de l'abolition de la distinction entre autorité humaine et autorité divine dont il a pu observer les effets avec le Comité de Salut Public (nous sommes en 1793). Il se distingue en cela de Rousseau, pour qui également « il est de l'essence de la puissance souveraine de ne pouvoir être limitée : elle peut tout ou elle n'est rien », mais cela, uniquement parce que le peuple et le souverain ne se distinguent pas [1]. Pour Kant, la loi, assurément, est instituée par la volonté générale :

> Pour cela il n'y a pas d'autre volonté possible que celle du peuple rassemblé (puisque tous décident de tous, donc chacun de soi-même), car il n'y a qu'à soi-même que nul ne peut causer de tort [2].

La volonté générale constitue en fait le véritable « contrat originaire » [3], et c'est ce qui distingue radicalement la conception kantienne de celle de Hobbes : en concluant le contrat, les hommes n'abdiquent pas leur volonté. Cette dernière doit cependant être clairement distinguée de la volonté de tous. Non seulement elle ne peut être déléguée à une volonté particulière, mais elle n'est pas l'addition de volontés particulières. Elle repose sur le principe de la majorité [4]. Par l'élection s'effectue le transfert de la

1. « Lettres écrites de la Montagne », in *Œuvres complètes*, « Bibliothèque de la Pléiade », Paris, Gallimard, 1964, t. III, p. 826.

2. *Théorie et pratique,* AK VIII, 294 ; trad. cit., p. 70. Cf. *Doctrine du droit*, § 46 : « Le pouvoir législatif ne peut appartenir qu'à la volonté collective du peuple » (AK VI, 312 ; trad. cit., p. 128).

3. « On appelle contrat originaire cette loi fondamentale qui ne peut provenir que de la volonté générale (réunie) du peuple » (*Théorie et pratique,* AK VIII, 295 ; trad. cit., p. 70).

4. *Ibid.,* AK VIII, 296 ; trad. cit., p. 72.

souveraineté (« contrat originaire »), et c'est pourquoi on pouvait dire plus haut, en franchissant prématurément un pas, que la forme de la synthèse que constitue cette dernière est, politiquement, l'œuvre du système représentatif.

La conception de la volonté générale comme véritable contrat originaire est développée par le corollaire, qui en précise le statut philosophique. L'idée d'origine est, pour Kant comme pour Rousseau, fictive. On ne saurait « présupposer le contrat comme un fait » [1] et, du reste, il n'en est nul besoin pour fonder la souveraineté ; elle ne peut donc être conçue par l'application du modèle physique au soi-disant état naturel originaire, ainsi que le fait Hobbes. C'est « une pure Idée de la raison » qui n'en a pas moins, comme toutes les Idées, « une réalité pratique indubitable ». En outre, comme le dit Kant dans la *Doctrine du droit* (« Remarque générale sur les effets juridiques résultant de la nature de l'union civile »), la conception historique du contrat a des implications dangereuses : ce que le peuple a donné, il peut vouloir le reprendre. Compris – souvenons nous du début de la deuxième section de *Théorie et pratique* – sur le modèle (physique) du droit privé, le contrat peut être dénoncé; donc l'hypothèse (*Annahme*) d'une origine historique du contrat fonde en réalité le droit à la rébellion :

> Quant à la question de savoir si un réel contrat de soumission [au chef suprême de l'État] (*pactum subjectionis civilis*) a originairement précédé, sous la forme d'un fait, ou si c'est le pouvoir qui a précédé et si la loi n'est intervenue qu'ultérieurement, ou encore s'ils sont censés s'être succédés dans cet ordre, ce sont là, pour le peuple qui est dès lors soumis à la loi civile, des ratiocinations entièrement vaines et de nature, cependant, à mettre l'État en péril; car si le sujet qui se serait mis à la recherche de l'origine ultime de l'État entendait opposer une résistance à cette autorité maintenant régnante, il serait, d'après les lois de cette dernière, c'est-à-dire de plein droit, puni, mis à mort ou expulsé comme hors-la-loi (*ex lex*) [2].

Le § 52 de la *Doctrine du droit* dit encore plus nettement :

> Rechercher des documents sur *l'histoire* de ce mécanisme est *vain* – je veux dire que l'on ne peut remonter au point de départ chronologique de la société civile (car les sauvages n'élaborent aucune disposition pour établir leur soumission à la loi, et l'on peut aussi conclure, ne serait-ce qu'à partir de la nature des hommes incultes, que c'est par la force qu'ils ont d'abord dû être soumis). Mais entreprendre cette enquête dans le but d'éventuellement modifier par la force la constitution actuellement en vigueur est condamnable. Car cette modification ne devrait intervenir que par

1. *Ibid.*, AK VIII, 297 ; trad. cit., p. 73.

2. « Remarque générale sur les effets juridiques résultant de la nature de l'union civile », AK VI, 318 *sq.* ; trad. cit., p. 134.

> l'intermédiaire du peuple qui se révolterait à cette fin, et non pas, par conséquent, par le biais de la législation; or, la révolte, intervenant dans une constitution existante, est une subversion de tous les rapports constitutifs du droit civil, donc de tout droit, et en ce sens elle ne correspond pas à une modification de la constitution civile mais à sa dissolution – et dans ces conditions le passage à la constitution meilleure n'est pas métamorphose mais palingénésie, laquelle requiert un nouveau contrat social sur lequel le précédent (alors aboli) n'a aucune influence [1].

Cette valeur pratique nous renvoie à ce que nous disions de la synthèse. L'Idée du contrat (ou l'Idée de la volonté générale) consiste – pour parodier la dialectique transcendantale de la *Critique de la raison pure* – à regarder toute chose dans le monde politique comme si elle dérivait d'une cause nécessaire absolument suffisante afin d'y fonder la règle d'une unité systématique et nécessaire. C'est une maxime de la raison, un principe régulateur [2], qui permet en pratique d'agir dans la perspective d'une liaison finale. Cette liaison finale est la communauté parfaite, qui ne sera rien d'autre que la *civitas dei* réalisée sur terre puisque la maxime ou le principe régulateur de la raison dont il est question dans la dialectique transcendantale est l'idéal de l'être suprême. On peut aussi, en suivant Philonenko, dire que la notion de contrat social n'est qu'une « quatrième formule de l'impératif catégorique », mais il n'y a pas lieu de séparer, comme il le fait ensuite, le Souverain et le peuple comme d'une part celui qui n'est soumis qu'au devoir et d'autre part ceux qui sont assujettis à la loi (au droit) [3]. La maxime de la communauté idéale régit bien plutôt le fonctionnement même du système représentatif: élire ses représentants n'instaure de système vraiment représentatif que si ma volonté politique agit de telle sorte qu'elle puisse être érigée en volonté universelle. Cette volonté universelle est le Souverain vraiment représentatif. L'exécutif est le régent, le législateur est le véritable souverain [4].

LE DROIT DE RÉSISTANCE

C'est sur ces bases que peut être ensuite examinée la question cruciale du droit de résistance. Il est chez Hobbes inévitable :

1. *Doctrine du droit*, AK VI, 339 *sq.*; trad. cit., p. 163 *sq.*
2. Sur ce comme si (« als ob »), voir *Théorie et pratique,* AK VIII, 297; trad. cit., p. 73.
3. Philonenko, *Théorie et praxis…*, *op. cit.*, p. 52 *sq.*
4. « Le souverain du peuple (le législateur) ne peut donc être en même temps le régent, car celui-ci est soumis à la loi et se trouve donc, par la médiation de celle-ci, obligé par un autre, le souverain » (*Doctrine du droit*, § 49, AK VI, 316; trad. cit., p. 133).

> L'obligation qu'ont les sujets envers le souverain est réputée durer aussi longtemps, et pas plus, que le pouvoir par lequel celui-ci est apte à les protéger. En effet, le droit qu'ont les hommes, par nature, de se protéger, lorsque personne d'autre ne peut le faire, est un droit qu'on ne peut abandonner par aucune convention[1].

De même d'ailleurs pour Rousseau : « L'émeute qui finit par étrangler un sultan est un acte aussi juridique que ceux par lesquels il disposoit la veille des vies et des biens de ses sujets. La seule force le maintenait, la seule force le renverse »[2]. Il ne peut en aller de même chez Kant puisque la souveraineté (l'exercice du Droit) n'est pas fondée sur « la seule force », c'est-à-dire empiriquement mais – comme Kant l'a montré au début de la deuxième section du traité *Théorie et pratique* – sur la liberté et le devoir. Le Droit repose sur la liberté et non sur le bonheur[3].

Que le fondement ne soit pas empirique exclut toute pratique politique selon la seule prudence (*Staatsklugheit*). Toute mesure politique doit découler de la maxime universelle – l'Idée du contrat originel comme Idée *a priori* (et *a priori* signifie ici qu'il n'y a pas de contradiction logique, en l'occurrence pas de contradiction entre l'Idée du Droit et la mesure particulière).

La loi étant alors conforme à l'Idée d'un « consensus idéal », donc universelle, elle ne saurait être contestée. L'opposition à la loi serait opposition au législatif, donc opposition des citoyens à eux-mêmes, de la volonté générale à soi-même, ce qui est tout simplement une absurdité. Cet argument est expressément utilisé par Kant dans la conclusion des *Remarques explicatives sur les premiers principes métaphysiques de la Doctrine du Droit.* Il ne peut y avoir contradiction entre le peuple et le législateur[4]; en se pliant à l'autorité souveraine le peuple de citoyens n'obéit qu'à lui-même. Donc le droit de révolte serait au bout du compte un crime contre les bases mêmes de la République, dont il « détruit les fondements »[5].

Malgré les apparences cette conception maintient la séparation des pouvoirs et même la requiert. En effet, la souveraineté (représentative) a été instaurée pour que puissent être tranchés des conflits empiriques sinon insolubles, c'est-à-dire afin que le juge ne soit pas en même temps partie – argument invoqué à plusieurs reprises dans *Théorie et pratique* :

1. Hobbes, *Léviathan*, trad. fr. par F. Tricaud, XXI, p. 233 *sq.*
2. Rousseau, « Discours sur l'origine de l'inégalité », in *Œuvres complètes*, *op. cit.*, t. III, p. 191.
3. *Théorie et pratique*, AK VIII, 298, 302 ; trad. cit., p. 74 *sq.*, p. 79.
4. Voir plus loin : « Ce qu'un peuple ne peut décider à son propre sujet, un législateur ne peut le décider pour ce peuple » (AK VIII, 304 ; trad. cit., p. 82).
5. *Ibid.*, AK VIII, 299 ; trad. cit., p. 76.

> Dans une constitution civile déjà instituée le peuple a perdu la capacité de juger en droit et de déterminer comment elle doit être administrée. Qu'on suppose en effet qu'il possède une telle capacité et qu'il la mette en œuvre à l'encontre de celle du chef de l'État en exercice : qui décidera de quel côté se trouve le droit ? Aucun des deux ne peut le décider, puisqu'il sont tous deux juges dans leur propre cause. Il faudrait donc qu'il y ait un autre chef au-dessus du chef pour trancher entre celui-ci et le peuple – ce qui est contradictoire[1].

À la différence de ce qui se passe chez Hobbes, dont toute la construction repose sur la notion de droit d'urgence (l'état de nature dont il faut sortir est déjà un état de guerre civile et c'est cet état qui révèle le ressort ultime de tout ordre social : la nécessité d'échapper à la mort violente), il n'y a donc pas de *Notrecht* – pas plus en faveur du peuple que contre lui ou en son nom, contrairement à la théorie de l'état d'exception (*Ausnahmezustand*) qu'un Carl Schmitt pourra tirer de Hobbes et qui confère à la souveraineté le droit d'exception, éventuellement plébiscitaire, de décider. Pour Kant un tel droit d'exception est nécessairement contraire à la publicité. La volonté générale n'est rien d'autre que la publicité devenue Droit. C'est vers cette notion de publicité que conduit dès lors le développement ; la volonté générale est dans le fonctionnement de la légitimité politique ce qu'est la publicité dans la société. Déconnecter l'État de la publicité, c'est le dresser contre la société – ce qui n'était évidemment nullement le but de « l'exception » que constitue la souveraineté. Cette exception est d'ordre transcendantal, donc moral, et, loin de le contredire, elle exprime précisément par là le consensus idéal de la volonté générale. De même, pas plus qu'il ne saurait y avoir de dispositions exceptionnelles qui, n'étant pas conformes à la publicité de la volonté générale, doivent nécessairement être assimilées à des dispositions secrètes, il ne saurait y avoir non plus dans l'État de foyers de résistance constitués en sociétés secrètes[2].

Pour Kant toute idée de sanction du souverain par le peuple est une contradiction dont l'absurdité ne peut qu'être camouflée par un artifice logique[3]. Un tel camouflage est à ses yeux une offense à la publicité. La deuxième section du *Conflit des facultés* (§ 8) dénonce pour cette raison la « publicité mensongère » qu'est la conception d'une « monarchie limitée ». Contre cette publicité mensongère Kant exige tout autant du Souverain que de la société l'exercice de la publicité sans restriction qu'il

1. *Ibid.*, AK VIII, 299 ; trad. cit., p. 76. *Cf.* déjà au début du paragraphe sur l'égalité (AK VIII, 291 ; trad. cit., p. 66). Idée reprise encore plus loin : AK VIII, 302 ; trad. cit., p. 79.

2. *Ibid.*, AK VIII, 305 ; trad. cit., p. 83.

3. « angedichtet » (attribuer en l'inventant de toutes pièces au monarque sa renonciation au pouvoir), *ibid.*, AK VIII, 303 ; trad. cit., p. 80.

revendiquait déjà dans *Qu'est-ce que les Lumières?* Cette publicité sans restriction est la version, ou plutôt la conversion, kantienne de la transparence rousseauiste. Elle reconnaît au citoyen « la faculté de faire connaître publiquement son opinion sur ce qui, dans les dispositions prises par le souverain, lui paraît être une injustice à l'égard de la communauté »[1]. En effet, loin d'être source d'un différend entre le souverain et la volonté générale, elle est la garantie de leur communication et permet donc la réforme. Si le souverain redoutait la publicité, i.e. la volonté générale, il se redouterait en quelque sorte soi-même, il concevrait de la crainte voire de la haine envers sa propre autorité, et il la détruirait du même coup[2].

Grâce à la liberté de penser et de publier le peuple ne renonce pas une fois pour toutes, comme chez Hobbes, à sa liberté en concluant le « contrat », bien qu'il y ait *Unterwerfungsvertrag* (*pactum subjectionis*) comme chez Pufendorf[3]. Comme Pufendorf dans le *Jus naturae et gentium* et contrairement à Hobbes, Kant admet tout à fait qu'on puisse se demander si l'État est juste ou injuste et qu'on puisse donc critiquer les lois. Le pouvoir de la souveraineté n'est en rien divinisé et hors d'atteinte; c'est bien le contraire qui se produit – et c'est pourquoi, dans *Théorie et pratique* comme déjà dans *Qu'est-ce que les Lumières?*, c'est la question de la liberté de penser en matière religieuse qui est prise comme exemple[4]. La publicité assure ainsi, par une communication constante, l'unité de la théorie et de la pratique. Incontestablement Kant a pris ainsi position sur la Constitution française de 1791, dont l'article 11 déclare : « La libre communication des pensées et des opinions est un des droits les plus précieux de l'homme; tout citoyen peut donc parler, écrire, imprimer librement, sauf à répondre de l'abus de cette liberté dans les cas déterminés par la loi ». La dernière partie de l'article ne pouvait que paraître trop empirique à Kant.

Entre obéissance et liberté, il n'y a en fait, ainsi que conclut Kant, de contradiction que si l'on n'a pas compris la nature profonde du « contrat ». Or, cette mécompréhension est à la base de l'ancien régime. Les peuples se sont « habitués » à ce malentendu[5]. Contre cette passivité de l'habitude, il importe de faire valoir les droits de la Raison, dont en fait le contrat émane. L'habitude et la passivité s'appuient sur les fondements hétéronomes, voire pathologiques, de l'ordre politique : bonheur et prospérité, et sur l'expérience[6] alors que l'ordre du Droit, et donc l'État de droit, reposent sur des principes *a priori*. D'un côté on laisse libre cours à la prudence et à la force,

1. *Ibid.*, AK VIII, 304; trad. cit., p. 81 (traduction modifiée).
2. *Ibid.*, AK VIII, 304; trad. cit., p. 82.
3. *Cf.* A. Philonenko, *Théorie et praxis…*, *op. cit.*, p. 48.
4. *Théorie et pratique*, AK VIII, 305; trad. cit., p. 82.
5. *Ibid.*, AK VIII, 305; trad. cit., p. 83.
6. « Erfahrung » (*ibid.*, AK VIII, 306; trad. cit., p. 84).

avec tous les risques de conflits qui en découlent; de l'autre le fondement transcendantal du Droit exclut toute contradiction entre théorie et pratique (excluant du même coup aussi toute révolte car il commande sans restriction aucune, comme la loi morale). La loi morale coïncide, ainsi conçue, avec le vrai *Menschenrecht*[1].

Gérard RAULET
ENS-LSH de Lyon

1. *Ibid.*

L'INSOCIABLE SOCIABILITÉ ET LES PRINCIPES DE LA NATURE HUMAINE CHEZ HOBBES ET KANT

Malgré toutes les différences qui les séparent, il serait possible d'opérer d'emblée au moins trois rapprochements entre les doctrines politiques de Hobbes et Kant. On peut, en premier lieu, les réunir au regard du contexte qui fut celui de leur élaboration; toutes deux furent contemporaines d'une grande révolution : sans doute les deux événements sont-ils de nature fort différente – une des dernières manifestations des guerres de religion pour la Révolution anglaise, qui culmine dans l'exécution du roi Charles Ier en 1649, et un bouleversement proprement politique d'une ampleur inégalée pour la Révolution française, qui voit l'effondrement ce que l'on appellera plus tard l'Ancien Régime –; sans doute l'influence des circonstances sur la constitution des systèmes a-t-elle été dans les deux cas fort inégale – le système kantien est largement élaboré avant la Révolution, alors que le dispositif hobbesien semble tout entier né de l'urgence de la situation politique –, reste que, pour ces deux auteurs, l'actualité politique a constitué un défi intellectuel tout à fait considérable.

Un deuxième rapprochement se pourrait établir dans leur manière de poser le problème politique : Hobbes comme Kant se situent clairement dans le cadre intellectuel de la modernité politique qu'ils ont tous deux contribué décisivement à installer : Hobbes en précurseur, Kant en digne successeur. Cette « invention » de la politique moderne s'opère, c'est connu, sous le signe de la subjectivité : comment envisager les conditions de possibilité d'une société essentiellement constituée de *sujets* (question des droits subjectifs) ? Comment envisager la communauté politique elle-même comme un *sujet* (question de la souveraineté) ? Cette double irruption de la subjectivité dans la pensée politique supposait, pour l'un comme pour l'autre, que la sociabilité ne soit pas donnée mais qu'elle reste problématique pour autant que l'homme n'est pas « par nature un animal politique et social »[1].

En troisième lieu – et c'est certainement en soi le plus surprenant –, ils se retrouvent dans la manière de résoudre le problème : c'est la nature de l'homme lui-même (c'est-à-dire, pour eux, son imperfection et sa méchanceté) qui l'oblige à s'unir à d'autres : c'est le désir même de singularisation qui l'oblige, pour ainsi dire malgré lui, à s'associer ; bref, c'est, en quelque façon, la *guerre* qui apparaît comme la cause efficiente de la société civile, donc pacifiée.

Sans doute le statut philosophique et architectonique de la thématique de la « guerre de tous contre tous » chez Hobbes et de celle de l'« insociable sociabilité » chez Kant est-il fort différent ; pour autant, l'influence du premier sur le second est tangible ainsi que l'atteste Kant lui-même dans la *Critique de la Raison pure* :

> Comme l'affirme Hobbes : l'état de nature est un état de non-droit et de violence, et force est de l'abandonner pour se soumettre à la contrainte légale qui limite notre liberté uniquement pour qu'elle puisse coexister avec la liberté de tout autre et par là même avec le bien commun[2].

Dans un cas comme dans un autre, c'est au fond la guerre ou la crainte qu'elle suscite qui va conduire les hommes à établir un pacte susceptible de garantir la paix.

C'est cette dernière convergence qui avait, en son temps, scandalisé le jeune Fichte, alors qu'il rédigeait ses *Considérations sur la Révolution française*. De cette « méchanceté originaire de l'homme », il déclarait « ne pas pouvoir se convaincre » : « Cette vieille idée d'un état de nature, cette guerre de tous contre tous qui y serait le droit, ce droit du plus fort qui devrait régner sur le sol, tout cela est faux »[3] et il ironisait même sur les conséquences, à ses yeux si manifestement absurdes, qu'une telle vision négative de l'humanité produisait dans la doctrine politique :

« Deux hommes ne pourraient pas, pensait-on, s'approcher l'un de l'autre de la largeur d'un pied, sans que chacun n'eût parfaitement le droit

1. Leo Strauss, *Droit naturel et histoire*, trad. fr. par M. Nathan et E. de Dampierre, Paris, Plon, 1954, rééd. « Champs », Paris, Flammarion, 1986, p. 155.

2. A, 752/ B, 780 ; trad. fr. par Renaut, Paris, Aubier, 1997, p. 627. *Cf.* aussi *Projet de paix perpétuelle* : « L'état de paix entre les hommes vivant côte à côte n'est pas un état de nature (*status naturalis*) ; celui-ci est bien plutôt un état de guerre … Cet état de paix doit donc être institué ». On se reportera également aux *Réflexions* (AK XIX, R. 6593, 7526 à 7528, 7667, 7975).

3. *Considérations sur la Révolution française*, trad. fr. par J. Barni, Paris, Payot, 1974, p. 146-147. *Cf.* aussi *Von der Sprachfähigkeit und dem Ursprung der Sprache* où Fichte critique la conception hobbesienne de l'état de nature (SW, VIII, p. 305).

de tenir l'autre pour une bonne prise, de s'en emparer et de le rôtir. Et si aucun des deux ne savait s'il serait le plus fort, voici ce qu'ils devraient se dire : "Mon cher, ne me mange pas et je ne te mangerai pas", – et à partir de ce moment, ils n'auraient plus le droit de se manger, puisqu'ils se seraient promis de ne pas le faire; et, bien qu'ils eussent en général parfaitement le droit de se manger, ils n'auraient plus celui de ne pas se tenir parole. O profonde philosophie ! Même dans les systèmes où cette idée est tout à fait abandonnée, les conséquences prochaines ou éloignées s'en font encore sentir »[1]

Ce qui surprenait Fichte c'était de voir se rejoindre en un moment crucial deux doctrines que tout par ailleurs semblait opposer : aussi bien les prémisses anthropologiques (deux conceptions contraires de l'humanité de l'homme) que les résultats politiques (d'un côté, la défense de l'absolutisme, de l'autre, la promotion de la constitution républicaine)[2].

Mais au-delà de la surprise, ce qui scandalisait Fichte, c'était la concession, à ses yeux inacceptable que Kant semblait faire aux adversaires de la Révolution française. Il convient en effet de rappeler que dans le débat sur la Révolution française la position des contre-révolutionnaires, Burke et Rehberg[3], pour ne citer que les principaux, apparut souvent – à tort ou à raison – comme un *retour à Hobbes* (notamment contre Rousseau).

Sans doute, le dispositif hobbesien incarnait-il, quant à sa forme, à l'instar de Rousseau, le rationalisme politique tellement abhorré par les contre-révolutionnaires – c'est-à-dire l'idée que la politique puisse être une science en laquelle les principes abstraits étaient susceptibles de s'appliquer dans la pratique[4] –, mais, quant à son contenu, il paraissait moins délirant en ce qu'il semblait prendre l'humanité telle qu'elle était et non telle qu'elle aurait dû être. Aussi était-ce ce réalisme politique que les adversaires de la Révolution française souhaitaient raviver en soulignant la présence chez Hobbes 1) d'une fondation moderne de l'autorité (c'est-à-dire rationnelle et non traditionnelle) qui, pourtant, 2) ne risquait pas d'entraîner sa dissolution, puisqu'elle faisait primer le maintien de l'ordre sur l'éloge inconsidéré de la liberté.

Réalisme politique et privilège de l'ordre sur la liberté, tels semblaient être les deux motifs principaux de ce retour à Hobbes. À l'inverse de quoi le concept rousseauiste de Volonté générale, aussi élaboré et ingénieux qu'il

1. *Ibid.*

2. On laissera de côté les raisons visiblement polémiques qui font que Hobbes qualifie également son État de *Common-wealth* : il entend ainsi ne pas laisser aux républicains le monopole de la république.

3. *Recherches sur la Révolution française* (1793), trad. fr. par L. Sosoé, Paris, Vrin, 1999.

4. On retrouve les principaux motifs de cette lecture chez Leo Strauss, *Droit naturel et histoire*, trad. cit., p. 156 *sq.*

puisse apparaître – et Rehberg notamment ne se prive pas d'exprimer son admiration à l'égard de cette construction –, leur apparaît comme un « doux rêve », voué à se transformer en cauchemar, dès lors qu'on chercherait à le réaliser. « Doux rêve », car, comme le dit l'adage, ce qui vaut en théorie ne vaut pas en pratique[1] ; cauchemar, car en forçant le réel à obéir aux principes théoriques, les effets les plus désastreux et les plus tragiques étaient à prévoir. Incapable de s'élever à la pureté de la volonté générale, la volonté de tous risque à tout moment de se soumettre à la domination d'une simple volonté particulière ouvrant alors la voie à un despotisme d'une puissance encore jamais vue (comme l'épisode de la Terreur devait le confirmer) et, sans commune mesure, en tout cas avec les despotismes traditionnels. Ainsi, dans l'argumentation contre-révolutionnaire, la référence à l'absolutisme hobbesien pouvait-elle apparaître paradoxalement comme la meilleure défense contre ce qu'on appellera plus tard le « totalitarisme »[2].

C'est ainsi que, contre le modèle rousseauiste et plus généralement contre la logique des droits de l'homme, on trouve chez Burke, une présentation de la théorie du contrat social qui reprend l'essentiel du dispositif hobbesien :

> Comment donc pourrait-on se prévaloir des conventions de la société civile, pour revendiquer des droits qui ne supposent même pas l'existence d'une telle société, des droits qui sont absolument incompatibles avec celle-ci ? Un des premiers objets de la société civile, et qui devient une de ses règles fondamentales, est que personne ne soit juge dans sa propre cause. De ce seul fait chaque membre de la société renonce au premier droit fondamental de l'homme naturel [*uncovenanted*] celui de juger par lui-même, et de défendre son propre droit. Il abdique le droit d'être son propre gouverneur et même – dans une large mesure – ce droit de légitime défense, qui est la première loi de la nature. Les hommes ne peuvent jouir à la fois des droits de l'état de nature et de ceux de la société civile. Pour obtenir justice, l'individu renonce au droit de la déterminer dans ce qui lui importe le plus. Et pour s'assurer d'un certain degré de liberté, il s'en dessaisit en totalité pour en confier la garde à d'autres instances[3].

1. *Cf.* Burke, *Réflexions sur la Révolution de France*, Paris, 1989, p. 10 : « Quoiqu'en disent certains, ce sont les circonstances qui donnent à tout principe de politique sa couleur distinctive et son effet caractéristique. Ce sont les circonstances qui font qu'un système civil et politique est utile ou nuisible au genre humain. Si l'on reste dans l'abstrait, l'on peut dire aussi bien du gouvernement que de la liberté que c'est une bonne chose ».

2. *Cf.* Burke, *Réflexions sur la Révolution de France*, *op. cit.*, p. 98 : « D'après le système de cette philosophie barbare, qui n'a pu naître que dans des cœurs glacés et des cervelles brouillées (...), les lois n'auront plus d'autres gardiens que la terreur qu'elles inspirent ».

3. Burke, *Réflexions sur la Révolution de France*, *op. cit.*, p. 75-76.

On l'entend dans ce passage : la sécurité des individus n'est pas compatible avec la défense d'éventuels droits de l'homme ; elle n'est possible que si ceux-là renoncent à une partie de leurs droits naturels pour se soumettre à l'État, garant de l'ordre.

Le plus singulier est que Kant lui-même avait perçu et dénoncé fortement ce recyclage contre-révolutionnaire – dont je laisse ici de côté la question de savoir s'il était en quelque façon philologiquement fidèle et intellectuellement légitime – de la pensée de Hobbes[1]. Comme on sait, l'une de ses principales interventions dans la querelle de la Révolution, l'article *Sur le lieu commun : il se peut que ce soit juste en théorie, mais en pratique, cela ne vaut point* qui fut publié en 1793, fut consacrée à un exposé « Contre Hobbes » sur « le rapport de la théorie à la pratique dans le droit politique ».

Sans aborder pour l'instant les motifs de cette critique, qui sont d'ailleurs bien connus[2], il convient de questionner les raisons de ce qui semble bien être un moment d'accord avec Hobbes à propos de l'insociabilité naturelle. Accord qui persiste alors même que le contexte polémique ne pouvait plus le rendre anodin. Cet examen suppose de considérer le statut architectonique de ce moment d'accord qui intervient dans la suite logique de deux anthropologies radicalement différentes et pour fonder deux philosophies politiques (en apparence du moins) largement opposées.

ANTHROPOLOGIE PRAGMATIQUE ET ANTHROPOLOGIE PHYSIOLOGIQUE

On a coutume d'opposer, dans la philosophie moderne et contemporaine, deux conceptions de l'humanité de l'homme[3] : soit, pour aller d'emblée à l'essentiel – quitte à commettre un double anachronisme –, la conception matérialiste et la conception humaniste.

Ces deux définitions partagent un commun rejet de la conception traditionnelle de l'humanité de l'homme en ce qu'elles ne le considèrent pas d'abord essentiellement comme un élément du cosmos ou comme une créature, mais comme une *nature* (même si ce terme est ici très ambiguë). Pour le dire autrement, la détermination de l'humanité de l'homme ne se réduit ni à la considération de sa place dans l'univers ni à son statut d'être créé par Dieu.

1. Recyclage qui n'est pas sans rappeler celui opéré sur Spinoza quelques années plus tôt dans la querelle du panthéisme.

2. *Cf.* A. Philonenko, *Théorie et praxis dans la pensée morale et politique de Kant et de Fichte en 1793*, Paris, Vrin, 3e édition, 1988.

3. Je reprends ici, dans une perspective différente, des analyses présentes dans l'excellent livre de Robert Legros, *L'Idée d'humanité*, Paris, Grasset « Le Collège de philosophie », 1990.

À partir de ce point commun (que l'on peut par convention qualifier de moderne), deux possibles restent encore ouverts : soit l'on considère que la signification profonde de l'humanité de l'homme réside dans sa nature corporelle (ou matérielle); soit l'on considère qu'elle consiste dans le fait qu'elle transcende toujours toute naturalité. Bref, d'un côté – définition matérialiste – la nature de l'homme serait d'être essentiellement un corps (aujourd'hui un code génétique); de l'autre – conception humaniste – la nature de l'homme consisterait à ne pas avoir de nature. Ou encore, d'une part, une nature naturelle de l'homme; d'autre part, une nature antinaturelle, surnaturelle ou dénaturée de l'homme.

Pour que cette opposition puisse être prise au sérieux et avoir quelque intérêt, il faut éliminer d'emblée les versions par trop caricaturales de ces deux termes :

Dans le cas de l'humanisme, il ne s'agit pas de nier la corporéité de l'homme (dans le but d'en faire un pur esprit), mais il s'agit de refuser qu'il ne soit qu'un corps.

Dans le cas du matérialisme, il ne s'agit pas de nier sa dimension spirituelle ou morale (dans la perspective d'un réductionnisme radical), mais il s'agit de refuser de séparer la réflexion morale de ses fondements naturels [1].

En cette version plus nuancée, l'on peut admettre semble-t-il que l'opposition sépare exactement l'anthropologie hobbesienne de l'anthropologie kantienne pour peu que l'on précise encore les rapports entre le naturel et l'artificiel en l'homme. Hobbes et Kant reconnaissent à l'évidence ces deux dimensions de l'homme, simplement la primauté ontologique qu'ils leur confèrent varie. Au risque de simplifier à l'extrême, l'on pourrait dire que, pour Hobbes, l'homme est essentiellement une nature (un corps) et accidentellement artificiel; alors que pour Kant, l'homme est essentiellement artifice et accidentellement une nature [2].

Concernant Hobbes, je me contenterai de citer un passage du livre de P.-F. Moreau [3], qui formule, de manière très éclairante, le « foyer de la doctrine », « le nœud de thèses où Hobbes pense sa propre originalité » : « Comment l'homme – qui est un corps, comme tous les autres êtres, et qui n'est pensable qu'en tant qu'il est un corps – peut-il produire des effets qu'aucun autre corps ne produit et hors desquels son action et son bonheur

1. *Cf.* le volume d'article dirigé par Jean-Pierre Changeux, *Les fondements naturels de l'éthique*, Paris, Odile Jacob, 1993.

2. Pour le matérialisme : les comportements antinaturels de l'homme sont en dernière instance déterminés naturellement (comme si la nature avait prévu une case vide, une marge de liberté). Pour l'humanisme : les comportements antinaturels sont le fruit d'une rupture réelle avec la nature, d'un arrachement qui ne trouve pas sa source dans la nature, mais bien dans la liberté de l'homme.

3. *Hobbes, philosophie, science et religion*, Paris, P.U.F., « Philosophies », 1989, p. 57.

ne sont pas pensables ? Comment cet être de part en part naturel parvient-il à constituer une seconde sphère de réalité, une anti-nature? » Tel serait le problème de Hobbes : envisager la solution de continuité entre la nature et l'artifice. La rupture avec la nature est encore déterminée par la nature. On conçoit bien que dans cette perspective l'artifice n'est nullement dévalorisé par rapport à la nature, car la nature précède toute valorisation ; de même, la nature ne fournit aucune norme, car c'est précisément parce qu'elle n'en fournit pas que celles-ci apparaissent si nécessaires à l'homme. Simplement l'artifice reste là toujours ontologiquement second.

La question que se pose Kant est exactement inverse comme l'indique la célèbre introduction du texte *Qu'est-ce que les Lumières?* : « Les Lumières se définissent comme la sortie de l'homme hors de l'état de minorité, où il se maintient par sa propre faute. La minorité est l'incapacité de se servir de son entendement sans être dirigé par un autre. Elle est due à notre propre faute quand elle résulte non pas d'un manque d'entendement, mais d'un manque de résolution et de courage pour s'en servir sans être dirigé par un autre. *Sapere aude!* Aie le courage de te servir de ton propre entendement! Voilà la devise des Lumières »[1]. La véritable nature de l'homme (sa majorité) c'est l'artifice, c'est-à-dire la capacité de s'arracher à la naturalité, et sa situation inauthentique (sa minorité) c'est l'enfermement dans une naturalité, c'est-à-dire son manque de résolution, sa « paresse ». Ces deux notions de majorité et de minorité définissent le cadre de toute l'anthropologie kantienne.

C'est parce qu'il est « naturellement » majeur que l'homme se distingue de l'animal : « Par son instinct un animal est déjà tout ce qu'il peut être ; une raison étrangère a déjà pris soin de tout pour lui. Mais l'homme doit user de sa propre raison. Il n'a point d'instinct et doit se fixer lui-même le plan de sa conduite »[2]. D'où les deux traits caractéristiques de ce néant qu'est au fond l'homme : l'éducation (possible et nécessaire parce qu'il n'a pas d'instinct) et l'histoire (possible et nécessaire comme progrès de la culture).

Si, pourtant, l'homme est souvent « artificiellement mineur », c'est qu'il renonce aisément à sa perfectibilité (à son « existence »[3]) pour s'enfermer lui-même dans une essence. L'*Anthropologie du point de vue pragmatique* dresse un tableau de ces situations de minorités qui peuvent être intérieures (troubles mentaux, déficiences de l'esprit, maladies de l'âme, passions[4]), institutionnelles (despotisme[1]) ou en apparence – et en

1. AK, VIII, 35 ; trad. anonyme revue par H. Wismann, OPh II, 209.

2. *Réflexions sur l'Education*, AK IX, 441 ; trad. fr. par A. Philonenko, Paris, Vrin, 1966, p. 70.

3. En dépit des dénégations la thématique sartrienne popularisée dans l'*Existentialisme est un humanisme* n'est pas différente de celle de Kant ou de Rousseau.

4. *Cf.* la première partie de l'*Anthropologie*.

apparence seulement – naturelles (l'Insulaire des mers du sud et le Groenlandais[2]).

Pour étayer l'idée que la différence entre Hobbes et Kant reproduit cette opposition idéale-typique[3], l'on peut, sans prétendre épuiser les possibles, présenter trois indices.

Elle permet en premier lieu d'expliquer la différence de méthode qui marque leurs anthropologies respectives. Pour reprendre, la distinction présente dans la préface du texte de Kant, l'anthropologie du *De Homine* s'accomplit « d'un point de vue physiologique pour autant qu'elle vise l'exploration de ce que la *nature* fait de l'homme » ; tandis que l'anthropologie kantienne est « pragmatique », dans la mesure où elle vise l'exploration « de ce que l'homme, comme être agissant par liberté, fait ou peut et doit faire de lui-même »[4].

Elle permet en second lieu de comprendre par anticipation la différence des fins de la politique et de l'instauration de l'état civil : le bonheur pour Hobbes ; la liberté pour Kant. Alors que pour Kant, la liberté est à la fois la condition et la fin ultime de la politique, elle est pour Hobbes une illusion et un obstacle pour l'établissement de l'état civil.

Elle permet en troisième lieu de mesurer l'importance architectonique de la question de l'homme au sein des deux dispositifs. Si elle est centrale chez Kant au point d'offrir le point ultime de l'unité de la philosophie[5], elle reste seconde chez Hobbes pour autant qu'il faut « la replacer dans l'économie générale de la nature et, sur un mode conditionnel, traiter les passions comme des mouvements » : « en ce sens la philosophie politique de Hobbes ne repose pas sur un humanisme »[6].

1. *Cf. Anthropologie*, § 48. Le gouvernement paternaliste représente « le plus grand despotisme qu'on puisse concevoir » (*Théorie et pratique*, AK VIII, 290-291 ; OPh III, 271) ; *cf.* également *Qu'est-ce que les Lumières ?, passim.*

2. *Cf.* sur ce point A. Philonenko, *La Théorie kantienne de l'histoire*, Paris, Vrin, 1986. Le sauvage n'est pas « moins humain » (*Untermensch*) que le civilisé ; simplement est-il placé par accident dans une situation telle qu'il ne peut pas se cultiver ou n'en éprouve pas le besoin (parce que la nature lui est par trop hostile ou par trop favorable).

3. Leur position respective dans ces deux types-idéaux est différente : Hobbes peut apparaître comme un des inventeurs du modèle « matérialiste », tandis que Kant se situe dans la postérité de l'« humanisme » de Rousseau. Sur la tradition humaniste française, *cf.* T. Todorov, *Le Jardin imparfait*, Paris, Grasset, 1998.

4. AK VII, 119 ; trad. fr. par A. Renaut, Paris, Flammarion, 1993, p. 41.

5. *Cf.* le célèbre passage de la *Logique*, AK IX, 24-25 ; trad. fr. par Guillermit, Vrin, 1982, p. 25 : « Le champ de la philosophie au sens cosmopolitique peut se ramener aux questions suivantes : 1) que puis-je savoir ?, 2) que dois-je faire ? 3) que m'est-il permis d'espérer ?, 4) qu'est-ce que l'homme ? La première question correspond à la métaphysique, la deuxième à la morale, la troisième à la religion, la quatrième à l'anthropologie. Mais on pourrait toutes les ramener à l'anthropologie, car les trois premières se rapportent à la dernière ».

6. M. Malherbe, « Thomas Hobbes », *in* S. Rials et Ph. Raynaut, *Dictionnaire de philosophie politique*, Paris, P.U.F., 1996, p. 275.

On ne saurait à l'évidence prétendre ici trancher une opposition aussi massive; on peut même supposer, au vu de son caractère idéal-typique, qu'une telle tentative serait inévitablement vouée à l'échec[1]. Reste que, par son ampleur, elle rend d'autant plus énigmatique l'accord de Kant avec Hobbes sur la guerre à l'état de nature.

Plus précisément, si l'on suit ici la perspective kantienne puisqu'il occupe la position du lecteur, deux difficultés semblent se présenter :

Si l'homme n'a pas de nature, ou s'il est essentiellement perfectibilité, comment Kant peut-il envisager que l'homme soit mauvais[2] au point que seul l'état de guerre soit à même de décrire sa condition naturelle ?

Si l'homme s'arrache librement à la naturalité, comment expliquer que soit mobilisée, pour envisager les conditions de possibilité de la société civile, la thématique de l'« insociable sociabilité », c'est-à-dire d'un processus pour ainsi dire mécanique animé par un secret « dessein de la nature »[3] ?

On retrouve dans ces deux difficultés, les motifs de la réserve fichtéenne : comment à partir des prémisses humanistes, cette double concession au matérialisme (l'idée d'une *nature* humaine et le déterminisme) peut-elle apparaître acceptable ? Face à cette attitude, le jeune Fichte préférera comme on sait d'envisager la neutralité de l'état de nature (ni bon comme chez Rousseau, ni mauvais comme chez Kant) et le refus de toute vision mécaniste de l'histoire, au profit d'une vision éthique.

LE MAL ET LA GUERRE

La première difficulté peut être levée assez aisément dès lors que l'on perçoit que chez Kant, comme d'ailleurs chez Rousseau, le mal n'est pas une nature, mais le mauvais usage de la liberté. Pour le dire autrement, c'est précisément parce que l'homme est libre (perfectibilité) qu'on peut voir en lui l'unique source de tout mal :

> Le premier pas hors de cet état [d'innocence] fut donc du point de vue moral une *chute*; du point de vue physique les conséquences de cette chute furent l'apparition dans la vie d'une foule de maux jusqu'alors inconnus, donc une *punition*. L'histoire de la nature commence donc par le Bien, car elle est l'œuvre de Dieu; l'histoire de la liberté commence par le Mal, car elle est l'œuvre de l'homme. Pour l'individu, qui dans l'usage de sa liberté

1. Rien n'interdit pourtant de la « penser », c'est-à-dire d'évaluer les points de vue à partir desquels ces deux positions s'énoncent.

2. Cf. *Idée d'une histoire universelle*, 6e proposition : « Le bois dont l'homme est fait est si courbe qu'on ne peut rien y tailler de bien droit » (AK VIII, 23; trad. Ferry, OPh II, 195).

3. *Idée d'une histoire universelle*, AK VIII, 18; OPh II, 188.

> ne songe qu'à lui-même, il y eut perte lors de ce changement; pour la nature, qui avec l'homme poursuit son but en regardant l'espèce, ce fut un gain. L'individu est donc fondé à se tenir pour responsable de tous les maux qu'il subit comme du mal qu'il fait, et en même temps, en tant que membre du Tout (d'une espèce), à estimer et à admirer la sagesse et la finalité de cette ordonnance[1].

Si en l'homme le mal est radical (aussi radical – c'est-à-dire à la racine – que la liberté et la finitude), il n'est pas par essence absolu. En ce sens le mal n'exprime nullement une quelconque naturalité de l'homme, il est au contraire le reflet négatif de son absence de nature[2].

La seconde difficulté est plus délicate. Il convient là de faire un détour par la critique que Rousseau adressait à Hobbes en lui reprochant de n'avoir pas vu que la guerre de tous contre tous supposait en quelque manière l'existence d'une sociabilité, donc déjà une sortie de l'état de nature[3]. Or, si l'on envisage l'état de nature dans sa vérité, force est de le penser, dit Rousseau, comme un état de paix et de solitude[4].

Il est probable que Hobbes et Kant auraient admis l'argument dans sa rigueur, sans renoncer à la description de cet état :

Hobbes, quand il s'interroge sur les causes de la guerre, mobilise à l'évidence des éléments déjà sociaux : la rivalité, la méfiance et la gloire, à quoi il ajoute le langage[5]. Plus que toutes les autres causes, le langage a pour effet « de rendre l'état de nature invivable » et de le « transformer en état de guerre »[6], ce que le simple besoin ne réussirait pas à faire. Mais, cause des maux (et ligne de démarcation entre le naturel et le non-naturel), le langage est aussi la voie de la solution à travers l'élaboration d'un pacte.

1. *Conjectures sur le commencement de l'histoire humaine*, AK VIII, 115; trad. L. Ferry et H. Wismann, OPh II, 511. *Cf.* Rousseau : « Homme ne cherche plus l'auteur du mal : cet auteur c'est toi-même. Il n'existe point d'autre mal que celui que tu fais ou que tu souffres et l'un et l'autre te viennent de toi » (*Emile*, *Œuvres complètes* IV, 588).

2. On pourrait même aller plus loin et affirmer que ce n'est pas tant la bonté de l'homme que sa méchanceté qui apparaît comme le signe le plus tangible de sa liberté. *Cf.* sur cette preuve par le mal, L. Ferry, in A. Comte-Sponville et L. Ferry, *La sagesse des modernes*, Paris, Laffont, 1998, p. 29 *sq.* Il reste cependant une ambivalence chez Kant quant à la question du mal qui désigne tantôt l'égoïsme, tantôt la paresse.

3. L'argument est, comme on sait, double : il n'existe de guerre qu'entre des États (et non entre des particuliers); la guerre suppose l'existence de passions (l'orgueil notamment) qui n'existent qu'en société : « L'homme sauvage, quand il a dîné, est en paix avec toute la nature, et l'ami de ses semblables » (*Discours sur l'inégalité*, note i).

4. Par quoi Rousseau s'oppose aussi à Locke qui y voyait le règne d'une sociabilité naturelle.

5. *Léviathan*, XVII, trad. fr. par F. Tricaud, Paris, Sirey, 1971, p. 175-176. *Cf.* Y. Ch. Zarka, *Hobbes et la pensée politique moderne*, P.U.F., 1995, p. 136.

6. P.-F. Moreau, *Hobbes, op. cit.*, p. 63.

Pour Kant, c'est la guerre elle-même qui apparaît comme le résultat (confrontation des égoïsmes) et le remède de la méchanceté humaine. Le passage est bien connu : « C'est la détresse qui force l'homme, si épris par ailleurs de liberté sans frein, à entrer dans cet état de contrainte ; et, à vrai dire, c'est la plus grande des détresses, à savoir celle que les hommes s'infligent eux-mêmes les uns aux autres, leurs inclinations ne leur permettant pas de subsister longtemps les uns à côté des autres à l'état de liberté sauvage. Seulement, dans cet enclos que constitue l'association civile, ces mêmes inclinations produisent précisément par la suite le meilleur effet » [1]. Suit la célèbre métaphore de la forêt en laquelle les arbres poussent droits et hauts du fait même de leur concurrence.

Chez Hobbes et chez Kant, l'état de nature (conçu comme guerre) n'a donc rien à voir avec l'état animal de l'humanité ; il désigne bien plutôt le règne sans frein des passions (le contre-modèle de l'état civil), soit qu'elles soient conçues de manière physiologique comme effet de la corporéité (Hobbes) soit qu'elles soient envisagées de manière pragmatique comme effet pervers de la liberté (Kant).

Mais la question se pose de savoir particulièrement chez Kant comment le contrat social peut être conçu comme un accord « pathologiquement extorqué » [2] (comme un mécanisme naturel), sans nier par ailleurs la prémisse d'une anthropologie de la liberté (et la conclusion, on le verra, d'une constitution républicaine garantissant la liberté des individus). Comment la nature pourrait-elle mener à bien le développement de toutes les dispositions de l'homme, si celui-ci se définit essentiellement comme être contre-nature ?

Il semble donc bien qu'il y ait une totale contradiction entre la description de l'« insociable sociabilité » et l'affirmation de la liberté humaine. Celle-là est conçue en effet, ainsi que le suggère la référence à Kepler et à Newton, sur le modèle physique des deux forces fondamentales, centrifuge et centripète, à partir desquelles Kant, dans les *Premiers principes métaphysiques d'une science de la nature*, reconstruit la physique de Newton. Si, Rousseau apparaît à Kant comme le « Newton du monde moral » c'est que celui-ci lui semble avoir dégagé l'équivalent anthropologiques de ces deux forces, soit : la pitié (analogue moral de la force centrifuge) et l'amour de soi (analogue moral de la force centripète). Cette première analogie physique se trouve redoublée par une seconde qui concerne le point de vue adopté sur l'histoire : en parlant d'un « dessein de la nature », Kant réinvestit le modèle déjà utilisé par Leibniz pour résoudre

1. *Idée d'une histoire universelle*, AK VIII, 22 ; OPh II, 194.
2. *Idée d'une histoire*, 4e prop., AK VIII, 21 ; OPh II, 192.

le problème de la Théodicée[1], de la *résultante des forces dans un parallélogramme* : l'ordre du réel peut se laisser penser comme la *résultante* des volontés particulières des monades poursuivant chacune l'accomplissement de leur être et, ce faisant, contribuant à déployer la cohérence interne du « meilleur des mondes possibles »[2]. Une telle anticipation de la figure hégélienne de la « ruse de la raison » semble interdire à la libre action humaine de jouer un quelconque rôle dans l'histoire.

On pourrait penser qu'il s'agit là d'une concession stratégique accordée à l'argumentation contre-révolutionnaire pour mieux la réfuter : il s'agirait alors pour Kant de montrer que, même « pour un peuple de démons », la constitution républicaine n'est pas un « doux rêve », mais une possibilité réalisable en ceci que la nature elle-même conduit (sans qu'il soit nul besoin la bonne volonté des hommes) à la constitution républicaine. Bref, il s'agirait de jouer Hobbes (la méchanceté humaine et la guerre de tous contre tous) contre Hobbes (la défense « contre-révolutionnaire » d'un régime absolutiste).

La difficulté d'une telle interprétation a été soulignée[3] : Kant mobilise ce modèle mécaniste avant l'éclatement de la querelle de la Révolution française, dès 1784 dans les cinq premières propositions de l'*Idée d'une histoire universelle*. Il s'agit donc bien d'une tension interne à la philosophie kantienne de l'histoire. Comment le point de vue mécaniste et le point de vue de la liberté peuvent-ils coexister sur l'histoire humaine, et notamment sur ce passage décisif de l'état de nature à l'état civil? Rappelons l'enjeu : si Kant devait accepter une origine purement mécaniste de la sociabilité civile, c'est à toute son anthropologie qu'il devrait renoncer (c'est-à-dire au cœur de son système).

Il ne m'est pas ici possible de faire ici autre chose que de suggérer la manière dont chez Kant ces deux points de vue se pourraient concilier à partir notamment de la perspective adoptée par la *Critique de la faculté de juger*. Simplement peut-on faire trois remarques :

1. *Essais de Théodicée*, § 22 où Leibniz, en se référant explicitement au modèle de la résultante des forces et à son article (« Règles générales de la composition des mouvements »), distingue la « volonté antécédente » et la « volonté conséquente » : « D'où il faut conclure que Dieu veut tout le bien en soi antécédemment, qu'il veut le meilleur conséquemment comme une fin, qu'il veut l'indifférent et le mal physique quelquefois comme un moyen, mais qu'il ne veut pas permettre le mal moral à titre du *sine qua non* ou de nécessité hypothétique qui le lie avec le meilleur. C'est pourquoi la volonté conséquente, qui a le péché pour objet, n'est que permissive ».

2. Il est clair que la mobilisation de ce modèle physique distingue décisivement les deux dispositifs hobbesien et kantien.

3. Par L. Ferry dans les notes de sa traduction (OPh II) et de manière plus systématique dans *Philosophie politique II*, Paris, P.U.F., 1985. Sur l'état de cette discussion avec Philonenko, voir A. Renaut, *Kant aujourd'hui*, Aubier, 1997, p. 353 *sq*.

Concernant la méthode adoptée pour décrire l'histoire, il convient de noter que Kant refuse explicitement aussi bien la philosophie de l'histoire que la science de l'histoire pour adopter la simple *conjecture* : en ce sens la description reste hypothétique.

De plus, la théorie du « dessein de la nature » qui permet de dégager le mécanisme de l'insociable sociabilité n'est, aux yeux de Kant lui-même, qu'un « fil conducteur » (et non une vérité philosophique).

Enfin, il faut remarquer que, ainsi que le suggère déjà la 6e proposition de l'*Idée d'une histoire universelle*, ce fil conducteur n'exclut pas un autre point de vue sur l'histoire, le point de vue éthique dans son usage réfléchissant.

On pourrait objecter que c'est là une bien faible défense de la position humaniste (concernant la définition de l'humanité) : elle suffit pourtant dans la mesure où le point de vue de la liberté (de la réflexion) est sauvegardé, puisque comme l'indique cette *réflexion*, « l'état de guerre n'est qu'une hypothèse rationnelle, un "idéal" de Hobbes »[1].

La réalisation de la constitution républicaine est donc *possible du point de vue de l'histoire* (puisqu'elle peut s'effectuer « même sans supposer la bonne volonté des hommes », « pourvu qu'ils aient quelque intelligence »), elle est par ailleurs *souhaitable* (ce qui autorise à favoriser son installation du point de vue pratique). C'est ce dernier aspect que Kant va s'attacher à défendre dans *Théorie et Pratique* où la critique de Hobbes se fait désormais radicale.

LA CONSTITUTION RÉPUBLICAINE CONTRE LE LÉVIATHAN

Sans m'attacher à voir si cette critique porte ou non, je me bornerai à remarquer qu'elle comporte un versant négatif et un versant positif. Négativement, la critique porte sur deux points principaux. Elle consiste d'abord, comme on l'a dit, à montrer que la finalité de l'ordre politique ne doit pas être le bonheur (au sens où l'entend Hobbes), comme dans le despotisme, mais la liberté. Celle-ci, comme on l'a déjà suggéré, puisqu'elle est condition de la politique (c'est parce que l'homme est libre qu'il doit – *soll und müß* – s'associer), elle doit être aussi son objectif : « On ne peut dire, écrit Kant dans le § 47 de la *Doctrine du droit*, (...) que l'homme dans l'État ait sacrifié à une fin une partie de sa liberté extérieure innée, car au contraire, il a entièrement abandonné la liberté sauvage et sans loi pour retrouver dans une dépendance légale, c'est-à-dire dans un état de

1. *Erläuterungen zu A. G. Baumgarten initia philosophiae primae*, AK XIX, 99.

droit sa liberté intacte; en effet, cette dépendance procède de sa volonté législatrice propre ».

En revanche, la simple considération du bonheur ne saurait fournir quelque principe du politique, puisque son concept dépend uniquement de l'expérience[1]. S'il peut accéder à la généralité empirique, il reste toujours éloigné de l'universalité et de la nécessité qui sont le propre des principes rationnels. C'est ainsi que, selon Kant, Hobbes est contraint de considérer que le bon gouvernement consiste toujours à imposer son point de vue particulier (sa conception toujours singulière du bonheur) à autrui : « un tel gouvernement constitue donc le plus grand despotisme concevable »[2]. La référence hobbesienne ne saurait donc prétendre préserver d'une domination plus terrifiante encore : elle représente déjà le comble du despotisme, ne serait-ce que parce qu'elle substitue le gouvernement *paternaliste* au gouvernement *patriotique*[3]. Cette substitution représente aux yeux de Kant une double négation de l'*Aufklärung* : d'une part, parce qu'elle pérennise la situation de minorité des peuples; d'autre part, parce qu'elle conduit inévitablement à nier la liberté de penser[4].

La seconde critique adressée à Hobbes concerne les limites de l'autorité de l'État. Bien que, comme Hobbes, Kant refuse toute possibilité d'un droit de résistance à l'oppression (contre l'autorité légitime), il admet que les sujets possèdent à l'égard de l'autorité certains droits. Ceux-ci ne peuvent certes prétendre sans contradiction contraindre l'autorité, mais ils peuvent toujours espérer l'influencer par l'usage de la liberté d'écrire (publicité). La résistance, si résistance il doit y avoir, doit donc se faire dans le respect de l'espace public, sauf à risquer de retomber dans un état de guerre plus tragique encore, aux yeux de Kant, que l'état d'injustice[5].

1. *Critique de la faculté de juger*, § 83. *Cf.* A. Philonenko, *Théorie et praxis, op. cit.*, p. 40-41.

2. *Théorie et pratique*, AK VIII, 291 ; OPh III, 271.

3. *Ibid.* Cf. *Léviathan*, XX : « Les droits et les conséquences des dominations *paternelles* et *despotiques* sont exactement les mêmes que dans le cas d'un souverain d'institution. Et les raisons en sont les mêmes. » (p. 214).

4. *Léviathan*, XVIII, trad. cit., p. 184 : En effet, il appartient à la Souveraineté « d'être juge des opinions (…). Les actions des hommes procèdent de leurs opinions, et le bon gouvernement des hommes en vue de leur paix et de leur concorde repose sur le bon gouvernement de leurs opinions. Sans doute, en matière de doctrines, ne doit-on avoir égard qu'à la vérité ; néanmoins cela n'est pas incompatible avec le fait de prendre la paix pour règle de celles-ci : car une doctrine incompatible avec la paix ne peut pas davantage être vraie que la paix et la concorde ne peuvent être contraires à la loi de la nature. Il est vrai que dans une République, où, par l'effet de la négligence ou de l'incompétence des gouvernants et des docteurs, les fausses doctrines finissent par recevoir un assentiment général, les vérités opposées peuvent susciter une antipathie générale ».

5. A. Philonenko exprime parfaitement la différence entre Hobbes et Kant à cet égard (*Théorie et praxis, op. cit.*, p. 42) : alors que pour Hobbes (ou pour Rehberg) la reconnaissance

De manière positive, Kant doit montrer, contre les contre-révolutionnaires, que l'idée d'une synthèse entre l'ordre et la liberté sous l'espèce de la constitution républicaine n'est pas contradictoire. C'est ce qu'examine la section II de *Théorie et pratique* qui développe trois moments :

> L'état civil considéré uniquement comme état juridique est donc fondé sur les principes *a priori* suivants : 1) La *liberté* de chaque membre de la société en tant qu'*homme* [premier terme de l'antinomie]. 2) L'*égalité* de celui-ci avec tout autre en tant que *sujet* [second terme, qui, pris isolément, conduirait au despotisme]. 3) L'*indépendance* de tout membre d'une communauté en tant que *citoyen* [1].

La synthèse sera donc la citoyenneté (l'autonomie dans sa dimension politique), c'est-à-dire la soumission à des règles que l'on se donne à soi-même, soit, pour reprendre les termes du *Contrat social*, « une forme d'association qui défende et protège de toute la force commune la personne et les biens de chaque associé, et par laquelle chacun s'unissant à tous n'obéit pourtant qu'à lui-même et reste aussi libre qu'auparavant » [2]. Cette forme d'association est la République qui possède aux yeux de Kant, la vertu d'être la seule qui soit à la fois conforme au droit et susceptible de permettre la paix [3] :

> La seule constitution qui résulte de l'idée du pacte social, sur lequel doit se fonder toute bonne législation d'un peuple, est la constitution républicaine. Elle seule est établie, sur des principes compatibles, 1) avec la liberté qui convient à tous les membres d'une société ; 2) avec la soumission de tous à une législation commune, comme sujets ; et enfin 3) avec le droit d'égalité, qu'ils ont tous, comme membres de l'État [4].

Cette synthèse est encore précisée dans le § 65 de la *Critique du jugement* où la constitution républicaine est comparée à un arbre, ce qui interdit de la considérer comme une totalité vivante où le tout primerait sur la partie, au point de l'annihiler. En vertu de la théorie des ordres, telle qu'A. Philonenko l'a explicitée [5], la plante est pour Kant, contrairement à l'animal, un être organisé, une individualité relative, dans laquelle la partie

de la liberté de pensée porte en elle le risque d'une rechute dans l'état de guerre ; c'est au contraire pour Kant la négation de cette liberté qui engage un État « dans un processus de dégradation, qui le mène de l'état de paix à l'état de guerre ».

1. *Théorie et pratique*, AK VIII, 290 ; OPh III, 270. Nous commentons entre crochets.
2. *Contrat social*, I, IV.
3. Cf. *Conflit des facultés*, AK VII, 88 ; trad. A. Renaut, OPh III, 898.
4. *Projet de paix perpétuelle* (1er art. définitif), AK VIII, 349 *sq.* ; OPh III, 341. La République peut contribuer à la paix dans la mesure où ceux qui décident de la guerre sont aussi ceux qui auront à en pâtir au premier chef.
5. « Kant und die Ordnungen des Reellen » in *Etudes kantiennes*, Vrin, 1982.

continue d'avoir une existence autonome (comme le montre la possibilité de la greffe). En ce sens, dans la république, la volonté générale est une totalité qui n'anéantit pas les volontés particulières, mais leur permet au contraire de subsister[1].

Conçue ainsi sur le modèle de l'organisme la constitution républicaine (comme synthèse de l'ordre et de la liberté) ne semble pas *a priori* contradictoire, – au demeurant, elle était considérée dès la première *Critique* comme une Idée de la raison[2].

À l'évidence la lecture kantienne de Hobbes est largement injuste et, en tout cas, peu fidèle, parasitée qu'elle est par des considérations polémiques. Dans la mesure où Kant considère que c'est la défense de la philosophie des Lumières qui est en jeu, il est clair que ce n'est pas tant la vraie doctrine de Hobbes qui l'intéresse que de savoir si le Hobbes, « récupéré » par les contre-révolutionnaires, est vrai. On aurait tort de tout à fait négliger cette orientation si l'on veut que la pratique de la philosophie ne se réduise pas aujourd'hui à la conservation d'un musée de momies. Simplement faut-il en gommer les traits les plus excessifs : la querelle de la Révolution française conduit Kant à rejeter Hobbes hors des Lumières, de la même manière qu'il l'avait fait avec Spinoza lors de la querelle du panthéisme (et strictement pour les mêmes raisons). Ce rejet, dicté par des considérations polémiques est d'autant moins mérité, qu'à plus d'un égard Hobbes apparaît comme un précurseur des plus déterminants. Mais cette réintégration légitime de Hobbes dans le dispositif des Lumières ne doit pas masquer la présence dans la tradition éclairée d'une profonde scission entre, pour reprendre la terminologie de Kant, une *Aufklärung* dogmatique et une *Aufklärung* critique. Pour des raisons qui tiennent sans doute aux circonstances polémiques – d'abord la lutte contre l'orthodoxie traditionnelle, puis l'apparition d'une contestation au sein même des Lumières (les

1. Contrairement au modèle de la vie qui, en tant que totalité à la fois transcendante et immanente à ses parties, suggère un régime totalitaire.

2. *Cf.* CRP, A 316/ B 373, AK III, 247 ; trad. J. Barni revue, OPh I, 1028 : « Une constitution ayant pour but la *plus grande liberté humaine* d'après des lois qui permettraient à la *liberté de chacun de pouvoir subsister* de concert *avec celle des autres* (je ne parle pas du plus grand bonheur possible, car il en découlera de lui-même), c'est là au moins une idée nécessaire qui doit servir de fondement non seulement aux premiers plans que l'on esquisse d'une constitution politique, mais encore à toutes les lois, et dans laquelle on doit faire dès l'abord abstraction de tous les obstacles présents, lesquels résultent peut-être bien moins inévitablement de la nature humaine que du mépris des idées véritables en matière de législation. En effet, il ne peut rien y avoir de plus préjudiciable et de plus indigne d'un philosophe que d'en appeler, comme on fait vulgairement, à une expérience prétendument contraire, car cette expérience n'aurait jamais existé si l'on avait pris des dispositions en se conformant aux idées, en temps opportuns, et si à leur place des concepts grossiers, justement parce qu'ils sont puisés dans l'expérience, n'avaient pas fait échec à tout bon dessein ».

« Anti-Lumières »[1]) – le débat entre ces deux versions du rationalisme éclairé a été largement occulté. Aussi n'est-il pas anodin, aujourd'hui que la contestation externe des Lumières semble s'être considérablement affaiblie, que le débat reprenne pour confronter et évaluer ces deux *modèles* à plus d'un égard concurrents. Bref, Hobbes ou Kant ?

Pierre-Henri TAVOILLOT
Université de Paris IV

1. Pour reprendre l'expression d'I. Berlin.

L'AVENIR DE LA RÉPUBLIQUE SUR LA LECTURE CONTRACTUALISTE DE L'HISTOIRE CHEZ HOBBES ET KANT

Qui garantit l'avenir de la République? Est-ce le philosophe ou le souverain? Les philosophes se querellent depuis Platon jusqu'à nos jours sur la question du rapport entre savoir et pouvoir. Hobbes et Kant ont une haute estime de l'idéal de la République platonicienne, néanmoins ils doutent de l'unité paradoxale du pouvoir politique et de la réflexion philosophique. En se limitant à la théorie pure, ils placent leurs espoirs dans les souverains lecteurs. Comment Hobbes et Kant pensent l'avenir de la République à la lumière de l'idéal du contrat, voilà ce que j'essaierai de présenter à partir des trois questions suivantes.

LE DIFFÉREND DES CHRONOLOGIES : PEUT-ON RÉCONCILIER CONTRAT ET HISTOIRE ?

L'histoire, ainsi que la définit Hobbes dans la doctrine de la science du *Léviathan*, est le *registre de la connaissance des faits*. Qu'il s'agisse des faits ou des effets de la nature, Hobbes parle à chaque fois de l'histoire naturelle. Il la distingue de l'histoire civile, laquelle enregistre les faits, qui résultent des actions arbitraires des individus et constituent le domaine de la philosophie de l'État[1]. L'historiographie politique était la préoccupation

1. « The Register of *Knowledge of Fact* is called *History*. Whereof there be two sorts : one called *Natural History*; which is the History of such Facts, or Effects of Nature, as have no Dependance on Mans *Will*; (...) The other, is *Civill History*; which is the History of the Volontary Actions of men in Common-wealths » (Thomas Hobbes, *Leviathan*, R. Tuck (éd.), Cambridge, Cambridge University Press, 1991, p. 60); « Le registre où est consigné la connaissance du fait se nomme histoire. Il y en a deux sortes; l'une s'appelle *histoire naturelle*, c'est l'histoire des faits, ou effets, de la nature, indépendants de la volonté humaine; telle est l'histoire des *métaux*, des *plantes*, des *animaux*, des *régions*, et ainsi de suite. L'autre est l'*histoire civile*: c'est l'histoire des actions volontaires des hommes dans les Républiques. » (*Léviathan*, IX, trad. Tricaud, p. 79).

première de Hobbes au commencement de son histoire intellectuelle. Au moyen d'études historiques, il veut obtenir des connaissances décisives sur la nature du pouvoir politique. « De fait, la tâche principale et singulière de l'histoire », note-t-il dans la préface de sa traduction de Thucydide, « étant d'instruire les hommes et de les rendre capables, par la connaissance des choses passées, de se conduire de manière prudente dans le présent et prévoyante envers l'avenir (...) » [1].

Cependant l'élaboration des *elementa philosophica* rend très vite évident le fait que la science de l'État ne requiert aucune connaissance historique[2]. Et pour le *Léviathan,* il est clair que l'*histoire civile* (*Civill history*) ne figure plus dans le système des sciences rationnelles. La science civile de la génération du grand Léviathan a ses propres principes, elle ne requiert pas de tradition historique. La version scientifique de l'institution de l'État récuse les accusations d'empirisme politique. Avec une rigidité kantienne, Hobbes défend la philosophie du contrat contre les préjugés du *lieu commun* :

> Et de toute manière, un argument tiré de la pratique d'hommes qui n'ont pas entièrement passé au crible, et pesé selon des procédés rigoureux, les causes et la nature des Républiques, et qui endurent quotidiennement les misères issues d'une telle ignorance, est sans valeur. En effet, même si en tous les endroits du monde les hommes établissaient sur le sable les fondations de leurs maisons, on ne pourrait pas inférer de là qu'il doit en être ainsi. L'art d'établir et de maintenir les Républiques repose, comme l'arithmétique et la géométrie, sur des règles déterminées ; et non, comme le jeu de paume, sur la seule pratique[3].

Il ne se peut pas qu'une idée soit juste en théorie mais, qu'en pratique, elle ne vaille rien. Néanmoins la priorité donnée à la théorie n'empêche pas que le problème de l'historicité du gouvernement politique perdure[4]. Ce

1. Préface à la traduction de *La guerre du Péloponnèse* de Thucydide, *in* T. Hobbes, *Hérésie et histoire*, trad. fr. par F. Lessay, Paris, Vrin, 1993, p. 134 ; « The principal and proper work of history [is] to instruct and to inable men, by the knowledge of actions past, to bear themselves prudently in the present and providently towards the future » (*English Works,* t. VIII, p. VIII).

2. *The Elements of Law, Natural and Politic*, J.C.A. Gaskin (éd.), Oxford-New York, Oxford University Press, 1994, p. 40.

3. *Léviathan*, trad. fr. par F. Tricaud, p. 219-220 ; *Leviathan*, *op. cit.*, p. 145 : « But howsoever, an argument from the Practise (...) is invalid. For though in all places of the world, men should lay the foundation of their houses on the sand, it could not thence be inferred, that so it ought to be. The skill of making, and maintaining Common-wealths, consisteth in certain Rules, as doth Arithmetique and Geometry ; not (as Tennis-play) on Practise onely. ».

4. La séparation méthodique entre *Civill Science* et *Civill History* ne diminue nullement l'interêt de Hobbes pour l'histoire. L'élaboration du *Dialogue between a Philosopher and a Student of the Common Laws of England* (1666) et *Behemoth or the Long Parliament* (1679)

qui caractérise le contractualisme de Hobbes est sa tentative de démontrer la *generatio* philosophique de l'État en accord avec les revendications des États existants. L'opposition entre l'origine contractuelle et la genèse historique ne décrit pas de scandale qui déboucherait dans la résignation. Hobbes montre l'utilité de la théorie à l'égard d'une pratique historique qui ne satisfait jamais les exigences contractualistes. L'histoire des États ne suit pas le rythme du contractualisme. Elle ne connaît ni un État de nature sans contrainte, ni un commencement de la société civile dans un consensus volontaire et universel. C'est plutôt la violence, dans l'ordre génétique la force paternelle, qui met l'histoire réelle en marche et détermine son déroulement[1]. Pour Hobbes, l'origine précaire de l'État ne restreint nullement la légitimité de l'exigence du pouvoir politique. Révéler un tel commencement comme *some possible Way of Generation*[2], est au centre de l'argumentation juridico-politique du *Léviathan*.

Il est notoire qu'en comparant *Common-wealth by Institution and Common-wealth by acquisition* Hobbes insiste sur l'équivalence des deux genres de la formation du pouvoir politique[3]. Par conséquent, la fondation de l'État au moyen de la force naturelle est mise sur le même pied que la provenance contractuelle : les deux possèdent la même prétention légitime

en sont la preuve. Pour une approche différente de cette question, voir Leo Strauss, *The Political Philosophy of Hobbes, its Basis and its Genesis*, Oxford 1936, 96, 106 (trad. fr. par M. de Launay, Paris, Belin, 1989). Dans la perspective straussienne voir aussi Robert P. Kraynak, *History and Modernity in the Thought of Thomas Hobbes*, Ithaka-London 1990. Pour une vision critique de cette interprétation, voir Richard A. Talaska, « The Unity of Hobbes's Philosophy : Knowing as Making », in *Hobbes-Studies*, 5 (1992), p. 90-120.

1. « The beginning of all dominion amongst men was in families ; in which, the father (...) was absolute lord of his wife and children » (*A Dialogue between a Philosopher and a Student of the Common Laws of England*, p. 159); « (...) toute domination dans l'humanité a commencé dans les familles, où, à l'origine, le père de famille était par la loi de la nature seigneur absolu de sa femme et de ses enfants. » (*Dialogue sur la Common law*, trad. fr. par L. et P. Carrive, Paris, Vrin, 1990, p. 175).

2. *Leviathan*, *op. cit.*, p. 458.

3. « The attaining to this Soveraigne Power, is by two wayes. One, by Naturall Force ; (...) The other, is when men agree amongst themselves, to submit to some Man, or Assembly of men, voluntarily, on confidence to be protected by him against all others. This later, may be called a Politicall Common-wealth, or Common-wealth by Institution; and the former, a Common-wealth by Acquisition. » (*Leviathan*, *op. cit.*, p. 121); trad. Tricaud, p. 178 : « Il existe deux manières d'obtenir ce pouvoir souverain. La première est la force naturelle (...). L'autre manière apparaît quand les hommes s'entendent entre eux pour se soumettre à tel homme ou à telle assemblée, volontairement, parce qu'ils leur font confiance pour les protéger contre tous les autres. Dans ce deuxième cas, on peut parler de République politique, ou de République *d'institution*; dans le premier cas, c'est une République *d'acquisition*. ». La distinction, qui rappelle la célèbre distinction d'Aristote entre domination politique et domination despotique, représente bien plus qu'une « problématique ancienne, étrangère à l'artificialisme hobbien » (L. Jaume, *Hobbes et l'État représentatif moderne*, Paris, P.U.F., 1986, p. 76). Elle contient une réflexion profonde sur le mode d'application de la théorie du contrat.

à la souveraineté et à l'obéissance civile[1]. Bien que Hobbes attribue expressément au *common-wealth by acquisition* une origine violente, il ne considère pas la force elle-même comme source de légitimité. C'est le consentement acquis par la contrainte qui donne au conquérant la qualité de souverain et transforme la contrainte physique en obligation juridique. Il est évident qu'il y a une raison déterminée pour interpréter les relations de force comme des relations contractuelles. Le *fundamentum in re* réside dans le consentement tacite que l'individu exprime en profitant de la protection de l'État. Celui qui accepte la protection du souverain lui doit aussi obéissance[2]. Tel est, à court terme, l'essence de la *mutuall relation between Protection and Obedience*[3]. Elle combine la téléologie du droit naturel et la logique du contrat d'une telle manière que le souverain se trouve déchargé de toute obligation supplémentaire – hormis celle de sauvegarder la vie des sujets. De cette manière, *l'approbation des actions passées* se révèle non seulement superflue, mais elle peut aussi menacer la réalisation des fins de la domination. En fin de compte, Hobbes ne se fait aucune illusion sur les débuts de l'État civil. « En conséquence, je mets au rang des germes les plus sûrs de la mort de tout État la prétention des conquérants à obtenir non seulement la soumission des actions à venir des hommes, mais aussi l'approbation de toutes leurs propres actions passées, alors qu'il n'existe guère de Républiques dans le monde dont les débuts puissent en conscience être justifiés »[4].

1. « In summe, the Rights and Consequences of both Paternall and Despoticall Dominion, are the very same with those of a Soveraign by Institution. (...) And this kind of Dominion, or Soveraignty, differeth from Soveraignty by Institution, onely in this, That men who choose their Soveraign, do it for fear of one another, and not of him whom they Institute : But in this case, they subject themselves, to him they are afraid of. In both cases they do it for fear. » (*Leviathan*, *op. cit.*, p. 142, 138); *Léviathan*, XX, trad. Tricaud, p. 214 : « En somme, les droits et les conséquences des dominations *paternelle* et *despotique* sont exactement les mêmes que dans le cas d'un souverain d'institution (...). Cette espèce de domination ou de souveraineté diffère de la souveraineté d'institution, seulement en ceci, que les hommes qui choisissent leur souverain le font par crainte l'un de l'autre, et non par crainte de celui qu'ils instituent. Dans les deux cas, ils le font par crainte. ».

2. « As for example, a man that hath not been called to make such an express Promise, (because he is one whose power perhaps is not considerable;) yet if he live under their Protection openly, hee is understood to submit himselfe to the Government : But if he live there secretly, he is lyable to any thing that may bee done to a Spie, and Enemy of the State » (*Leviathan*, *op. cit.*, p. 485); *Leviathan*, trad. Tricaud, p. 716 : « Ainsi, par exemple, si un homme qui n'a pas été appelé à faire cette promesse expresse (peut-être parce qu'il est de ceux dont le pouvoir est négligeable) vit ouvertement sous la protection de l'adversaire, il est néanmoins réputé se soumettre au gouvernement. Mais s'il vit là secrètement, il s'expose à tout ce qui peut être fait à un espion et à un ennemi de l'État ».

3. *Leviathan*, *op. cit.*, p. 491.

4. *Léviathan*, trad. cit., p. 716-717; *Leviathan*, *op. cit.*, p. 486 : « Therefore I put down for one of the most effectuall seeds of the Death of any State, that the Conquerors require not

De même que Hobbes interdit au souverain de douter de la provenance de son droit, Kant empêche les citoyens de se mettre à la recherche de l'origine du pouvoir politique. Les deux interdictions soulignent l'indifférence contractualiste envers l'origine de la société civile. Kant ne se contente pas seulement de distinguer l'origine juridique de l'État de son origine historique; il insiste aussi sur le fait que chaque genèse réelle contredit les exigences de la raison pratique. Dans l'ordre réel, c'est la force qui avance le droit d'une façon nécessaire: « Or, aucun des individus ne pouvant effectuer cette réunion, puisqu'il n'a qu'une volonté particulière, il ne restera d'autre moyen de réaliser dans la pratique l'idée d'un État constitutionnel que la force, sur laquelle on fonde ensuite le droit public »[1].

Jamais un État n'a été fondé sur un tel contrat, et jamais il ne le sera. L'idée du contrat n'engage pas une convention factuelle comme position zéro de la légitimation de l'État. « Il est vain de partir à la recherche des témoignages historiques (*Geschichtsurkunde*) de ce mécanisme (...) entreprendre une telle recherche dans le dessein éventuel de transformer par la violence la constitution existant à un moment donné est répréhensible ». En écartant toute dimension archéologique et toute métaphore de l'origine historique, Kant rend au contrat le statut d'un simple critère juridique. Même si le souverain actuel contredit cette « pierre de touche », il n'en découle pas pour autant le moindre affranchissement de l'obéissance civile. Kant engage plutôt les citoyens à l'oubli vis-à-vis des promesses de liberté et d'égalité contenues dans l'idée du contrat. Ainsi la praxis politique du souverain se trouve-t-elle en quelque sorte immunisée contre les exigences de la philosophie politique: « L'origine du pouvoir suprême est pour le peuple qui y est soumis insondable au point de vue pratique ». En refusant toute sorte de légitimation rétrospective, Kant met le schème traditionnel du contrat à l'envers : ce n'est pas le passé, mais plutôt l'avenir, qui sert de base pour justifier le présent de la République[2].

L'IMPUISSANCE DE LA RAISON : LA PAIX PERPÉTUELLE EST-ELLE UNE CHIMÈRE ?

Hobbes se tourne avec lucidité vers la réalité présente des États. Il cherche à libérer les États existants du fardeau de leur commencement

onely a Submission of mens actions to them for the future, but also an Approbation of all their actions past; There is scarce a Common-wealth in the world, whose beginnings can in conscience
be justified. ».

1. *Projet de paix perpétuelle*, AK VIII, 371 ; OPh III, 366.

2. *Cf.* Kurt Borries, *Kant als Politiker. Zur Staats- und Gesellschaftslehre des Kritizismus*, Leipzig, 1928, p. 170.

historique et remet la décision sur le meilleur régime aux contingences des circonstances actuelles. Lorsque l'État est capable d'établir un ordre juridique stable au moyen de la souveraineté absolue, toutes les autres préférences normatives peuvent être négligées. « J'ai déjà prouvé adéquatement que tous les gouvernements auxquels les hommes sont tenus d'obéir sont purs et absolus (...). Quant à savoir celle de ces trois sortes [monarchie, aristocratie, démocratie] qui est la meilleure, cela ne doit pas être débattu là où l'une d'entre elles est déjà établie; *la forme présente doit toujours être préférée, soutenue, et réputée la meilleure* »[1].

Assurément pour Hobbes, le *summum bonum* est la paix sociale. Aussi résolu qu'il soit dans sa recherche d'une telle paix, Hobbes est contraint de restreindre la compétence de sa doctrine de la paix dans un contexte très précis. Même *si nous connaissions avec une même certitude la raison des actions humaines que celle des grandeurs dans les figures*[2]; et même si les passions des hommes étaient désarmées grâce aux notions justes du droit et du tort, la possibilité d'une paix durable promise par la nouvelle Science de l'État resterait précaire. Certes, Hobbes ne pense pas à la fragilité de la constitution interne des États, à la finitude du Léviathan. C'est la surpopulation qui menace les générations futures. La rareté de l'espace forcerait alors la masse croissante des hommes à se combattre. La contingence des conditions extérieures de l'humanité ferait échouer le projet d'une paix permanente. « Et l'humanité jouirait d'une paix immortelle telle qu'il n'y aurait plus (sinon pour l'espace, en raison de l'augmentation du nombre d'hommes) de raison de se battre »[3].

Hobbes s'exprime dans le *Léviathan* de façon plus claire et plus sceptique encore que dans le *De Cive*. La vision lugubre d'une guerre finale anéantit le projet de paix perpétuelle : « And when all the world is overchargd with Inhabitants, then the last remedy of all is Warre; which

1. *Leviathan*, XLII, 80, *op. cit.*, p. 379, je souligne : « I have already sufficiently proved that all Governments, which men are bound to obey, are Simple, and Absolute (...). And of the three sorts [Monarchy, Aristocracy, Democracy], which is the best, is not to be disputed, where any one of them is already established; *but the present ought alwaies to be preferred, maintained, and accounted best* ».

2. *Le Citoyen*, trad. S. Sorbière, éd. cit., p. 84. Cf. *De Cive. The latin Version*, Warrender (éd.), Oxford, Clarendon, 1983, p. 74 : « Cognita enim, pari certitudine, ratione actionum humanarum, qua cogniscitur ratio magnitudinum in figuris, ambitio & auaritia quarum potentia falsis vulgi circa ius & iniuriam opinionibus innititur, inermes essent (...) ».

3. Cf. *De Cive. The latin Version*, éd. Warrender, Oxford, Clarendon, 1983, p. 74 : « (...) fruereturque gens humana pace adeo constante, ut non videatur (nisi de loco, crescente scilicet hominum multitudine) unquam pugnandum esse. » *De Cive. Philosophicall rudiments concerning government and society. The English Version*, Ed. H. Warrender, Oxford, 1983, p. 25 *sq.* : « And Mankinde should enjoy such an Immortall Peace, that (unlesse it were for habitation, on supposition that the Earth should grow too narrow for her Inhabitants) there would hardly be left any pretence for war ».

provideth for every man, by Victory, or Death »[1] La vision d'horreur que Hobbes a de l'humanité, lorsqu'elle dépasse les limites naturelles de la croissance, aboutit à l'aveu tacite de l'impuissance de la raison. Après avoir apaisé les conflits individuels à travers la création du Léviathan, la philosophie politique se voit confrontée au dynamisme naturel de la société civile. Dans l'histoire naturelle de l'humanité, Hobbes ne découvre aucune finalité de la raison. Aucune ruse de la nature ne vient au secours d'une raison faible. La force des choses finit par ruiner la perspective d'une paix perpétuelle.

Le fait que la raison se révèle inapte à créer la paix hors de la domination d'un Léviathan particulier apparaît aussi dans un autre contexte. Même sans aller jusqu'à voir dans l'antagonisme naturel des hommes une apocalypse de guerre finale, le problème de l'ordre des souverains entre eux reste entier. Dans le *Léviathan,* les rares réflexions à ce sujet aboutissent à la thèse de l'identité du droit naturel et du droit des gens[2]. C'est-à-dire que la science civile ne peut pas mettre les rapports des États dans un ordre rationnel. La logique de l'état de nature entre les souverains reste en vigueur. Comme les individus de l'état naturel, les États sont forcés de recourir à la stratégie d'une prévention agressive. Ainsi, *Open force and secrets arts*[3] sont les seuls moyens mis en œuvre par les États pour subsister. *The perpetuall and restless desire of power after power*[4] reste la disposition naturelle des États. Hobbes est loin de l'idée d'organiser la vie

1. *Leviathan, op. cit.*, p. 239. *Cf.* sur ce point les analyses – quelquefois contestables – de Paolo Pasqualucci, « Hobbes and the Myth of Final War », *Journal of the History of Ideas*, 51 (1990), p. 647-657.

2. « Concerning the Offices of one Soveraign to another, which are comprehended in that Law, which is commonly called the Law of Nations, I need not say any thing in this place : because the Law of Nations and the Law of Nature, is the same thing. And every Soveraign hath the same Right, in procuring the safety of his People, that any particular man can have, in procuring his own safety » (*Leviathan, op. cit.*, p. 244); trad. Tricaud, p. 376-377 : « En ce qui concerne les devoirs que la fonction du souverain lui confère à l'égard des autres souverains, et qui sont contenus dans cette loi qu'on appelle habituellement *droit des gens*, je n'ai pas à en parler ici : en effet le droit des gens et la loi naturelle sont une seule et même chose. Et chaque souverain jouit des mêmes droits, quand il s'agit de veiller à la sûreté de son peuple, que ceux dont peut jouir chaque particulier quand il s'agit de veiller à la sûreté de son propre corps ».

3. « So now do Cities and Kingdomes (...) (for their own security) enlarge their Dominions, upon all pretences of danger, and fear of Invasion, or assistance that may be given fo Invaders, endeavour as much as they can, to subdue, or weaken theirs neighbours, by open force, and secret arts, for want of other Caution, justly » (*Leviathan, op. cit.*, XVII, p. 118); *Léviathan*, trad. Tricaud, p. 174 : « (...) de même aujourd'hui les cités et les royaumes, qui ne sont que des familles plus grandes, étendent, en vue de leur sécurité, leurs empires, prenant prétexte du moindre danger, de la crainte d'une agression, de la crainte d'une assistance qui pourrait être donnée aux agresseurs : s'efforçant autant qu'ils le peuvent de soumettre ou d'affaiblir leurs voisins, de vive force ou par machination secrètes (...) ».

4. *Leviathan, op. cit.*, p. 70.

des souverains selon le modèle du Léviathan. C'est ce qui explique aussi que l'idée de l'ordre juridique s'épuise avec le paradigme de l'État particulier. Hobbes n'a senti aucune nécessité de relativiser l'ordre de l'État du point de vue d'un ordre global du droit. Le droit des gens reconduit les antagonismes qui ont été dépassés par le Léviathan. Plus encore : il les comprend comme le destin inévitable des peuples.

LA FORCE DES CHOSES : LA RÉPUBLIQUE A-T-ELLE UN AVENIR ?

Kant contredit l'interprétation sceptique de la fin de l'histoire de Hobbes : il ne voit pas à l'horizon historique une guerre finale, comme Hobbes, mais une promesse de paix perpétuelle. Selon lui, il faut comprendre l'évolution de la société civile à la lumière de sa fin républicaine. Progrès du droit au moyen d'une réforme politique, voici la loi qui règne dans la médiation entre raison et histoire. Les prémisses de cette stratégie de légitimation sont à chercher dans la théorie du droit privé. Dans le droit public, Kant établit ce renvoi systématique au droit privé d'une manière explicite quand il identifie « la seule constitution politique stable, celle où la loi commande par elle-même et ne dépend d'aucune personne particulière » avec « le seul État, où puisse être attribué *péremptoirement* à chacun le sien »[1]. De cette manière, le dynamisme de la transformation de la propriété provisoire en propriété péremptoire est appliqué au processus de la médiation historique de l'idéal républicain. La fonction de légitimation de cet idéal est double : par rapport à l'« État absolument juridique de la société civile », chaque étape précédente ne vaut que comme État d'un « droit provisoire interne »[2]. Dans cette perspective, le présent apparaît simplement comme un état transitoire sur le chemin d'une réalisation globale du droit. En dépit de tout besoin de révision en vue de l'idéal républicain, l'État existant peut revendiquer la légitimité pour sa domination, marquant déjà par son existence en tant qu'ordre juridique positif, la sortie de l'État de nature et l'anticipation de la fin républicaine de l'histoire. L'État ne se justifie plus – selon le schème archéologique du contrat – par le passé, mais par le futur, par la légitimité de son acte anticipatif, il figure comme exemple de représentation de l'idée dans le monde des phénomènes[3]. L'exigence d'obéissance civile est de cette manière relevée de la

1. *Métaphysique des mœurs*, AK VI, 340 *sq.* ; trad. J. et O. Masson, OPh III, 613.

2. *Ibid.*

3. *Cf.* Reinhard Brandt, « Erlaubnisgesetz, oder : Vernunft und Geschichte in Kants Rechtslehre », *in* Reinhard Brandt (ed.), *Rechtsphilosophie der Aufklärung*, Berlin, 1982, p. 233-285, 268.

condition d'une réalisation authentique de l'idéal républicain et – rétrospectivement – de la conformité avec le critère du contrat. Il en résulte que même dans « les grands éloignements de l'idée (*grossen Abweichungen von der Idee*) »[1] se confirme la continuité de l'histoire des États avec l'idéal républicain. L'ordre réel a le droit de son côté. Même si « l'évolution d'une constitution conforme au droit naturel »[2] peut bien connaître des retards et des déviations, le sens positif de la société civile est garanti.

En philosophe du droit, Kant montre aux acteurs historiques deux chemins menant à la République : réforme venue d'en haut, des souverains, et lumières des philosophes, venues d'en bas, par leur raisonnement critique. C'est dans la coopération des deux acteurs que Kant voit la garantie d'un progrès permanent du droit public. Néanmoins Kant n'a pas voulu accorder sa confiance à l'avenir républicain en fondant la République uniquement sur la rationalité des protagonistes de la société civile. En tant que philosophe de l'histoire, il tend à révéler la congruence cachée de l'idéal républicain et de l'histoire naturelle de l'humanité. C'est le mécanisme de la nature qui contribue à son tour à réduire le décalage entre vision républicaine et praxis historique[3]. Ce que les individus et les États n'arrivent pas à accomplir à travers leur coopération sociale, la nature le produit à leur insu et au-delà de leurs fin particulières. L'antagonisme se met au service du processus républicain. L'histoire naturelle de la société civile, elle aussi, obéit à la logique de l'évolution continue du républicanisme. L'horizon républicain embrasse simultanément le processus naturel et politique.

Malgré toute la conscience de sa propre valeur[4], Hobbes doute de temps en temps de l'utilité de sa philosophie sur laquelle il avait tant insisté. « Je

1. *Projet de paix perpétuelle*, AK VIII, 371 ; trad. anonyme revue par H. Wismann, OPh III, 366.

2. « Die Evolution einer naturrechtlichen Verfassung » (*Streit der Fakultäten*, AK VII, 87).

3. « Pourquoi ce problème (d'une constitution républicaine, KH) serait-il insoluble ? Il n'exige pas qu'on obtienne l'effet désiré d'une réforme morale des hommes. Il demande uniquement comment on pourrait tirer parti du mécanisme de la nature, pour diriger tellement la contrariété des intérêts personnels, que tous les individus, qui composent un peuple, se contraignissent eux-mêmes les uns les autres à se ranger sous le pouvoir coercitif d'une législation, et amenassent ainsi un État pacifique de législation » (*Projet de paix perpétuelle*, AK VI, 366 ; OPh III, 360).

4. « So, long time after men have begun to constitute Common-wealths, imperfect, and apt to relapse into disorder, there may Principles of Reason be found out, by industrious meditation, to make their constitution (excepting by external violence) everlasting. And such are those which I have in this discourse set forth : Which whether they come not into the sight of those that have Power to make use of them, or be neglected by them, or not, concerneth my particular interest, at this day, very little » (*Leviathan*, *op. cit.*, XXX, p. 232, je souligne) ; *Léviathan*, trad. Tricaud, p. 359 : « de même, longtemps après que les hommes ont commencé à constituer des Républiques imparfaites et susceptibles de retomber dans le désordre, on

suis sur le point de croire mon présent travail aussi inutile que la *République* de *Platon* : car lui aussi est d'avis qu'il est impossible de mettre fin aux désordres de l'État et aux changements de gouvernement provoqués par les guerres civiles, aussi longtemps que les souverains ne seront pas philosophes »[1]. Toutefois, chez Hobbes, de tels doutes sur sa propre entreprise théorique ne durent jamais longtemps. À la différence de Platon, Hobbes prétend avoir systématiquement démontré la Science civile et établi d'une manière claire et distincte qu'il rendait ses propositions accessibles aux souverains. Ceux-ci n'ont pas besoin des études mathématiques pour changer la vérité spéculative en utilité pratique. Hobbes n'attend pas le règne des philosophes, ses espoirs se dirigent vers le souverain lisant. Chez un souverain qui lit le *Léviathan*, la République reste en bonnes mains : « Je me remets à espérer quelque peu qu'à un moment ou à un autre mon présent travail pourrait tomber entre les mains d'un souverain qui en prendra connaissance par lui-même (car il est court, et, me semble-t-il, clair), sans l'aide d'un interprète intéressé ou envieux, et qui, par l'exercice de sa pleine souveraineté, en donnant sa protection à l'enseignement officiel de mon ouvrage, convertira cette vérité spéculative en utilité pratique »[2].

Pour Kant, l'utilité de la réflexion philosophique est encore plus évidente : le projet des lumières est lui-même promoteur du progrès. Sa philosophie républicaine ouvre une perspective confiante sur l'avenir de la République. Après avoir effacé toute dimension historique du concept de contrat, il le place dans un rapport détendu avec la réalité historique. L'idéal de la République platonicienne est remis à l'honneur. La recherche scientifique des conditions de la paix remplit une tâche à la fois noble et utile : « On peut dire que cette institution universelle et perpétuelle de la paix n'est pas une simple partie, mais constitue la fin ultime tout entière de la doctrine du droit dans les limites de la simple raison ; car l'état de paix n'est pas que

peut, par une réflexion industrieuse, découvrir des principes rationnels propres à faire que leur constitution (mis à part le cas d'une violence d'origine externe) dure à jamais. Tels sont précisément les principes que j'ai exposés dans mon présent travail : qu'ils ne tombent pas sous les yeux de ceux qui ont le pouvoir d'en faire usage, ou que ceux-ci ne leur accordent pas d'attention, ou bien qu'il en aille autrement, ce sont là des questions qui touchent fort peu, à ce jour, mon intérêt personnel ».

1. *Léviathan*, trad. cit., p. 392 ; *Leviathan*, *op. cit.*, p. 254 : « I am at the point of believing this my labour, as uselesse, as the Common-wealth of Plato ; For he also is of opinion that it is impossible for the disorders of State, and change of Governments by Civill Warre, ever to be taken away, till Soveraigns be Philosophers. ».

2. *Ibid.* : « I recover some hope, that one time or other, this writing of mine, may fall into the hands of a Soveraign, who will consider it himselfe, (for it is short, and I think clear,) without the help of any interessed, or envious Interpreter; and by the exercise of entire Soveraignty, in protecting the Publique teaching of it, convert this Truth of Speculation, into the Utility of Practice ».

l'état du mien et tien garanti par des *lois*, au milieu d'une masse d'hommes voisins les uns des autres, donc réunis au sein d'une constitution. Toutefois la règle de cette constitution ne saurait être empruntée de l'expérience de ceux qui s'en sont jusque-là bien trouvé, à titre de norme pour d'autres hommes, mais elle doit être dérivée *a priori* par la raison de l'idéal d'un lien juridique entre les hommes soumis à des lois publiques en général ; car tous les exemples (lesquels ne peuvent qu'expliciter mais rien prouver) sont trompeurs, et ainsi appellent à vrai dire une métaphysique dont ceux-là mêmes qui s'en moquent reconnaissent cependant inconsidérément la nécessité lorsqu'ils disent par exemple, ce qu'ils font fréquemment : “La meilleure constitution est celle où ce ne sont pas les hommes mais les lois qui ont le pouvoir” »[1].

Karlfriedrich HERB
Université de Regensburg

1. *Métaphysique des mœurs*, AK VI, 355 ; OPh III, 629 *sq.*

LA CRITIQUE DE L'ONTOLOGIE TRADITIONNELLE PAR HOBBES ET KANT

Die Idee eines Buchs kann gut seyn, wenn das Buch gleich voll Fehler ist. Hobbes.
Kant[1].

DEUX PHILOSOPHES EN TEMPS DE CRISE

Rarement des agendas se correspondent à ce point : Hobbes et Kant écrivent leurs œuvres principales en philosophie politique, le *Léviathan* et les *Fondements de la métaphysique du droit*, après une révolution réussie, – et tous deux plaident d'une même voix aussi bien contre la révolution que pour l'obéissance vis-à-vis de l'autorité qui vient précisément d'accomplir cette révolution.

En philosophie théorique, les deux auteurs se tiennent dans une époque de crise, dans laquelle le défi sceptique au dogmatisme exige pareillement une *via media*, car aucune de ces deux positions philosophiques ne peut être simplement ignorée. Chez Hobbes, c'est (au moins pendant son exil[2]) l'aristotélisme ébranlé par la redécouverte du scepticisme, pour Kant la philosophie de l'école, réveillée par Hume de son sommeil dogmatique.

En dépit de toutes les différences de détail, Kant est largement d'accord avec Hobbes en philosophie politique, comme nous le savons depuis longtemps. Et c'est ce que Kant savait déjà lui-même, car il avait notoirement fureté dans le *De Cive,* au point qu'on peut effectivement parler de « Kant lecteur de Hobbes ». Pourtant, il n'en était pas entièrement

1. AK XVI, 82.

2. Sur cette restriction, voir Bernd Ludwig, *Die Wiederentdeckung des Epikureischen Naturrechts. Zu Thomas Hobbes' philosophischer Entwicklung von De Cive zum Leviathan im Pariser Exil 1640-1651*, Francfort, 1998, p. 62 *sq.* et Tom Sorell, « Hobbes without Doubt », *History of Philosophy Quarterly*, vol. 10, 2, 1993, p. 121-135.

conscient, car il paraît ne connaître le *Léviathan* de Hobbes que de nom[1]. Dans cette œuvre plus tardive, Hobbes a au moins anticipé les deux enseignements que Kant voulait lui transmettre dans *Théorie et pratique* et dans l'écrit sur la *Religion* : à savoir que le peuple n'a pas chez lui de droits sur le souverain[2], et que l'état de nature n'est pas une guerre (*bellum*) hobbesienne, mais simplement un état d'absence de droit (*statu belli*)[3].

En métaphysique, en revanche, on ne peut pas établir de traces d'une influence directe de Hobbes sur Kant. Hobbes n'est pas mentionné, pas plus que les débats du dix-septième siècle auxquels il prit une part importante. Kant est entièrement pris dans les disputes d'école intercontinentales du dix-huitième siècle entre, d'un côté, Leibniz et Wolff, et de l'autre Locke et Hume. Ou encore, comme il caractérise lui-même brièvement la situation dans les *Prolégomènes* : « La critique de la raison indique (...) la véritable voie moyenne entre le dogmatisme que Hume combattait et le scepticisme qu'il voulait au contraire introduire »[4]. Bien que nous n'ayons aucune trace, à ma connaissance, d'une lecture par Kant du *De Corpore* de Hobbes, certains développements parallèles de l'argumentation sont pourtant remarquables. Ils concernent essentiellement la visée commune des deux auteurs : le dépassement d'une métaphysique dogmatique excédant le domaine de l'expérience possible, sans mettre en péril toutefois l'exigence d'objectivité des mathématiques, des sciences naturelles et de l'éthique ou de la politique.

Je voudrais dans ce qui suit évoquer certains de ces parallèles, concernant aussi bien leur visée commune que les moyens similaires dont se servent les deux auteurs, avant d'aborder en conclusion la différence fondamentale des deux systèmes philosophiques.

HOBBES ET LA REFORMULATION DE LA PHILOSOPHIE PREMIÈRE

Le concept d'ontologie est étranger à Hobbes, mais cette différenciation de la métaphysique, qui s'accomplit avec son aide vers la fin du dix-septième siècle, lui aurait sans aucun doute plu : chez Christian Wolff par exemple, l'ontologie devient la première partie de la métaphysique, qui traite de « l'étant en général, à savoir en tant qu'il est étant »[5]. L'ontologie comprend par là cette discipline que Hobbes – comme Wolff – traitait sous

1. Voir ainsi en AK XIX, 99.
2. AK VIII, 303 ; cf. *De Cive* VII, 14 et *Leviathan*, XIV, 8.
3. AK VI, 97 ; cf. *Leviathan*, XIII, 8.
4. AK IV, 360 ; trad. J. Rivelaygue, OPh II, 143.
5. « Scientia entis in genere seu quatenus ens est » (Christian Wolff, *Philosophia prima sive Ontologia &c*, Francfort, 1736, § 1).

le nom de *philosophia prima* au début de ses *Éléments de philosophie*. Elle fut conçue de façon exemplaire par Aristote, Hobbes le rappelle dans le *Léviathan*, comme la doctrine des concepts premiers et les plus universels. Mais elle fut corrompue dans son accomplissement par des éléments théologiques parce qu'elle se consacrait aux « causes ultimes » de l'étant; finalement, elle fut définitivement ruinée par la Scolastique avec sa transformation en une ontothéologie. Les livres d'Aristote qui ont été écrits après ceux de la *Physique*, enseignés après eux, ou seulement classés par Andronicus « à côté d'eux » sur les rayonnages, deviennent une *Métaphysique* au sens d'une sorte de « Transphysique », une doctrine des choses supranaturelles. C'est du moins ainsi que le percevait Hobbes [1].

Le premier geste, et le plus important, pour faire à nouveau de la métaphysique cette indispensable *philosophia prima* qu'Aristote avait en tête à l'origine d'après Hobbes, est de la libérer de la théologie : la théologie n'est pas, en effet, une partie de la *metaphysica generalis*, mais, comme ce sera aussi le cas plus tard chez Wolff, une doctrine liée à un objet, la troisième *metaphysica specialis* à côté de la cosmologie et de la psychologie. À vrai dire, Hobbes est ici bien plus radical. La théologie n'est plus du tout pour lui une partie de la métaphysique, car son objet spécifique « is no fit subject of our philosophy » [2]. Cela, il ne le décrète pas : c'est le résultat de sa *philosophia prima*, que l'on peut à bon droit appeler « ontologie ». Dans la *Critique du « De Mundo » de Thomas White* ou *De motu* (de 1643), il écrit de cette partie de doctrine qu'elle est la « science dans laquelle sont démontrés les théorèmes portant sur les attributs de l'étant en général » [3].

Hobbes caractérise sa *philosophia prima sive ontologia* de la façon la plus nette dans le *Léviathan* :

> Il existe une certaine *philosophia prima*, dont toute autre philosophie devrait dépendre, et qui consiste principalement dans la délimitation correcte des appellations ou dénominations qui sont de toutes les plus universelles : ces délimitations servent à éviter l'ambiguïté et l'équivoque dans le raisonnement; on les appelle communément définitions [4].

1. *Critique du « De Mundo » de Thomas White*, désormais cité *De Motu*, IX, 16. *Cf.* Cees Leijenhorst, *Hobbes and the Aristotelians. The Aristotelian setting of Thomas Hobbes's Natural Philosophy*, Utrecht, The Zeno Institute of Philosophy, 1998, p. 19 *sq.*; Bernd Ludwig, *Die Wiederentdeckung des Epikureischen Naturrechts*, *op. cit.*, p. 136, *sq.*

2. *The Questions Concerning Liberty, Necessity and Chance,* EW V, 435; « n'est pas un sujet qui convienne à notre philosophie » (trad. fr. par L. Foisneau et F. Perronin, Paris, Vrin, 1999, p. 403).

3. « Scientia in qua demonstrantur theorema de attributis entis in genere » (*De Motu*, I, 1).

4. *Léviathan*, XLVI, 14, trad. fr. par Tricaud, p. 683. « There is a certain *philosophia prima*, on which all other philosophy ought to depend; and consisteth principally, in right limiting of the significations of such appellations, or names, as are of all others the most

À mon avis, cette explication de la *philosophia prima* est nouvelle, au moins chez Hobbes, chez qui nous ne la trouvons pas auparavant dans une forme si rigoureuse : la *philosophia prima* n'est pas selon ce texte de 1651 composée de « théorèmes », comme c'est le cas traditionnellement (ce qui était encore le cas dans le *De Motu* de 1643), elle est plutôt une doctrine de la détermination exacte des noms universels et par là elle est, comme c'était déjà le cas chez Aristote, une doctrine des « Définitions » exactes : *perita sive prudentia recte definendi, quae acquiritur experientia circa verborum usu*[1].

Mais à la différence de la *Métaphysique* d'Aristote et des « Ontologies » plus tardives[2], nous ne trouverons ni le principe de contradiction, ni celui du tiers-exclus, ni celui de raison suffisante dans la *philosophia prima* de Hobbes, la seconde partie du *De Corpore*. Le principe de contradiction, par exemple, est pour Hobbes ici, le principe fondamental de la théorie des noms, pas de celle des choses; il se trouve par conséquent déjà dans la première partie du *De Corpore*, c'est-à-dire dans la *Logique* (II, 8). C'est un axiome logique, non un théorème métaphysique. C'est le fondement de tout raisonnement conclusif, et du même coup de la philosophie. Il n'est pas démontrable, mais doit simplement être énoncé distinctement pour qu'on le reconnaisse bien.

Revenons à l'ontologie de Hobbes. La seconde partie de sa caractérisation dans le *Léviathan* est tout aussi éclairante : les définitions annoncées sont celles « du corps, du temps, du lieu, de la matière, de la forme, de l'essence, du sujet, de la substance, de l'accident, de la puissance, de l'acte, du fini, de l'infini, de la quantité, de la qualité, du mouvement, de l'action, de la passion, et de divers autres termes qui sont nécessaires quand on veut expliquer comment l'on conçoit la nature et la génération des corps »[3].

Abstraction faite du début, avec le « corps », la liste reproduit à peu près la suite des concepts de la *philosophia prima* du *De Corpore* de Hobbes. Alors que dans le *De Motu*, l'espace et le temps disparaissent encore dans le dernier tiers d'une liste commençant avec *ens* et *essentia*[4], ils se trouvent ici dès le début de l'énumération. Et celle-ci ne porte plus sur les *attributis entis in genere*, c'est-à-dire sur les propriétés des choses, mais donne au

universal : which limitations serve to avoid ambiguity, and equivocation in reasoning; and are commonly called definitions ».

1. *Examinatio et emendatio mathematicae hodiernae*, OL, iv, 26.

2. *Cf.* par exemple Wolff, *Ontologia* § 27 *sq.*

3. *Léviathan*, XLVI, 14; trad. Tricaud, p. 683. « (...) body, time, place, matter, form, essence, subject, substance, accident, power, act, finite, infinite, quantity, quality, motion, action, passion, and divers others, necessary to the explaining of a man's conceptions concerning the nature and generation of bodies ».

4. *De Motu*, I, 1.

contraire les définitions nécessaires à l'explication des *représentations* humaines (« conceptions ») au sujet de la nature et de la genèse des corps. Dorénavant, la *philosophia prima* de Hobbes n'est plus une ontologie traditionnelle, une doctrine de l'étant en tant qu'étant, mais plutôt une doctrine des représentations humaines, pour autant que ces représentations le sont de quelque chose d'étant, à savoir des corps.

Considérons l'entrée en matière bien connue de Hobbes dans le domaine de la *philosophia prima* de ce point de vue : la *sublatio universi*. Tout d'abord : toute pensée commence avec nos représentations, car elle n'est rien d'autre que la liaison de leurs noms. Hobbes attire l'attention sur deux façons de considérer nos représentations[1] :

> Les phantasmes peuvent être considérés à un double titre, c'est-à-dire pris en compte, à savoir comme accidents de l'intérieur de l'esprit (c'est de cette façon qu'ils le sont quand on traite des facultés de l'esprit) ou comme les formes des choses extérieures, c'est-à-dire comme n'ayant pas de consistance, mais semblant avoir de la consistance, par exemple hors de nous, et c'est de cette façon désormais que nous devons les considérer[2].

On reconnaît sans difficulté que la « considération de nos facultés de l'esprit » se rapporte au commencement de la physique[3], à la doctrine des perceptions sensibles et des passions, que je laisserai ici de côté : les représentations humaines y sont considérées comme les *effets* des choses extérieures.

Dans la *philosophia prima* en revanche, les représentations ne sont plus considérées *comme* de tels *effets*, mais au contraire exclusivement comme les *formes* (ou phénomènes) des choses extérieures. Afin d'exclure *méthodologiquement* une telle considération « physicaliste », Hobbes fait intervenir la fiction de l'*annihilatio rerum* également désignée comme *sublatio universi* : « Nous prendrons notre point de départ dans la science de la nature de préférence dans la privation, à savoir dans une suppression en pensée de l'univers »[4].

Hobbes introduit expressément l'*annihilatio rerum* comme une abstraction qui laisse subsister tel quel, avec ses connexions et ses ordres, le monde de représentation du philosophe, qui est lui-même bien sûr excepté

1. *Cf.* sur ce qui suit, Bernd Ludwig, *Die Wiederentdeckung des Epikureischen Naturrechts*, p. 166 *sq.*

2. *De Corpore,* VII, 1 : « Possunt autem considerari, id est in rationes venire duplici nomine, niminum ut accidentia animi interna, quemadmodum considerantur quando agitur de facultatibus animi, vel ut species rerum externum, id est, tanquam non existentes, sed existere sive extra stare apparentes, quo modo nunc consideranda sunt ».

3. *De Corpore*, XXV.

4. *De Corpore,* VII, 1 : « Doctrina naturalis exordium, optime (ut *supra* extensum est) a privatione, id est, a ficta universi sublatione, capiemus ».

de l'annihilation. Ni les choses, ni les représentations qui leur correspondent, ne sont détruites, mais il s'agit uniquement de dissocier les choses des représentations qu'elles suscitent[1]. Le sujet « voit » expressément la *même chose*, que ce soit « en philosophe », quand il enquête sur les représentations pour autant qu'elles renvoient aux *formes des choses*, ou bien quand il s'abandonne à l'illusion quotidienne qui lui fait croire qu'il voit en quelque sorte *les choses mêmes* :

> Bien que tout cela ne soit que des représentations et des phantasmes survenant dans l'intérieur de celui qui se représente ces images, elles lui paraissent pourtant se trouver hors de lui et survenir entièrement indépendamment de sa faculté mentale[2].

L'*identification* des formes avec les choses, comme Hobbes l'avait établi auparavant dans le chapitre 5 sur les erreurs, est le fondement de l'expérience et du même coup le présupposé de l'orientation pré-philosophique dans le monde, de la *Prudentia*. La conscience de leur distinction est en revanche le premier pas en direction de la science, de la *Sapientia*. La *sublatio universi* en pensée fonde donc méthodologiquement le phénoménisme de Hobbes : « Il confèrerait [sc. le "philosophe sans univers"] des noms aux seules représentations et phantasmes, les abstrairait et les réunirait »[3].

L'*annihilatio rerum* est ainsi la fiction qui permet à l'homme de concevoir qu'il n'a jamais affaire qu'à ses propres représentations et à leurs relations mutuelles quand il réfléchit sur le monde : « nous ne comptons ainsi rien d'autre, en fait de choses fermes, que nos propres phantasmes »[4].

En bref : que le monde existe ou non ne change rien aux représentations particulières de chacun, mais est décisif dans tous les cas pour savoir si nous les *avons* actuellement ou non. Au contraire, comme l'enquête physique le montrera plus tard, nos représentations ne nous disent rien de l'essence de ces choses qui les suscitent : les causes de nos représentations sont les seuls *mouvements* de la matière, et non certaines de ses *propriétés* dont nos représentations seraient des *empreintes*.

L'ontologie révisée de Hobbes est ainsi une ontologie du *monde phénoménal*, non la doctrine de l'être en tant qu'étant, mais des phéno-

1. Ainsi, l'*annihilatio* n'est donc ni une *destructio*, ni une *dissolutio*, et n'a rien non plus à voir avec une *analysis* (*cf. De Corpore*, VI, 12).

2. *De Corpore*, VII, 1 : « Quae omnia etsi ideae tantum et phantasmata sint, ipsi imaginanti intern accidentia, nihilominus tanquam externa, et a virtute animi minime dependantia, apparitura esse. »

3. *De Corpore*, VII, 1 : « His itaque nomina imponeret, haec subtraheret et composseret ».

4. *De Corpore*, VII, 1 : « imo vero si ad ea, quare ratiocinando facimus animum, diligenter adverterimus, ne stantibus quidem rebus aliud computamus, quam phantasma nostra ».

mènes comme phénomènes de quelque chose qui est en lui-même indéterminable. Mais c'est précisément cela qui rend possible l'établissement de la philosophie comme *science*, comme doctrine des propositions universelles et nécessaires. Car la nécessité regarde la liaison des noms et non la succession des événements : la science est « la connaissance de la consécution qui lie une affirmation à une autre » [1], et c'est uniquement par la transformation de notre « discours mental » en « discours verbal » qu'il y a de la vérité et de la fausseté : « Car *vrai* et *faux* sont des attributs de la parole, et non des choses » [2].

Tout ce qui nous apparaît, ce sont des corps en mouvement. Si nous faisons abstraction de toutes les particularités, il reste les représentations de l'espace et du temps. Je ne peux et ne voudrais ici m'engager plus avant dans cette question, car l'intelligibilité de beaucoup d'aspects dépend de la prise en compte de l'arrière-plan des débats contemporains. Je me contenterai de caractériser abstraitement le procédé de Hobbes [3] : il donne des définitions pour les noms simples qui doivent désigner les représentations qui sont contenues dans toutes les autres représentations en tant que représentations partielles. Ce sont les représentations fondamentales et avec cela les noms fondamentaux, sans lesquels il est impossible de nous entendre sur ce qui est représenté par nous dans l'espace et dans le temps : les universaux. La *philosophia prima* apporte la structure fondamentale pour la reconstruction linguistique du monde de nos représentations, et elle l'apporte en présupposant une structuration linguistique du monde phénoménal, déjà partagée par les personnes à qui s'adresse cette *philosophia prima*, parce que confirmée par la pratique.

Les premières définitions servent à rappeler les représentations les plus universelles déjà présentes à l'esprit des personnes à qui Hobbes s'adresse ; ces représentations sont celles que l'on rencontre quand on analyse expérimentalement « tantôt ceci, tantôt cela » [4]. Comme les concepts élémentaires tels que l'espace, le temps et le mouvement sont introduits de cette façon sans démonstration supplémentaire (c'est-à-dire uniquement par une paraphrase), on peut avec eux définir génétiquement les universaux suivant : l'ensemble de la géométrie opère avec des objets dont les propriétés nous sont connues, *parce que* nous pouvons donner d'eux des définitions génétiques. La définition du cercle donnée par Hobbes au moyen d'un corps en mouvement circulaire est universellement connue. Comme on peut le lire

1. *Léviathan,* IX, trad. Tricaud, p. 79.
2. *Léviathan,* IV, 11, trad. Tricaud, p. 31.
3. Voir à ce sujet Bernd Ludwig, *Die Wiederentdeckung des Epikureischen Naturrechts*, p. 170 *sq.*
4. *De Corpore* VI, 4.

plus tard dans le *De Homine* et les *Six Lessons*, les sciences démonstratives se distinguent en ce que « nous » faisons nous-mêmes leurs principes – ou même leurs objets.

Si l'on se souvient maintenant de la distinction évoquée auparavant des deux façons de considérer nos représentations, on voit la chose suivante : Hobbes développe dans les premières parties du *De Corpore*, c'est-à-dire dans la *philosophia prima*, à côté de la géométrie et de la théorie du mouvement, un système catégorial abstrait du monde phénoménal, qui rend possible la conception de notre monde de représentation comme ensemble de causes et d'effets : une géométrie et une physique quasiment *a priori* comme système des énoncés nécessaires qui est le fondement de l'explication des phénomènes naturels, c'est-à-dire d'une science de la nature *a posteriori*.

La *philosophia prima* de Hobbes, comme j'espère l'avoir montré, ne représente rien d'autre que le substitut d'une *ontologie* à l'intérieur d'une métaphysique sensualiste (et donc phénoméniste). Elle est la doctrine des noms des représentations contenues comme représentations partielles dans *chaque* représentation des choses. Autrement dit chez Hobbes : la doctrine des représentations comme représentations des corps. Et si on ajoute que, dans le système mécaniste de Hobbes, *tout* ce qui est est corporel, la *philosophia prima* traite alors des noms (ou encore des concepts) des représentations élémentaires de « quelque chose ».

KANT ET LA RÉVISION CRITIQUE DE L'ONTOLOGIE

Même si l'on ne veut pas faire pour autant de Hobbes un précurseur du projet kantien de philosophie transcendantale, on voit ici une affinité fondamentale des deux points de départ. Ce que vise Hobbes par sa reformulation de la *philosophia prima* (« aristotélicienne ») n'est au fond rien d'autre qu'une révision critique de l'ontologie (wolffienne) avant la lettre. Les principes de l'entendement, écrit Kant, « sont simplement des principes de l'exposition des phénomènes, et le nom orgueilleux d'une ontologie, qui prétend donner des choses en général des connaissances synthétiques *a priori*, dans une doctrine systématique (par exemple le principe de causalité), doit faire place au nom modeste d'une simple analytique de l'entendement pur »[1] ; et la philosophie transcendantale « ne considère que l'*entendement* et la raison même dans un système de tous les concepts et de tous les principes qui se rapportent à des objets en général, sans admettre des objets *qui seraient donnés (ontologia)* »[2].

1. *Critique de la raison pure*, B 303 ; trad. J. Barni revue, OPh I, 977.
2. *Critique de la raison pure*, B 873 ; OPh I, 1394.

Nous trouvons cette idée kantienne d'une « ontologie sans rapport à des objets qui seraient donnés » chez Hobbes sous la forme d'une réflexion méthodique placée au commencement de la *philosophia prima*, à travers notamment son emploi spécifique de l'idée d'un anéantissement du monde. Chez Kant, nous rencontrons l'idée qui en est la base essentiellement sous la forme d'une réflexion hypothétique, comme par exemple dans les *Prolégomènes* : l'espace et le temps « (…) ne sont que des intuitions ; car si l'on ôte des intuitions empiriques des corps et de leur transformations (le mouvement) tout ce qui est empirique, c'est-à-dire tout ce qui appartient à la sensation, il reste encore l'espace et le temps, qui (…) ne [peuvent] par suite jamais elles-mêmes être ôtées (…) et conformément auxquelles des objets peuvent être connus *a priori*, mais uniquement bien sûr comme ils nous apparaissent »[1].

Comme pour Hobbes, il s'agit pour Kant de gagner un terrain sur lequel aussi bien une géométrie (et une mathématique) *a priori* qu'une « science pure de la nature » dans laquelle nous puissions appliquer le principe causal soient possibles. Les deux auteurs y parviennent par une subjectivation radicale des objets relativement auxquels un tel savoir *a priori* est exigé. La *philosophia prima* de Hobbes commence avec l'espace et le temps et situe en eux tous les objets possibles de la connaissance humaine : c'est l'idée centrale de son sensualisme. L'ontologie révisée par la critique de Kant commence par la subjectivation de l'espace et du temps, et restreint l'usage des catégories aux objets qui « sont susceptibles d'une intuition dans l'espace et le temps ».

Concrètement, les traitements de la représentation de l'espace chez Hobbes et Kant ont peu de rapport : la distinction de l'intuition et du concept est aussi étrangère à Hobbes que celle entre représentations empiriques et *a priori*, ou celle entre jugements analytiques et synthétiques. De ce fait, il est clair que les deux auteurs ont suivi des voies de recherche différentes. Pourtant, il est significatif que, chez les deux auteurs, le traitement de l'espace et du temps ait lieu *nécessairement* au commencement en raison de leur position clé. Dans le *De Motu* par exemple, Hobbes fait la liste des concepts fondamentaux, comme on l'a vu auparavant, de façon « aristotélicienne », en commençant par *ens*, *essentia*, *materia*, *forma*. Mais on constate dès les premières esquisses du *De Corpore* que l'espace et le temps investissent une position initiale prédominante dans l'exposition systématique de la philosophie hobbesienne : les concepts d'espace et de temps viennent d'une façon semblable *avant* l'explication des catégories traditionnelles, de même que l'esthétique transcendantale vient *avant* la logique transcendantale chez Kant. Il est possible que le titre du premier

1. AK IV, 283 ; OPh II, 51.

chapitre *De loco et tempore* – à la place du titre correct *De spatio et tempore* [1] – soit la dernière réminiscence de modèles antérieurs : le *locus* ne se trouve en 1651 que dans le chapitre suivant.

Si l'on prête attention aux buts que poursuivent les deux auteurs avec la subjectivation paradoxale des objets du savoir objectif, les parallèles apparaissent plus clairement. Dans les *Prolégomènes*, à tout le moins, Kant donne de son entreprise une caractérisation vraiment hobbesienne : la philosophie transcendantale place l'ensemble de la science de la nature sur un fondement comparable à celui des mathématiques, et elle garantit la nécessité universellement reconnue aux jugements mathématiques du point de vue de la théorie de la connaissance. Que Hobbes ait cru pouvoir apporter dans le cadre de sa *philosophia prima* une déduction des axiomes d'Euclide est connu [2], tout comme le fait que la philosophie transcendantale de Kant était censée fonder au moins les principes mathématiques élémentaires [3].

La conception selon laquelle nous aurions affaire lors de la succession de nos représentations qui rend possible l'expérience à une suite purement subjective d'images et non aux choses elles-mêmes conduisit Hobbes à l'idée que les relations entre les représentations, conçues comme nécessaires, ne pouvaient pas être une simple extrapolation de la succession de nos représentations donnée dans l'expérience. Il aurait fallu pour cela ou bien un accès direct – contournant l'expérience – aux « choses », ou bien une opération propre du côté du sujet représentant, qui aurait suppléé à l'absence de liaison entre les représentations particulières. Paradoxalement, selon Hobbes, nous ne parvenons à une science appropriée du monde que lorsque nous nous dégageons des expériences et nous concentrons entièrement du côté du sujet représentant : il n'y a pas pour Hobbes de faculté de connaître particulière qui nous ferait accéder à la structure du monde derrière les phénomènes (pas plus que pour ses amis Gassendi et Mersenne déjà ébranlés par le scepticisme). Une langue publiquement partagée et la raison qu'elle produit sont pour Hobbes les seuls instruments permettant à l'homme de s'emparer de cet accès spécifiquement humain à la nature qui trouve son expression dans les sciences.

L'affinité fondamentale de ce tournant vers la langue avec le programme kantien d'un *tournant copernicien* est ici manifeste, en dépit de toutes les différences de détail : la nécessité de la liaison entre elles des représentations particulières ne peut pas être elle-même contenue dans une

1. Le concept de lieu (*locus*) n'apparaît *qu'après* le concept de corps (*De Corpore*, VIII, 5).

2. Voir *De Corpore*, VIII, 25.

3. *Critique de la raison pure*, B 202 *sq.* ; OPh I, 902 *sq.*

représentation – tel était le défi lancé par Hume au milieu du dix-huitième siècle. Chez Kant, il est transformé en une question plus générale : sur quel fondement la relation de la représentation à l'objet repose-t-il ? Hobbes ne fut pas réveillé par Hume de son sommeil dogmatique[1], mais s'était lui-même, du fait de son sensualisme conséquent, mis dans la situation de devoir répondre à une question correspondante : quand la science des nécessités peut-elle être effectuée ? Il pose la question non sous la forme radicale qui est celle de Kant, comme question de « l'objectivité », mais uniquement comme la question du statut des relations universelles entre les choses que nous pouvons – manifestement avec succès – connaître dans la science[2]. La réponse hobbesienne est également sans ambiguïté : la nécessité ne revient pas à la succession de nos représentations, mais uniquement à la relation entre les noms avec lesquels nous désignons nos représentations.

Un motif de pensée fondamental de la philosophie critique consiste à montrer que les généralisations de l'expérience, qui, selon Hume, sont purement et simplement hypostasiées par l'habitude en « lois causales », sont les principes constitutifs du monde objectif, et d'assurer par là la nécessité de ces mêmes prémisses. Le principe causal lui-même, par exemple, est nécessaire parce qu'il est la condition de possibilité de l'expérience en tant qu'expérience d'un monde de représentation ordonné objectivement (à savoir selon l'opposition quelque chose/autre chose). Pour Hobbes en revanche, l'expérience en tant que telle n'est pas à la disposition du concept de cause, parce qu'elle n'est précisément pas en général à la disposition du langage et de l'ordre qu'il institue, étant aussi le lot des animaux. Les « catégories » et les principes hobbesiens sont sans doute les contreparties des catégories et des principes kantiens. Ils ne sont pourtant pas constitutifs, mais simplement des principes d'ordre.

LA MÉTAPHYSIQUE SOUMISE À LA CRITIQUE

À côté de sa fonction pour ainsi dire positive, la subjectivation de la connaissance objective a également une fonction négative et limitatrice. On la perd facilement de vue chez Kant lorsqu'on regarde, comme nous l'avons fait jusqu'à présent pour l'essentiel, la philosophie transcendantale

1. AK IV, 260 ; OPh II, 23.

2. La possibilité d'une science qui parvient à des jugements *nécessaires* est évidemment présupposée d'un bout à l'autre chez Hobbes (et de façon exemplaire assurée par les propositions de la géométrie). La logique et la *philosophia prima* servent en premier lieu à ordonner (*ordinare*) les éléments et à faire clairement apparaître ainsi la philosophie comme une totalité (*De Corpore*, *ad lect.*).

à travers les lunettes des *Prolégomènes*, à savoir comme une sorte de théorie fondamentale des mathématiques et des sciences naturelles. Le remplacement de « l'ontologie orgueilleuse » par une doctrine « modeste » des objets tels qu'ils nous apparaissent n'a pourtant pas seulement pour fin de justifier l'objectif de connaissance qu'ont les hommes relativement aux objets donnés dans l'expérience, mais aussi et avant tout, de la limiter à ceux-ci :

> Si, lorsqu'on se plaint de *ne pas saisir l'intérieur des choses*, on veut dire que nous ne comprenons pas par l'entendement pur ce que les choses qui nous apparaissent peuvent être en soi, ce sont là des plaintes tout à fait injustes, et déraisonnables ; car elles demandent que l'on puisse connaître les choses, donc les intuitionner, sans le secours des sens [1].

Ce n'est pas en vain que la *Critique de la raison pure* s'appelle « critique », mais bien parce qu'elle est une critique de la métaphysique. Il suffit de regarder le titre d'un des derniers chapitres du *Léviathan* pour voir en quoi Kant rejoint en cela Hobbes : « Chapitre 46. *Des ténèbres qui procèdent d'une vaine philosophie et de traditions fabuleuses* ».

La philosophie de Hobbes a visiblement dans ce chapitre une métaphysique scolastique en ligne de mire, qui prétend disposer d'un ensemble d'instruments pour juger des êtres immatériels (en particulier de Dieu, des anges et autres habitants du numineux) de la même façon apodictique que des objets des sens. La révision phénoméniste de l'ontologie traditionnelle met Hobbes en mesure de tracer une frontière *épistémologique* entre le monde des *corps* naissant dans l'espace et le temps, corps mouvants et divisibles, et ces purs « fantasmes » qui se dérobent à une analyse de ce genre. Dieu n'est pas rien, il n'est pas non plus nécessairement mort, mais, et il ne s'agit que de cela, ce n'est plus un objet de la philosophie, mais seulement d'hommage. Leibniz l'a prudemment exprimé : « Cependant il [Hobbes] parle quelque fois comme si ce qu'on dit de Dieu n'étoit que des complimens, c'est-à-dire des expressions propres à l'honorer, & non pas à le connaître » [2].

L'athéisme est du même coup un problème de droit public (Hobbes le reconnaît au moins en 1668), et la prétendue science de la théologie s'épuise dans la connaissance du droit public ecclésial :

> Je sais qu'on l'appelle théologie ; mais à mon sens tout ce qui est objet de sermon n'est que mauvaise philosophie. Car la religion elle-même

1. *Critique de la raison pure*, B 333 ; OPh I, 1001.
2. *Théodicée*, Annexe I, 2, J. Brunschwig (éd.), Paris, Flammarion, 1969, p. 375.

n'admet aucune controverse. C'est une loi du royaume qui ne devrait pas être disputée[1].

Dieu n'est pas un objet de connaissance humaine, mais un point d'orientation de l'action humaine. Un paradoxe que les contemporains cléricaux de Hobbes ne voulaient pas accepter – et un de ces paradoxes que Kant voulait dissoudre par sa métaphysique critique :

> Je devais donc supprimer le savoir, pour trouver une place pour la foi, et le dogmatisme de la métaphysique, c'est-à-dire le préjugé de progresser en elle sans critique de la raison pure, est la vraie source de toute incrédulité, qui est en conflit avec la moralité et qui est toujours très dogmatique[2].

Dieu, la liberté et l'immortalité, ces trois objets de la métaphysique classique, sortent avec Kant du domaine de la philosophie théorique et regagnent une réalité propre dans le domaine de la philosophie pratique.

Le traitement de l'idée de Dieu par Kant est complexe, mais son idée principale est simple : l'existence de Dieu est un postulat de la raison pratique pure, parce que Dieu est le garant de la possibilité du souverain bien, à savoir de l'unité de la vertu et du bonheur. Le souverain bien est quant à lui l'objet propre de la raison pratique (*Critique de la raison pratique*, livre second).

La doctrine de Dieu est aussi chez Hobbes une discipline entièrement *pratique*. Je dois ici faire une brève incursion dans le domaine de la philosophie politique[3]. Ce qu'on appelle traditionnellement *leges naturae* dans la philosophie morale de Hobbes sont à considérer tout d'abord tout à fait à la façon des *precepts of physicians*[4] : des *generall rules*, tirées d'une science de l'homme (en place de la médecine, ici, bien sûr, l'éthique)[5]. L'observance de ces *precepts found out by reason* ne sert pas naturellement la conservation de *soi*, mais la conservation de la paix sociale : en bref, ce sont des *morall virtues* (et non des *personal virtues*)[6]. De fait, « [la] science de la vertu et du vice est la philosophie morale; la vraie théorie des lois de nature est donc la vraie philosophie morale (...) la science de ce qui

1. EW, vi, 275f; « I know, it is called divinity; but I hear almost nothing preached but matter of philosophy. For religion in itself admits no controversy. It is a law of the kingdom, and ought not to be disputed ».

2. *Critique de la raison pure*, B XXX; OPh I, 748.

3. Voir sur ce qui suit plus en détail Bernd Ludwig, *Die Wiederentdeckung des Epikureischen Naturrechts*, *op. cit.*, IIe partie. Hobbes est parvenu pour la première fois dans le *Léviathan* à désolidariser la théorie de la morale et du droit de la *voluntas dei*.

4. *Leviathan*, XLII, 104.

5. *Leviathan*, IX.

6. *Cf.* « virtutes civium, ut civium non ut hominum » (*De Homine*, XIII, 9).

est bon ou mauvais dans le commerce et la société des hommes »[1]. Les *vertus* morales sont des règles évaluatives, non contraignantes, et elles ne deviennent des *lois* contraignantes que lorsqu'elles sont pensées, de façon tout à fait traditionnelle, comme l'expression de la volonté divine, c'est-à-dire comme des commandements, ou bien quand elles sont transformées par le législateur qui y est autorisé par le contrat en des *civil laws*, et c'est dans le *Léviathan* le seul fondement de l'obligation civile. C'est là que l'ontologie révisée est décisive : c'est uniquement parce que la volonté divine ne peut être reconnue que les lois politiques et divines ne sont pas distinguées, – de fait, les honneurs que les hommes rendent à Dieu relèvent des lois de l'État. Les conséquences sont connues : Rome n'a aucun privilège de connaissance par rapport à Londres, car, à la Cour anglaise, on fait non seulement les lois terrestres, mais aussi les lois divines pour l'Angleterre. Les *Divines* ne sont que les interprètes du droit ecclésial, et « Jésus est le Christ » est l'unique proposition qu'aucun monarque ne doit éliminer.

Le traitement hobbesien de la question de Dieu en philosophie naturelle anticipe quant à lui sur le fond la transformation opérée par Kant du concept de Dieu (ainsi que du concept d'une “existence nécessaire”)[2] en une simple Idée (transcendantale). Dans la Dialectique transcendantale de Kant :

> On peut dire que l'objet d'une idée purement transcendantale est quelque chose dont on n'a nul concept, quoique la raison produise nécessairement cette idée suivant ses lois originaires[3].

Les Idées transcendantales sont uniquement redevables à la dynamique propre de l'activité de la raison. Parfois, il semble que Hobbes aille même au-delà d'une telle affirmation, et Dieu, au fil de l'explication de la régression infinie de la recherche des causes revient à la philosophie :

> Le concours de toutes les causes ne fait pas davantage une seule chaîne ou concaténation, mais un nombre incalculable de chaînes jointes ensemble, non pas dans toutes leurs parties, mais dans le premier maillon, le Dieu tout-puissant; et, conséquemment, la cause entière d'un événement ne dépend pas toujours d'une chaîne unique, mais d'un grand nombre de chaînes à la fois[4].

Dieu est, c'est ce qui ressort à première vue de ce passage, la cause première indispensable de toutes choses. Mais cette impression est

1. *Léviathan*, XV ; trad. Tricaud, p. 159.
2. *Critique de la raison pure*, B 587 ; OPh I, 1186.
3. *Critique de la raison pure*, B 396 ; OPh I, 1045.
4. *The Questions concerning Liberty, Necessity and Chance*, EW IV, 246, trad. fr. par L. Foisneau et F. Perronin, Paris, Vrin, 1999, p. 137-138.

trompeuse : Dieu n'est en fait ici rien de plus que le point de fuite imaginaire d'une physique concluant des effets aux causes, c'est-à-dire procédant de façon hypothético-analytique. L'incomplétude de principe de la recherche des causes et leur caractère indispensable sont recouverts de façon purement extérieure par une formulation théologique. Ce côté infréquentable de la représentation de Dieu se trouve clairement replié du côté du sujet dans le *Léviathan* :

> La curiosité, ou amour de la connaissance des causes, détourne la considération de l'effet vers la recherche de la cause, puis de la cause de la cause, jusqu'à ce qu'enfin on arrive nécessairement à la pensée qu'il existe quelque chose qui n'a pas de cause antérieure, et qui est éternelle : c'est cette cause qu'on appelle Dieu ; de sorte qu'il est impossible de se livrer à aucune investigation approfondie des causes naturelles sans être par là incliné à croire qu'il existe un Dieu éternel, quoiqu'on ne puisse avoir dans l'esprit aucune idée de lui qui corresponde à sa nature [1].

Qu'en est-il, en second lieu, de l'immortalité de l'âme ? Hobbes ne montre pas un grand intérêt philosophique pour elle, et la raison en est évidente : une âme immortelle devrait être incorporelle, et ne serait donc pas un objet de la philosophie. Autrement que l'existence de Dieu, on peut nier sans risque l'existence d'une telle âme : « Que l'âme de l'homme soit éternelle de sa nature, et soit une créature vivante indépendante du corps, (...) c'est là une doctrine qui n'apparaît pas dans l'Écriture » [2].

DEUX CONCEPTS DE LIBERTÉ

C'est avec le troisième concept, celui de liberté, que les deux esprits se séparent définitivement. Dans une des esquisses pour l'écrit *Sur les progrès de la métaphysique*, Kant l'énonce exactement : « La source de la philosophie critique, c'est la morale, du point de vue de l'imputabilité des actions » [3].

« L'imputabilité des actions », *imputatio facti* : où trouvons-nous cela chez Hobbes ? La liberté comme marque essentielle de l'homme, comme fondement de la morale, où donc ?

Chez lui, l'homme est aussi libre que les animaux et l'eau : la liberté de l'action, la liberté externe de mouvoir le corps comme on veut ou, dans le cas de l'eau, comme la nature le prévoit. Une liberté de la volonté qui irait

1. *Léviathan*, XI, 25, trad. Tricaud, p. 102.
2. *Léviathan*, XXXVIII, 4, trad. Tricaud, p. 477.
3. AK XX, 335.

au-delà est expressément rejetée par Hobbes[1]. L'homme peut bien faire ce qu'il veut, ce qu'il veut est *nécessaire* :

> La liberté et la nécessité sont compatibles. Elles le sont dans le cas de l'eau, qui n'éprouve pas seulement la liberté, mais aussi la nécessité, de couler avec la pente le long du lit du fleuve; elles le sont de même dans le cas des actions que les hommes accomplissent volontairement: celles-ci procédant de leur volonté, procèdent de la liberté, et néanmoins, étant donné que tout acte d'une volonté humaine, tout désir et toute inclination procèdent de quelque cause, et celle-ci d'une autre, selon une chaîne continue (dont le premier chaînon est dans la main de Dieu, la première de toutes les causes), ces actions procèdent aussi de la nécessité[2].

Kant soulignerait également tout cela, car nous pouvons à la fin *expliquer* les actions de l'homme comme des événements naturels dans un réseau de causes et d'effets[3]. Mais où demeure le sujet de l'imputation dans cette chaîne de causes? John Bramhall demande avec insistance comment Hobbes pense pouvoir éviter que Dieu se retrouve à la fin comme l'auteur de toutes les actions, y compris des actions vicieuses – mais il ne reçoit pas de réponse.

La philosophie kantienne s'est donné pour tâche de résoudre le problème de la liberté, l'énigme qui se manifestait dans ce que nous nous justifions pour nos actions alors même que nous savons que chaque action est finalement nécessaire, prise dans l'ensemble des causes et des effets. L'énigme n'est pas neuve, elle était déjà à l'ordre du jour du temps de Hobbes, dans le conflit entre Gassendi et Descartes sur la quatrième *Méditation*. La révision kantienne de l'ontologie est inspirée par la recherche d'une justification du discours de la liberté humaine comme spontanéité ou autonomie. Chez Hobbes, cela reste une tache aveugle : sa révision de l'ontologie se limite à la destruction du nouménal et à la reconstruction du phénoménal : Dieu, la liberté et l'immortalité ne sont pas rétablis en tant que thèmes *philosophiques*.

« Kant lecteur de Hobbes? » Dans l'état actuel de nos connaissances, nous pouvons tout à fait l'exclure s'agissant de la métaphysique. Mais nous reconnaissons pourtant que Kant et Hobbes travaillent au moins à un projet

1. *DCo*, XXV, 13.

2. *Léviathan*, XXI, 4; trad. Tricaud, p. 223; « Liberty, and necessity are consistent : as in the water, that hath not only liberty, but a necessity of descending by the channel; so likewise in the actions which men voluntarily do : which, because they proceed from their will, proceed from liberty; and yet, because every act of man's will, and every desire, and inclination proceedeth from some cause, and that from another cause, in a continual chain, (whose first link is in the hand of God the first of all causes,) they proceed from necessity ».

3. *Critique de la raison pure*, B 582, et B XXVIII.

commun, à savoir à une métaphysique qui nous explique comment et pourquoi il y a un *savoir* fiable de la nature, et pourquoi ce que nous pouvons toujours dire par ailleurs au sujet du « supranaturel » est fondamentalement distinct d'un tel savoir, quand même il est indispensable pour la compréhension de notre condition d'homme. Hobbes se tient au commencement de l'histoire de la « métaphysique critique », Kant à son sommet.

Bernd LUDWIG
Université de Göttingen
(traduit par Denis Thouard)

INDEX DES NOMS

Auteurs jusqu'en 1900

Auteurs après 1900

TABLE DES MATIÈRES

ACHEVÉ D'IMPRIMER
EN MARS 2005
PAR L'IMPRIMERIE
DE LA MANUTENTION
A MAYENNE
FRANCE
N° 84-05

Dépôt légal : 1er trimestre 2005